ビジネスと地政学・経済安全保障

「教養」から実践で使える「戦略思考」へ

羽生田慶介
オウルズコンサルティンググループ代表

日経BP

第6章 地政学・経済安保リスクへの部門別対応策

はじめに

「地政学」はもはや「教養」ではなく「ビジネス実践」である

2016年、ドナルド・トランプ氏が米国の大統領選挙で勝利したとき、私たち地政学・経済安全保障の専門家は正直に言えば高をくくっていた。「どうせ、トランプ氏が提唱しているような極端な保護主義政策は実現できないだろう」と。

私たち専門家が単に楽観主義だったわけではない。第2次世界大戦の反省を踏まえてつくられたGATT（関税および貿易に関する一般協定）やWTO（世界貿易機関）のルールから見れば、トランプ氏が掲げていた保護主義政策の数々は、いずれも明らかに「違反」していたからだ。そもそもGATTやWTOのルールがつくられたのは「過度な保護主義」や「特定国への差別的対応」が戦争を引き起こしかねないからであり、特定国への「高関税」や「禁輸」「投資規制」は、国際社会全体で長らく禁じ手とされてきた。つまり、このルールは「越えてはならない一線」だった。

だが実際には、多くの専門家の予想を裏切り、トランプ氏の政策はそのまま実行に移された。米国は、日本を含む世界各国から米国に輸入される鉄鋼・アルミニウム製品に対して高い関税をかけたほか、政府調達において自国製品の購入・使用を義務付ける規定（バイ・アメリカン）を強化した。いずれもWTOのルールに抵触し得る振る舞いだ。米国は、GATT21条「安全保障例外」を行動正当化の理由にしている。この規定により、一言でいえば「自国の安全保障に関わる対策であれば、その正当性を証明することなく、何をしてもよい」と主張する国も出ている。

当然、米国の暴挙によって不利益を受ける国々は、報復措置として同様の施策を米国向けに発動した。本来はこれらも、WTOへの違反に対する申し立てや仲裁などのプロセスを経て実行すべきものだが、多くはそのプロセスを経ずに講じられた。

ある国のとった措置を不服に思う国があれば、WTOに提訴することもできるが、そのWTOは、紛争の最終的な判断を下す上級委員会の委員選任を米国が拒否しているため、紛争解決機能が不全に陥ってしまっている。その結果、「相手が違反するなら、こちらも違反で報復するしかない」といった考え方が広がり、なりふり構わない「自国ファースト」の政策が世界各地で乱立しつつある。2025年に始まった第2期トランプ政権では、さらにその傾向は顕著に見られると言ってよいだろう。

■「教養としての地政学」などと悠長に構えていられない

ここ数年、ビジネスパーソン向けに「教養としての地政学」をテーマにした書籍や記事などが人気を集めている。哲学であれ、歴史であれ、文学であれ、大人としての「教養」が身につくのは、うれしいものだ。「教養としての地政学」から得られる学びに、目からうろこが落ちた人も多いに違いない。だが、様々な地政学リスクが現実化しつつある今、もはや地政学を単なる「教養」の一つとして楽しんでばかりはいられない。

ここであらためて説明しておくと、「地政学リスク」とは、国際情勢や地域間の政治的・軍事的緊張、国境を越えた紛争や制裁など、地理的・政治的要因に起因するリスクを指す。国家間の対立や制裁の発動により、企業のサプライチェーンが分断されるようなケースが典型的だ。そして、地政学リスクと極めて強く連関しており、常にともに語られるテーマが「経済安全保障（economic security）」だ。国家や企業が自らの重要な技術・資源・インフラを外部の脅威から守り、経済活動を安定的に継続するための取り組みを指すが、地政学リスクが高まれば、サプライチェーンが不安定化し、重要資源や先端技術の確保も困難になる。つまり、地政学リスクが高まれば、必然的に経済安全保障リスクにも直結するのだ。本書では、この二つを連続するひとつながりのリスクと捉え、併せて語ることとする。

図表0・1　あなたの会社と地政学・経済安保リスクの簡易チェックリスト

下の項目に一つでも該当すれば、あなたの会社には「地政学リスク」が潜んでいる。部門別対応策は、第6章を参照

- □　取り扱っている商材が先端技術である
- □　国家安全保障上の「懸念国」に製造拠点や研究開発拠点がある
- □　外国企業と共同で研究開発に取り組んでいる
- □　国家安全保障上の「懸念国」から部材やソフトウエアを調達している
- □　調達先が特定の国に集中している
- □　商社を介した調達が多く、原産地や一次生産者が把握できていない
- □　政府機関やインフラ運営企業向けに納入している
- □　本社所在地以外で製造拠点の新設・増設（M&Aを含む）の計画がある
- □　国家安全保障上の「懸念国」に駐在員や出張者がいる
- □　重要技術に関わる部署に外国籍の従業員が在籍している

*国家安全保障上の「懸念国」＝輸出する貨物や技術が大量破壊兵器の開発といった懸念用途に用いられるおそれが高い国や地政学的競争相手など。例えば米国政府は、中国、ロシア、イランなどを指定。

出所　オウルズコンサルティンググループ作成

地政学・経済安全保障（以下、経済安保）リスクは、すべての企業にとって無視できない最重要の経営テーマであり、実務に直結する課題と捉えるべきだ。個人が教養のために地政学を学ぶのは自由だが、企業としては、トップから末端の従業員に至るまで「実践としての地政学」を徹底的に浸透させていく必要がある。

今や、あらゆる企業やビジネスパーソンは地政学・経済安保リスクの影響から逃れられない。「必要な部材が入荷できなくなり、予定通りに生産できない」「経済安保の観点からのセキュリティー対応が不十分で、政府事業への入札資格が得られない」「サイバー攻撃でサーバーがダウンし、従業員やお客様データが流出した」といったシビアな現実に直面せざるを得ないのだ。

本書の読者の多くにとって、これまで自社のサプライチェーンやサービス網が突如停止するような事態が起きたのは、台風や地震など自然災害時に限られていたのではないだろうか。例えば、2011年のタイの洪水ではハードディスクドライブ（HDD）の欠品が問題となり、東日本大震災では、自動車向け半導体を製造していた茨城県内の工場が被災し、多くの企業に影響が出た。自然災害によるサプライチェーンへの影響は、浸水や倒壊など物理的な被害によるものがほとんどだ。一見してわかりやすいので消費者や顧客企業からの理解も得られやすく、被災者や被災地域の復興や救済は、政・官・民が一体となって連携しながら対応する。

だが、地政学リスクの場合は、状況が全く異なる。自社のサプライチェーンが寸断されて原材料などの調達が不能になっても、政府からの支援のみを頼りにはできず、顧客の理解も得にくい。これまでの常識や対策が通用しない新たなリスクに対して、企業は孤独な戦いを余儀なくされる。

「教養」vs「ビジネス実践」で見る地政学

本書は、ビジネスパーソンに向けて、地政学リスクや経済安保リスクにどのように対応すべきかを解説した入門書だ。経営者から新入社員まで、すべての企業人が「実践として」どのように考え、備え、意思決定し、行動に移すか、ビジネスの現場での実務を意識して具体論を述

図表0・2　「教養としての地政学」と「ビジネス実践としての地政学」の違い

	教養としての地政学	ビジネス実践としての地政学
国際情勢の主な基本概念	ランドパワー、シーパワー ハートランド、リムランド バランス・オブ・パワー（勢力均衡）	デカップリング、デリスキング フレンド・ショアリング ○○プラスワン G7、グローバルサウス ルールメイキング、リーダーシップ
チョークポイントの所在	■貿易における物理ルート ・海峡 ・運河	■サプライチェーンにおける重要物資の調達網 ■デジタルインフラ ・プラットフォームビジネス ・データセンター ■エネルギーアクセス
学び手の「出口」	■現在の社会情勢における背景理解 ■国のリーダーとしての思考ロールプレイング ■自己成長	■拙速な判断を避ける「大局観」の獲得 ■打ち手につながるシナリオプランニング ■経済安保対応

（出所）オウルズコンサルティンググループ作成

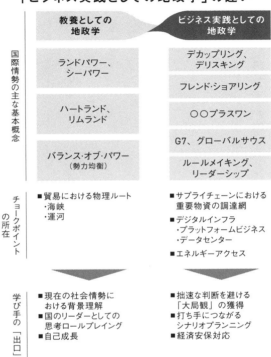

べることを目的にしている。

おそらく本書と対をなすのが、前述の「教養としての地政学」に分類される書籍だろう。その中にはベストセラーとして広く読まれているものもあり、この分野に対するビジネスパーソンの関心の高まりを感じる。だが、ビジネスパーソンの中には、そうした本を読んだ後に、「それで、実際のビジネスでは、地政学リスクに対して一体何から手を付けたらよいのだろう」と感じた人もいるのではないだろうか。実は、私が経営するオウルズコンサルティンググループでは、実践として地政学リスクに向き合う必要がある経営者や担当者から、日々そうした相談を多数受けている。本書は、そのコンサルティングのエッセンスを凝縮したものでもある。

「教養としての地政学」と「ビジネス実践としての地政学」は、それぞれどのようなキーワードで整理されるのか。その概略をまとめたのが図表0・2だ。ここで紹介するキーワードを理解しておけば、本書を読み進む上で理解の助けになるだけでなく、いわゆる地政学の教養本を読まなくてもそのエッセンスを一通り素早く吸収できるので、一読の価値ありだ。

「教養としての地政学」の必須キーワード①
ランドパワー、シーパワー

「ランドパワー」と「シーパワー」は、地政学において国際情勢を整理する基本概念の中核にある考え方だ。国家の戦略的影響力を説明するための概念で、それぞれ陸上と海上での支配力を指す。

ランドパワーは、英国の地理学者ハルフォード・マッキンダーによって提唱された概念で、主に大陸国家が持つ陸上での支配力を指す。広大な領土、豊富な資源、そして地理的に他国からの侵入を防ぎやすい位置を強みとする国家が発揮する力のことだ。代表的なランドパワーの例として、ロシアや中国が挙げられ、陸軍や内陸輸送路の確保が重要とされる。

一方、シーパワーは、米国の地政学者アルフレッド・セイヤー・マハンによって提唱された概念で、海洋国家が持つ海上での支配力を指す。英国や日本、米国などの海に囲まれた国々が、海軍力や海上交易を通じて影響力を拡大する形態だ。シーパワーは、海洋の支配や航行の自由、貿易路の確保が中心となる。島国を中心としたシーパワーにとって、遠隔となる他国の領土支配は容易でない。そのため、貿易や金融、国際的なルール形成によって影響力を行使し続ける覇権を志向しがちだ。

このように、ランドパワーとシーパワーは、それぞれ異なる地理的条件に基づき、国家が影響力を拡大・維持するための戦略を示す概念だ。

「教養としての地政学」の必須キーワード②
ハートランド、リムランド

地理的な位置付けと覇権争いに関する概念として、「ハートランド」と「リムランド」という分類もある。

ハートランドもマッキンダーによって提唱された概念だ。ユーラシア大陸の中央部、特にロシアや中央アジアを指し、地理的に広大で資源豊富なこの地域を、軍事的・経済的な「心臓部」と捉えた考え方だ。マッキンダーは、このハートランドと呼ばれる地域を支配する国が世界の覇権を握ると主張した。

一方、リムランドは、米国の地政学者ニコラス・スパイクマンが提唱した概念で、ハートランドを取り囲む沿岸部の地域を指す。リムランドには西ヨーロッパ、中東、東アジアなどが含まれ、スパイクマンは、この地域の支配が世界の覇権につながると考えた。リムランドでは、海上交通や貿易の要所としての重要性が強調される。

このようにハートランドとリムランドは、中心部（心臓部）と沿岸部（周縁部）という異なる地理的特性を持ちながらも、地政学の観点では、いずれも世界の覇権を握る上で決定的な役割を果たす地域と捉えられている。

「教養としての地政学」の必須キーワード③
バランス・オブ・パワー（勢力均衡）

「バランス・オブ・パワー」は、国家間の力の均衡を保つことで、特定の国や勢力が圧倒的な支配力を持つことを防ぎ、国際秩序を安定させるための地政学的な概念だ。例えば、強大な第

2勢力が台頭することで国際的な均衡が崩れるとき、1位の国が3位の国と同盟を結び、第2勢力を抑え込むことで、全体的な力のバランスを回復させようとする動きがこの典型だ。特に19世紀ヨーロッパでは、列強が互いの力を均衡させるためにこの戦略を取っていた。冷戦時代にも、米国とソ連が核による相互抑止と合わせ、それぞれの勢力圏で軍事同盟を形成し、互いに力をけん制することで、核戦争などの大規模な衝突を回避したとされる。

中国の猛追によって20世紀後半から続いた米国一強体制が大きく揺らいでいる現在、地政学のセオリーであるバランス・オブ・パワーがどう発現するかにあらためて注目が集まっている。

「教養としての地政学」の必須キーワード④

チョークポイント

地政学における「チョークポイント」とは、重要な交通や貿易ルートが集中する狭い地理的な場所を指す。具体的には、海峡や運河、陸路の一本道のような場所のことで、そこが閉鎖されたり、紛争などで通行に支障を来したりすると、世界の貿易や軍事行動に大きな影響が及ぶ。チョークの本来の意味は、「相手ののどを詰まらせる」「苦しませる」だ。

典型的なチョークポイントは、中東のペルシャ湾とオマーン湾の間に位置するホルムズ海峡や、マレー半島とスマトラ島の間にあり太平洋とインド洋を結ぶ最短距離の航路となるマラッカ海峡などだ。

特に、エネルギー資源の輸送路としてのこれら海峡や運河を安全に航行できるかは、国益に直結する。日本政府は、チョークポイントを通過する各国の輸入原油の数量を合計し、総輸入量で割った「チョークポイント比率」を公表している。２０２１年の推計は１８３・２％（複数回通過する場合に都度計上するために１００％を超えることがある）に達し、ドイツの56・８％、米国の22・２％に比べると飛躍的に高い数値になっている。

5分で学べる「ビジネス実践としての地政学」のエッセンス

「教養としての地政学」における必須キーワードを紹介してきたが、では「ビジネス実践としての地政学」とは、どのようなものなのか。そのエッセンスとアウトラインを理解するための六つの「キーワード」を解説していく。

「ビジネス実践としての地政学」の必須キーワード①
デカップリングとデリスキング

「デカップリング」は、国家や経済圏同士の経済活動を切り離すことだ。貿易、技術供給、資本流動、サプライチェーンの分断などが含まれる。ある国が他国に対して（例えば資源や半導体製品などの調達に関して）依存することから生じるリスクを回避するため、別の手を打って依存から脱し、経済的な独立性を確保しようとする考え方だ。米中間での摩擦の加熱を受けて、国益や経済の安定を図るために、分断をも辞さない強硬な措置を講じてこの方針を採用すべきだとする主張が数年前まで多く見られた。

一方、「デリスキング」は、経済的・産業的な関係を完全に分断するのではなく、リスクを管理・軽減するアプローチを指す。先端技術や重要インフラにおいて他国への依存リスクを軽減しつつも、その他の部分での協力や相互依存は維持することを目指す考え方だ。

２０１７年頃の米国トランプ政権では、「中国からの完全なデカップリング」にも言及されたが、高度につながっている世界経済の現実を踏まえ、２０２３年5月のG７広島サミットではデリスキングが共有認識となった。

サプライチェーンにおける調達管理や、海外との共同技術開発における地政学・経済安保対応として、必ず知っておかなければならないキーワードだ。

「ビジネス実践としての地政学」の必須キーワード②

フレンド・ショアリング

デカップリングやデリスキングを目指す具体策の一つが「フレンド・ショアリング」だ。サプライチェーンの構築や経済協力を、安全で信頼できる国や同盟国、価値観を共有する国々に集中させる戦略を指す。

コスト削減を主目的として、人件費やインフラコストが安い国・地域に生産拠点を移す「オフショアリング」と違って、フレンド・ショアリングは、地政学リスクの回避を優先したサプライチェーンマネジメントの方策だ。そのため、製造や部品調達コストの上昇はある程度、覚悟の上となる。

では、どの国が安心で気を許せる「フレンド」となるのか。自由貿易協定（FTA）や経済連携協定（EPA）の締約国同士であっても、必ずしも「フレンド」とはいえないのが難しいところだ。例えば、東アジアの広域経済連携である地域的な包括的経済連携（RCEP）には、日中韓、東南アジア諸国連合（ASEAN）10カ国、オーストラリア・ニュージーランドの計15カ国が含まれているが、国の組み合わせによっては「フレンド」とは互いに認識していないケースも多くある。

■「ビジネス実践としての地政学」の必須キーワード③

○○プラスワン

「○○プラスワン」とは、「チャイナ・プラスワン」や「タイ・プラスワン」など、大規模な事業拠点への過度な依存を回避するために、周辺地域にもう1拠点を構える産業戦略を指す。特に、製造業における生産拠点の戦略として語られることが多い。

もともとは2010年前後に、中国の人件費上昇によるコスト増を懸念して、ベトナムなどの新興国に「プラスワン」として新規の工場を設置する動きが増え、「チャイナ・プラスワン」という言葉ができあがった。近年は、地政学リスク回避の観点から、半導体製造の前工程における「台湾・プラスワン」拠点候補としてのマレーシアが注目を集めるなど、新たな動きも見られる。また、拠点を複数設ける「プラスアルファ」も近年増えている。

「ビジネス実践としての地政学」の必須キーワード④

G7、グローバルサウス

「教養としての地政学」における「ランドパワーとシーパワー」や、「ハートランドとリムランド」のように、現代のビジネスパーソンが意識すべき対比的な国際関係を挙げるとすれば、「G7とグローバルサウス」となるだろう。

G7は、米国、カナダ、日本、ドイツ、フランス、英国、イタリアと欧州連合（EU）で構成され、世界経済や国際問題について協議する枠組みだ。これに対してグローバルサウスは、主にラテンアメリカ、アフリカ、アジアの発展途上国や新興国を指す。

近年、気候変動や経済問題などへの国際的な対応の方向性について、G7とグローバルサウスの間に意見の相違が生じるケースが増えている。特に、地球温暖化問題において、先進国が歴史的に大量の温室効果ガスを排出してきたにもかかわらず、その対策のために発展途上国に過剰なコストを押し付けて経済発展を阻んでいるとするグローバルサウス各国の主張は、両陣営の意見衝突の典型だ。

グローバルサウスを含めたより多面的な視点を持って国際情勢を理解するために、G7側の米国のCNNや英国のBBCの報道だけではなく、中東カタールの国営衛星放送テレビ局アルジャズィーラをウォッチする欧米エリート層も増えているという。

ちなみに、多様な国々を「サウス」としてひとまとめにする「グローバルサウス」という言葉は、必ずしも適切とはいえないとの批判もある。それぞれの国家の特性を無視し、歴史的な植民地主義的観点からのレッテル貼りになってしまう可能性があるからだ。実際、2023年のG7広島サミットでの首脳文書では、「グローバルサウス」という表現は使われなかった。


「ビジネス実践としての地政学」の必須キーワード⑤

ルールメイキング・リーダーシップ

地政学をビジネス実践の観点から捉える場合、「覇権」とはすなわち、ビジネスに影響があるルールを形成するための国際リーダーシップを指す。

学問として地政学を正しく定義するならば、地理的位置、資源分布、気候などが国家の政治的・経済的・軍事的な戦略にどのように影響を与えるかを探求する分野だ。影響力の行使の結果は「地理的な」変化、つまり領土や物理的要所のコントロールにつながる。こうした前提で学ぶのが「教養としての地政学」だ。

それに対して、「ビジネス実践」として地政学を捉える場合には、その地理的変化がまわり回って「自社ビジネスにどのような影響を与えるか」を読み解く必要がある。この「影響」の主体となるのが、ルールだ。国家間の協定や国内法はもちろん、国際標準や民間規格、企業レベルの調達ガイドラインを含む広範なルールメイキングこそ、ビジネスに直結する地政学のアウトプットといえる。

例えば「ロシアによる軍事侵攻の結果、特定の地域が制圧される」ことは、地政学的に見て非常に大きな変化だ。だが、実際のビジネスへの影響はどうなっているか。エネルギー調達をロシアに依存してきた欧州などの国々が、自国のエネルギー危機を懸念し、これまで策定してきたルール自体を大きく見直す動きをとっている。「持続可能な経済活動」を定義する枠組み（EUタクソノミー）において、天然ガスを「グリーン」な経済活動と分類し、積極的に投資を呼び込む対象に加えたのだ。「天然ガスは真に持続可能なエネルギーではない」との批判の声も強かったが、ルールメイキングを通じて今後のエネルギー危機に備えた形だ。このルール変革が、世界各国の企業にも大きな影響を及ぼすことになる。このケースにおける実質的な「覇権」は、軍事衝突の勝者ではなく、脱炭素関連のルールを決めた議長国こそが持っていたとする見方もできるのだ。

■「ビジネス実践としての地政学」キーワード⑥

チョークポイント

ビジネス実践における「チョークポイント」とは、事業活動に必須となる重要な物資やシステムが入手困難となり得る地政学リスクの存在を指す。

現代のあらゆる産業に欠かせない半導体の調達サプライチェーンは、中国の脅威にさらされている台湾の企業が製造シェアの大部分を握っていることから、この典型といえるだろう。リチウムイオン電池など多くの製品に必要なレアメタルなどの鉱物資源も、その供給は中国や一部の資源国に依存しがちであり、途絶した場合には、産業全体に重大な影響が及ぶ。

近年のビジネスでは、デジタルインフラをめぐる争いが実質的なチョークポイントとなることもある。GAFAM（グーグル、アップル、フェイスブック、アマゾン、マイクロソフト）と呼ばれるような巨大テック企業は、数十億もの顧客接点を握るプラットフォームを運用しており、これら企業との関係が良好でなくなったとき、大きな経済圏へのアクセスが制限されるかもしれない。

さらに、データセンターを他国ベンダーに依存することもリスクとみなされるようになってきた。デジタル庁は2023年11月、自治体が持つ個人情報などを管理する政府クラウドの新しい提供事業者として、国内事業者のさくらインターネットを選定した。それまで政府クラウドの提供事業者は、アマゾン、マイクロソフト、グーグル、オラクルの米国企業4社に限られていた。

エネルギーへのアクセスも、まさに実務上のチョークポイントだ。ロシアによるウクライナ侵攻で、欧州各国では天然ガスの調達が途絶え、多くの産業で混乱が生じリスクが顕在化した。今後成長が期待されるフュージョン・エネルギー（核融合）の技術を保有できるか、開発した技術を他国へ渡すかという論点も、ビジネスのチョークポイントに関わる重要なアジェンダだ。

「ビジネス実践としての地政学」における学び手の「出口」とは

本書では第6章で、企業の機能（部署）別に地政学リスクへの対応策を詳述する。リスクに備えなければならないのは経営陣や法務部だけではない。経営企画、財務・経理、調達、製造、営業・販売、IT、そして研究開発まで、あらゆる部署の担当者が、地政学や経済安保リスクを深く理解し、リスクの顕在化に備えて対策やシミュレーションをしておく必要がある。今日からでも始めるべきアクションが数多くあるので、参考にしてほしい。

実務を推進する際にビジネスリーダーがまず身につけておくべきは、なんと言っても拙速な判断を避けるための、国際情勢に対する「大局観」だ。すぐにでも米国が新たな関税措置を講じるかもしれないし、EUの中ではドイツとフランスの政策不一致があるかもしれない。中国がアフリカの資源国と新たな経済連携協定を結ぶ可能性もある。そうした出来事が起きると、報道機関は必要以上に危機感をあおる記事を出すこともあるだろう。ビジネスリーダーはそれに惑わされることなく、各事象が、自社のビジネスに対して「不可逆なシフト」なのか、それとも「過去に通った道に逆戻りしただけなのか」を冷静に判断し、正しい意思決定や行動につなげていくことを目指したい。

もはや大国の選挙ですら、結果の先読みが困難な時代になった。将来予測を立てることも重要だが、それだけにとらわれるべきではない。この予測不能な時代においては、常に複数シナリオを前提にビジネスプランを準備し、いつでも素早く見直せる態勢をとらなければならない。幸い、ＡＩ（人工知能）を活用したサービスの普及によって、ベースシナリオから係数を多様化させるシミュレーションは容易になった。

「ビジネス実践としての地政学」において、最大のアジェンダは「経済安全保障」だ。すでに各国が数多くの関連法令を施行しており、対応をしくじると利益がすべて吹き飛ぶ事態にもなりかねない。２０２５年以降のすべての企業人が学ぶべき地政学の視点として、経済安保が主要テーマとなることは間違いない。

■リーダーの「大局観」が利益をつくる

先ほど「大局観」を持つことの重要性について述べたが、実際の例で説明しよう。

第1期トランプ政権（2017～21年）の大統領補佐官であり、第2期（2025年～）政権で通商・製造業担当の大統領上級顧問に任命されたピーター・ナヴァロ氏が2015年に執筆した『米中もし戦わば』（原題：Crouching Tiger - What China's Militarism Means for the World）は、第1章「米中戦争が起きる確率」から始まる。ここで示された米中戦争が発生する確率は、なんと「70％」だ。中国の習近平国家主席（1953年生まれ）の存命中に起こると想定すると「30年以内に70％」と考えてもいいかもしれない。一見ぎょっとする数字だが、どう受け止めるべきだろうか。中には、70％という数字をセンセーショナルに報じる記事だけを見て、半ばパニックの状態で極端な判断に踏み切ってしまう人もいるかもしれない。

だが、ビジネス実践としての地政学に明るく「大局観」を持つビジネスリーダーであれば、より冷静な判断を下せるはずだ。

実はこの数字は、いわゆる「トゥキュディデスの罠」の概念に基づいて過去の統計データを示しているだけだ。「トゥキュディデスの罠」とは古代アテネの歴史家トゥキュディデスにちなんだ言葉であり、「従来の覇権国家と新たに覇権を狙う新興国家が、戦争が不可避な状態となるまで衝突する現象」を指す（米政治学者グレアム・アリソンによる造語）。1500年以降、中国のような新興勢力が米国のような既存の大国に対峙した15例のうち11例（すなわち70％以上の確率）で戦争が起きているというデータに基づいている。単に、歴史的事実から導いた確率を示しただけで、今日の米国・中国の現状や、地政学的な動向そのものを詳細に分析して導き出された数字ではないのだ。

そもそも「30年以内に70％」という数字は、天変地異の発生や国際情勢の変化を予測する際に頻出するものだ。例えば、南海トラフ地震の発生確率として、2013年に政府地震調査研究推進本部が出した数字も「30年以内に70～80％」だった。これは「時間予測モデル」と呼ばれる計算方法で算出された確率だ。この予測値の科学的根拠や信ぴょう性については以前から疑義が出されており、2024年4月の国会でも議論が再燃した。人々をドキリとさせて危機感をあおりたい場合に、よく用いられがちなのが「30年以内に70％」といったキャッチーな数字だといえる。こうした目を引く数字に惑わされず正しい判断を下すために必要なのが、地政学（その背景にある歴史も含む）の理解に基づく「大局観」だ。

■バイアスを乗り越え冷静に判断できるか

正しい「大局観」を身につける上で、注意すべき点として、事実をゆがめる様々なバイアスの存在がある。例えば、国際社会のパワーゲームにおいて、一方を善、もう一方を悪と位置付ける「極端な二元論」には、特に注意が必要だ。

典型的な例が、中国が開発途上国に仕掛けているとされる「債務の罠」に対する捉え方だ。「債務の罠」とは、中国が途上国に対してインフラ開発のための融資を実行した後、途上国が多額の債務を返済できない場合に、重要インフラの権益の譲渡を迫ることを指す。スリランカ南部のハンバントタ港はその典型例とされ、中国からの融資で整備したが返済が滞り、運営権が事実上、中国企業に譲渡された（99年間のリース）。

中国が「一帯一路」構想のもとで世界覇権を目指すために採用しているとされるこの戦略を知って、あなたはビジネスにどう生かすだろうか。「中国が関わるグローバル案件は危ない。中国が関係するインフラプロジェクトからは距離を置こう」と考える人もいるかもしれない。だが、現実のビジネスはそれほど単純にはいかない。グローバルな入札案件で、中国関連企業からシステム提供の依頼や部材発注が来たときに、「当社は中国とは距離を置くので」とゼロ回答を返せる企業は、実際には多くないだろう。

実は、中国が途上国に融資したインフラ関連事業で「債務の罠」とされるケースも、少し詳しく調べると単なる「失敗案件」であることが少なくない。工期が遅れた、納期を守れない、システムがうまく稼働しない、建物はできたが入居するテナントがいないなど、そもそもの事業見通しの甘さやオペレーションの実力不足により当初の収益見通しが崩れ、結果として「債務が返済できない」状態に陥った案件が大半を占める。

個別の案件の背景をきちんとリサーチすることなく、「中国関連プロジェクトは危ない」と決めつけるのは拙速だ。仮に、中国政府が「債務の罠」のような中長期戦略を持っていたとしても、多くの途上国において同時並行で進む開発プロジェクトにおいて、民間企業の現場にまでその意図や方法を徹底させて、きめ細かくコントロールするのは難しいはずだ。こうした冷静な視点を持つことも「大局観」の一部といえる。これからの時代、ビジネスリーダーの持つ「大局観」こそが、企業の利益、ひいては存亡を左右する。

第1章

地政学リスクは「カイゼン」「現場力」ではどうにもならない

「関税25％」で粗利は消し飛ぶ

米中摩擦の中で一方が他方に高関税を課す措置において、「25％」という数字を目にすることが多いだろう。２０１８年7月に米国から中国に対して発動された第1弾の追加関税、続く8月の第2弾、９月の第3弾と、中国から米国への輸入およそ２５００億ドル（合計）に対して、すべて「25％」の関税が課せられた。報復措置として中国から米国に課せられた関税も同じく「25％」だった。

なぜ「25％」なのか。この関税率は、企業がサプライチェーンを見直さざるをえないほどのコスト増につながる、まさに「禁輸」の一歩手前ともいえる強力な措置だからだ。

例えば輸入自動車の調達価格は、ＣＩＦ価格（卸売価格に、輸送運賃・保険料などを含めた価格）で、国内売価の80％程度となるケースも少なくない。この80％に対して、さらに25％の関税が課せられた場合、ちょうど国内売価と同額の調達コストになってしまう。この場合、関税分のコストを顧客に価格転嫁できなければ、企業の粗利が丸ごと消し飛ぶことになるのだ。

私が過去に出版した書籍（『すぐ実践！ 利益がぐんぐん伸びる 稼げるＦＴＡ大全』）では、表紙で「関税３％は法人税30％に相当」というコピーを掲げたほど、関税がビジネスにもたらすインパクトは大きい。

製造業では工場で、サービス業や小売業では店舗で、空調や電灯のオンオフなどを細かく調整し、何銭何厘何毛といった単位のコスト削減を重ねて利益をつくり出している。地政学リスクがもたらす事業へのインパクトは、例えば関税が引き上がるだけで、こうした企業の不断の努力が一瞬で無に帰すほど大きいと認識しておくべきだ。

資金があっても会社は1・08カ月で窒息する

基本的に、地政学リスクへの対応には「1カ月しか猶予がない」と肝に銘じておく必要がある。もちろん、海外拠点の移転などには数年単位の準備が必要になるし、高品質な調達先を新たに見つけるのにも時間を要する。だからこそ、いざ有事になる前に、その準備をあらかじめ進めておかなければならない。

「うちの会社は1カ月ぐらい入金がなくても潰れない」と高をくくるのは危険だ。運転資金は十分にあったとしても、商売に必要な商品を調達するサプライチェーンが途絶えてしまえば、会社は操業停止状態に陥る。顧客は、地政学リスク対応を万全にしていた他社に流れていくだろう。

日本企業の棚卸資産回転期間は平均1・08カ月（2022年度の全産業・全規模平均）とされる。店舗であれば、約1カ月で商品在庫がすべて入れ替わる計算だ。適切なタイミングで商品が入荷できなければ、早くも翌月には顧客に提供できる在庫がなくなってしまう。特定の顧客にのみ納品している製造業であれば、欠品によるビジネスリスクはさらに大きい。契約通りに納品できなければ、違約金が発生することもあり得る。

地震や洪水などの自然災害と同じく、地政学リスクの顕在化による「サプライチェーン途絶」は、あっという間にビジネスに致命的なインパクトをもたらす。2022～23年にかけて世界規模で発生した半導体不足では、多くの企業が倒産の憂き目に遭った。苦しんだのはエレクトロニクス企業だけではない。例えば、家具やじゅうたんを製造している中小企業が、生産に必要な製造機械の部品が届かず工場が稼働停止となり、経営難に陥ったケースもあった。

日本企業の行き過ぎた調達「最適化」

そもそも、こうした地政学・経済安保上のリスクが顕在化した際に、世界の中でも特にダメージを受けやすいのが日本企業である。日本の産業全体として、特定の国に大きく依存したサプライチェーン構造になっているため、とりわけリスクが高い状態に置かれているからだ。

これは、過去の日本企業が積み重ねてきた勤勉なオペレーション改善の成果であると同時に、その代償でもある。コンサルタントとしてはっきり言っておかねばならないが、コンサル業界がこれまで企業に指南してきた単調な「調達改善プロジェクト」の影響も多分にあるだろう。

図表1・1　主要国における
ハーシュマン・ハーフィンダール指数の分布

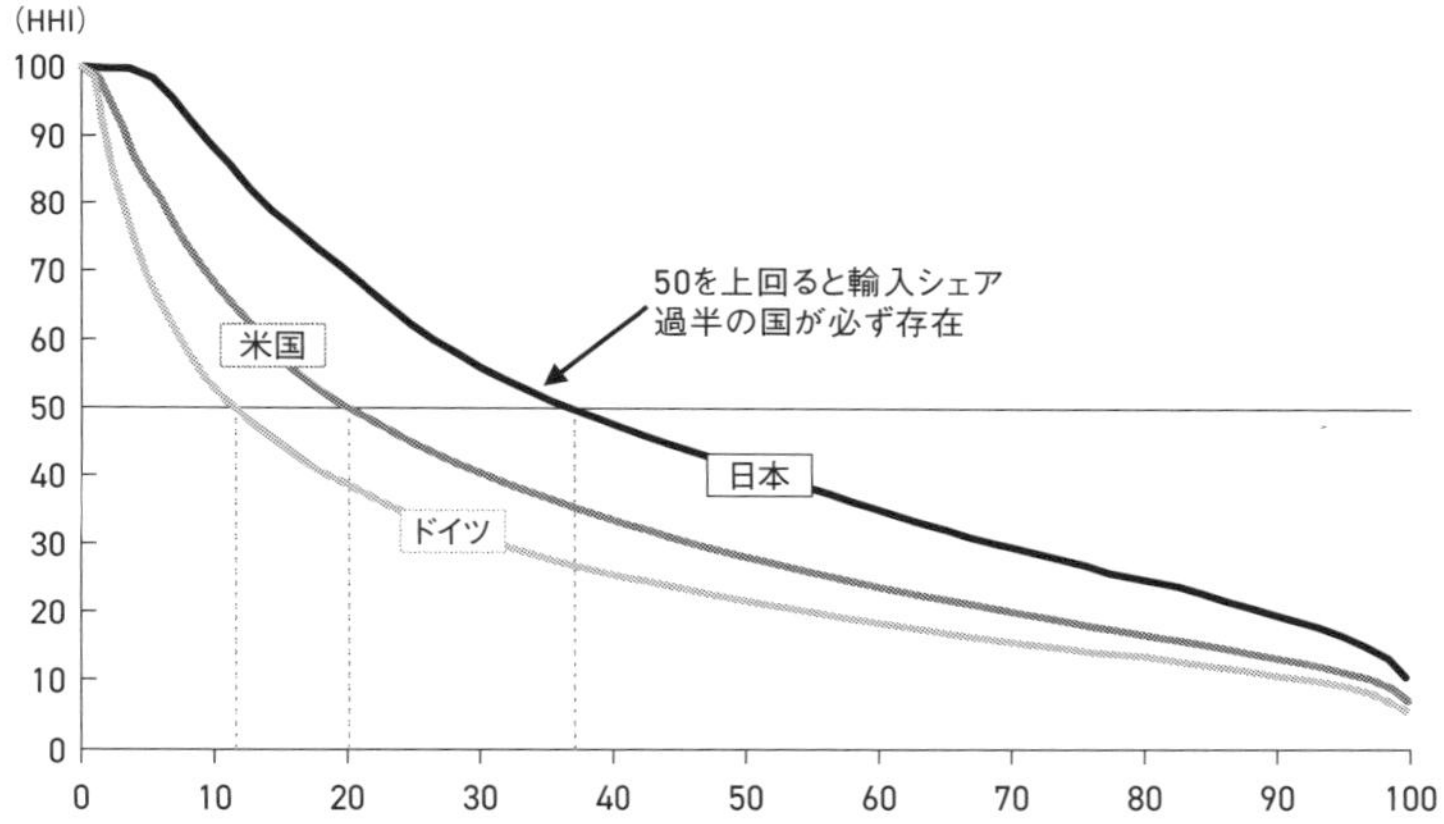

注　HS2桁コード1～24は除外した上で、日米独のいずれにおいても輸入実績のあるHS6桁コード全4344品目で集計。
出所　経済産業省『通商白書2024』第Ⅱ-2-1-1図をもとに、オウルズコンサルティンググループ作成

２０２４年７月に経済産業省が発表した『通商白書２０２４』は、この実態を定量的に描写することで警鐘を鳴らしている。少し専門的な用語になるが、市場の集中度を測る指標としてハーシュマン・ハーフィンダール指数（ＨＨＩ）というものがある。通常は特定市場における企業の寡占状態などを測るために用いられるが、通商白書ではこの指数を用いて、日本の輸入における特定の国への依存度を可視化している。ある品目について特定の国に輸入を完全に依存していれば指数が１００となり、輸入国が分散しているほど値が０に近づく。指数が50を上回ると、過半を特定の国に「依存」していることを意味する。

図表１・１は、自動車・エレクトロニクス・素材・資源などの鉱工業製品を対象に、

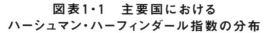

日本、米国、ドイツのそれぞれにおける品目別の輸入のＨＨＩ分布を示したものだ。ＨＨＩが50を上回る品目は、ドイツでは全体の1割、米国では2割ほどだが、日本では4割に近い品目が該当する。つまり、特定の国への「依存」状態にある品目の多さが、日本は米国の約2倍、ドイツの約4倍に上る。

では、一体どの国に「依存」しているのか。答えは、圧倒的に中国だ。集計対象となった４３４４品目のうち１４０６品目、つまり32％を超える品目について、中国への輸入依存度が50％を超えている（図表１・２）。

コスト優位性のある中国製部材の調達を増やし、国内で生産する製品の価格競争力を高める。さらに、中国に大規模な生産拠点を構え、徐々に品質が向上してきた中国ローカル企業からの調達比率を増やし、今や巨大市場となった中国の国内向け生産と統合して管理することでさらなるコスト優位を目指す。約30年間にわたって日本企業が進めてきたこのビジネス戦略は、決して間違っていたとはいえない。だが、その代償として、サプライチェーンにおける中国への依存度が非常に高くなってしまったのが現状だ。

これまで進めてきたグローバルなサプライチェーンマネジメントにも一定の経済合理性はあるため、これを変えるのは簡単ではない。リスクに対峙しながら安定調達を実現させるには、まさに経営トップの強靭な意志とリーダーシップが必要だ。

図表1・2　輸入シェア50％以上を特定の国・地域に依存している品目の数

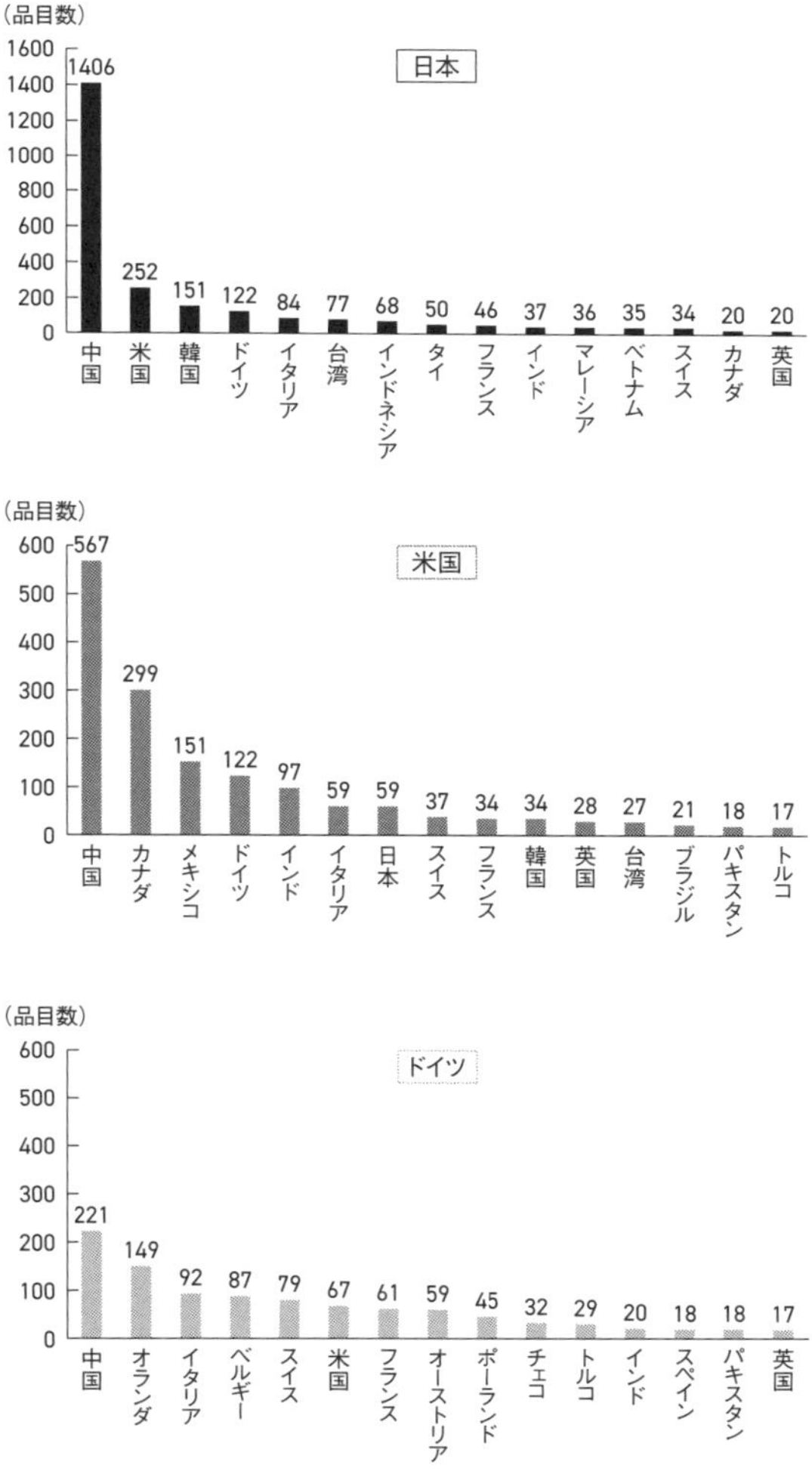

注　HS2桁コード1～24は除外した上で、日米独のいずれにおいても輸入実績のあるHS6桁コード全4344品目で集計。
出所　経済産業省『通商白書2024』第Ⅱ-2-1-2図をもとに、オウルズコンサルティンググループ作成

■地政学リスクが市場を倍増させる例も

2017年、メキシコからEUへの自動車の輸出が突如2倍に拡大した。成長著しい発展途上国の間の微少な貿易の話ではなく、自動車生産の一大集積地メキシコから、世界最大級の経済圏であるEUへの輸出の実績だ。これは地政学リスクによって、1年でサプライチェーンが激変した典型的な例である。

前年の2016年、メキシコからEUへの自動車輸出は13・7万台で、年によって多少の増減はあるが2008年から2015年の平均も同じ水準だった。ところが、2017年に一気に23・1万台に跳ね上がった（図表1・3）。一体何があったのだろうか。

2016年は、国際政治の歴史の中でも特別な年だった。英国では、国民投票によってEUからの離脱、いわゆる「ブレグジット」が決定した。米国では11月の大統領選挙で、共和党候補のドナルド・トランプ氏が民主党候補のヒラリー・クリントン氏に勝利した。まさに激動の地政学の時代の幕開けとなった。

2017年1月に大統領に就任したトランプ氏は、就任3日後に環太平洋パートナーシップ協定（TPP）からの離脱を決定し、その後も北米自由貿易協定（NAFTA）を1994年の発効以来、初の抜本的な見直しに踏み切った。この影響が直撃したのが隣国カナダとメキシコ

図表1・3　メキシコからEUへの自動車輸出台数の推移

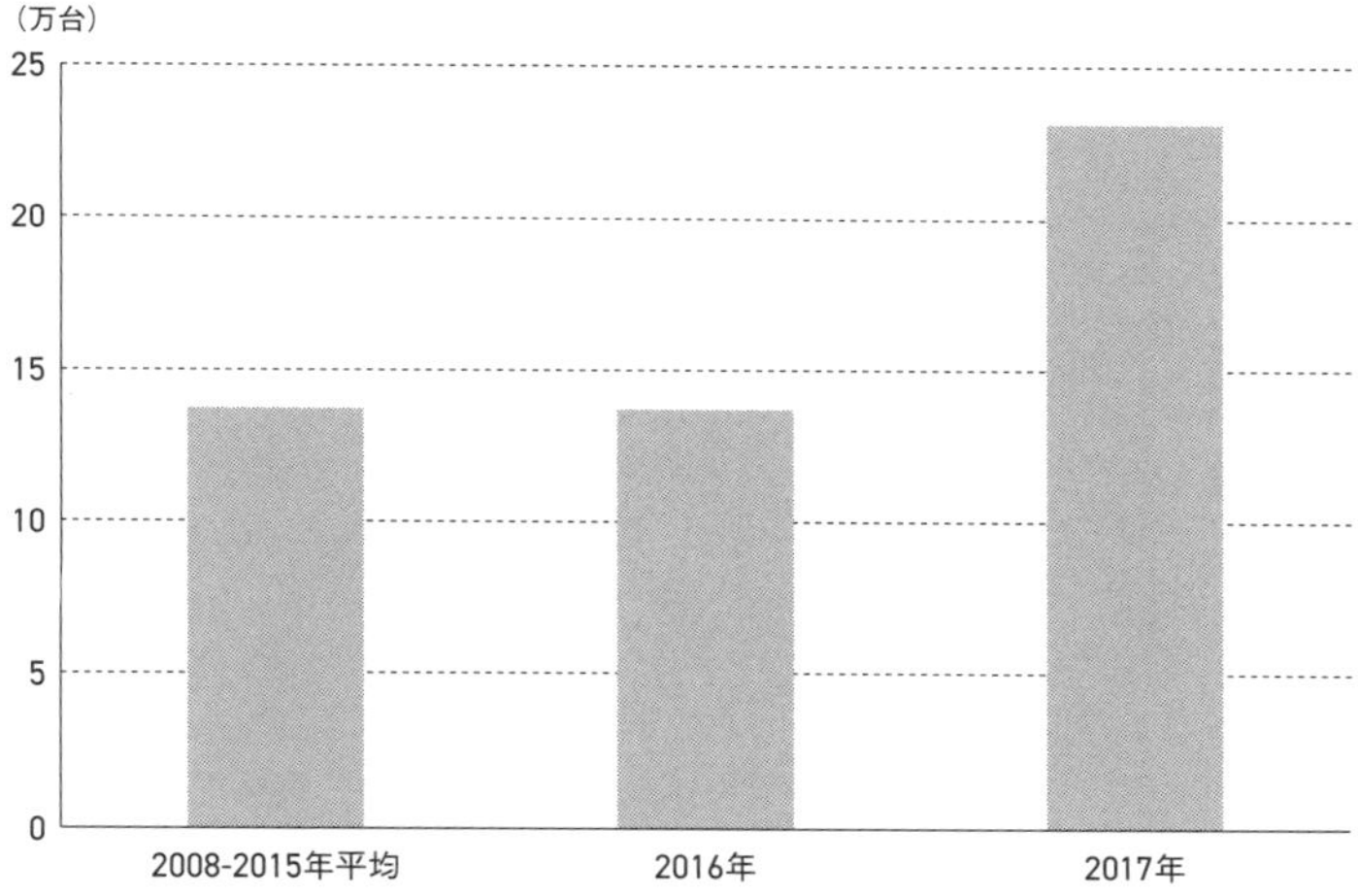

出所　UN comtradeをもとに、オウルズコンサルティンググループ作成

だった。

中でもメキシコは、北米経済圏の中で、米国市場向けの輸出拠点として発展してきた。メキシコから米国への輸出はこれら協定により原則、関税ゼロが約束されていたが、トランプ政策によって貿易条件が大きく悪化することが予想された。トランプ氏は、２０１６年の大統領選挙で、メキシコからの不法移民が米国民の仕事を奪っていると主張し、国境の壁の建設を公約に掲げて当選した。そのため、米国とメキシコの経済的関係が不安視された状況で迎えたのが２０１７年だった。米国や海外の自動車メーカーも、当時のトランプ政権の要請を受け、各社が米国内の生産拠点を拡大させたため、メキシコ工場の稼働率は悪化する見通しが高まっていた。

地政学を眺めるレンズの解像度を「国」レベルにした場合、分析はこれで終わりかもしれない。だが、ビジネスの動きを見通すには、「企業」や「工場長」レベルにまで解像度を高める必要がある。

「米国の工場は拡大。メキシコ工場は縮小」では済まない理由がある。なぜなら、多くの自動車メーカーでは、米国とメキシコの工場を統括する「北米総代表」は同じ人物であることが少なくないからだ。北米総代表は、自分が採用したメキシコ工場長に対し、「あなたの工場で○○名を解雇してください」とは、できる限り言いたくない。メキシコ工場の稼働率を落とさないように新たな輸出先を探して、米国向けの減少分を穴埋めしようとする。

時を同じくして、もう一つの大市場であるEUでは、「新たな工場をつくりたくない」という風が吹き荒れていた。英国のEU離脱期限は2019年までとされたが、2017年は離脱交渉の真っただ中だった。自動車業界の場合、関税率、原産地規則、安全基準、環境基準、型式認証などがどうなっていくかという大きな不安要素がある中、にわかに「英国の次は、どこの国がEUから離脱してしまうのか」という声まで聞かれる状況だった。このような不安定な経済状況の中、新たな設備投資をすることはできない。企業が選択した道は、EU域内工場での「生産」ではなく、EUの外からの「調達」によって供給を満たすことだった。ふと見れば、EUとメキシコの間には2000年に発効したFTAがあり、まさにこの関税撤廃は渡りに船。地政学がこれを背景に、1年でメキシコからEUへの自動車の輸出が倍増したというわけだ。

ビジネスに与える影響の大きさは、地道な「現場力」「カイゼン」とは次元が違うことがよくわかる事例だ。

地政学リスク対応が「企業価値」「営業力」を高める！

「地政学リスクという外部環境変化への対応が必要なことはわかった。だがそもそも、経済安保は政府の仕事ではないのか。なぜ、企業が経済安保に対応しなければならないのか」。こうした疑問を抱くビジネスパーソンも少なくないだろう。

確かに、個別の製品の迂回貿易や技術流出が、即座に一国の経済を丸ごと崩壊させるようなことはない。経済安保のほころびが、経済や産業全体、さらに国家の安全を脅かすまでには、一定の時間がかかる。そのため、「経済安保」とは、「中長期的な視点で」「経済全体に」責任を持つ主体、つまり政府や経団連などの経済団体が対策を講じるべきテーマだと捉えられることが多い。

しかし、実際にはそうではない。今や、「経済安保を確保することは、企業価値を上げること」なのだ。いわゆる「企業価値」の算出方法はいくつかあるが、最も一般的な方法の一つがディスカウント・キャッシュフロー（DCF法）と呼ばれるものだ。この方法では、企業が将来にわたってどれだけのキャッシュを生み出せるかを予測し、その現在価値を計算する。重要なのは、この予測が「その企業の事業活動が未来永劫、継続できるものである」という前提に基づいていることだ。この前提部分を数値化したものを「永続価値」や「ターミナル・バリュー」と呼ぶ。簡単に言えば、5年間にわたる中期経営計画の最終年のビジネス状況がその後もずっと継続するものと仮定し、その企業の6年目以降の未来の価値を推計する、という考え方になる。「企業価値」（現在価値）全体に占めるこの「永続価値」の割合は、実に4割から5割にもなる。

この「永続価値」を確かなものにするために、必要不可欠になるのが経済安保への対応だ。中長期的に事業を継続していくためには、気候変動対策や生物多様性への配慮、人権対応など様々な取り組みが求められるのに加え、まず何よりも自社のガバナンス整備が欠かせない。そして、近年の地政学リスクの激しい渦の中では、企業自身が経済安保の役割を果たすことが、業界や産業、さらには経済全体の永続性を担保するために必須となる。これはとりもなおさず、自社の永続価値、そして現在の企業価値を向上させることに直結するのだ。

「経済安保への対応こそが企業の『永続価値』を支え、企業価値の向上につながる」という認識を、ビジネスに関わるステークホルダー全員があらためて共有すべきだ。

「営業力」より「経済安保対応力」で選ばれるビジネス

「経済安保への対応力」は企業価値の向上につながるだけでなく、顧客から選ばれるための重要な基準の一つになりつつある。これは、単に各国政府が定める「取引禁止リスト」企業に入らないように、という狭い意味での対応のことを言っているのではない（そもそも、特定の国の政府が定める「取引禁止リスト」への掲載を、自社の努力だけで回避することは容易ではない）。

いわゆる「取引先評価」や「サプライヤー評価」の中で重視されるQ（品質）・C（コスト）・D（納期）の指標のうち、「D（納期）」に含まれることが多い「安定供給力」に、今後は「経済安保への対応」が密接に関わってくるのだ。第6章で詳しく論じるが、今後は「D（納期）」とは別に、取引先の経済安保対応力を独立した指標として採用する動きが広がることも考えられる。経済安保への対応が不十分なサプライヤーは、自社ビジネスに「突然死」を招く要因になり得る「ノックアウト・ファクター（失格要件）」を持つとみなされる可能性がある。

従来、製造業における「安定供給力」とは、生産キャパシティー、すなわち工場への設備投資力を評価する要素だった。だが、現在では「サプライチェーンにおいてリスクにならないこと」という、より広義の安定供給対応が求められている。

「経済安保への対応力」が求められる最初の市場は「政府調達」だ。「なんだ、そんな特殊な分野の話か」と軽視することなかれ。政府調達（公共調達）は、GDPの10～15％にも上る巨大なマーケットだ。

「うちの会社は政府や自治体とビジネスをしていないから関係ない」と思う人もいるかもしれないが、そう簡単にはいかない。政府や自治体に商品やサービスを直接提供している企業は、公共調達の入札において、経済安保に関する詳細な情報提供を求められることがある。その中で記載や提出を要求されるサプライチェーン情報の中に、あなたの会社の情報も含まれてくる可能性があるのだ。あなたの会社の取引先（顧客。または顧客の顧客）企業が政府事業に入札すると、例えば次のような質問を受ける。

「自社内で米2019年国防権限法第889条で指定されたファーウェイ（華為技術）などの製品を含む通信機器を使用していますか？」「納入される製品は、米連邦調達規則で規定された『米国製品』の要件である国内調達率を満たしていますか？」

これらの質問に対して、自社内の情報だけでは正確に回答できないケースも多い。その場合、あなたの会社に質問が飛んでくる。このとき迅速に回答できるかどうかで、あなたの会社に対する評価に大きな差が生じることは想像に難くない。なんと言っても、相手は政府入札という明確な期限がある仕事で焦っている状態だ。経済安保に関して普段から情報を整備しており迅速な回答ができるサプライヤーには、とりわけ大きな信頼を寄せるはずだ。

この対応が必要なのは政府調達への入札時だけではない。政府からの補助金を受けたプロジエクトに参画する場合の条件としても、また、国をまたいでデータを活用するようなデジタルサービスを提供する前提としても、経済安保への対応が求められる。

求められる高度な戦略的判断

こうした急速な変化に、企業としてどう対応していくべきか。本書の第6章では「実践としての地政学リスク対応」を部署別に解説するが、「あとは担当部門でうまくやっておいてくれ」では済まないのが、このテーマの難しさだ。

経営者は、「経営戦略」そのものとして地政学・経済安保というテーマに向き合い、常に全社視点で取り組まなければならない。経営の世界ではすでに言い尽くされていることだが、戦略とは「何をするか」よりも、「何をしないか」の決断にこそ求められるものだ。実務の中では、「ビジネス全体を守るために、何を諦めるか」という戦略的な判断が求められる場面も出てくる。

2016年のTPPの頃までは、こうした高度に戦略的な判断が求められる機会は今ほど多くなかった。企業はただひたすら、関税削減のメリットを可能な限り享受し、コスト削減に最も効果的なサプライチェーンを構築できるよう「最適化」に努めればよかった。社内の専門家や外部のコンサルタントに最適化対応を任せさえすれば、一定の成果が得られた時代だったといえる。

しかし、「通商」「貿易」というテーマに、「地政学」や「経済安保」の問題が積み重なってくると、判断の難易度は飛躍的に高まる。それが今の状況だ。

「ウクライナに侵攻したロシアの企業に製品の出荷を続けるのはリスクが高い。しかし、出荷を停止すれば、顧客との契約に違反してしまう。その覚悟はあるのか」。これは、地政学リスクへの対応を巡って実際にあった議論の例だ。ロシアによるウクライナ侵攻が本格化した2022年前半、欧米の大企業がロシア向けのビジネスを次々と停止し、日本企業も同様の行動をとるかに注目が集まった。当時、一部の報道は、「欧米企業に比べて行動が遅い」と日本企業を批判した。

だが、ことはそう簡単ではない。企業の行動を規定するのは、何よりも「法律」と「契約」だ。ロシア市場から撤退したくとも、サプライヤー側の判断で勝手に顧客への出荷やサービス提供を停止すれば、契約違反に当たりかねない。

それでも欧米企業と同様の対応をとりたい場合、企業の法務部は、契約書の「天変地異（フォース・マジュール）条項」を適用できないか、とまず考える。だが、欧州の拠点であるロッテルダムの倉庫からモスクワの顧客までの道路が完全に遮断されているわけでもなく、この条項を適用するのは難しい。では、ロシアが国際決済システム（ＳＷＩＦＴ）から排除されたことを理由に、「支払い不安」があるとして出荷停止に踏み切ったらどうだろうか。すると、モスクワの顧客からは「ユーロを現金で持参して、自社のトラックでロッテルダムまで集荷に行くので問題ない」と対応策が提示される。

つまり、この状況下で地政学リスクを理由に出荷停止に踏み切るには、一方的な「契約違反」とみなされる可能性を受け入れるしかない。果たして顧客は訴えてくるだろうか、裁判になった場合の仲裁地によって自社が不利になる可能性はあるか、賠償金が発生した場合、いくらくらいになりそうか。こんな議論が社内で紛糾するのが、地政学リスク対応のリアルだ。

もう一つ例を挙げよう。長年、国際情勢に関する企業へのアドバイザリーに携わってきて「最近、様子が変わってきた」と私が感じることの一つに、「企業からの相談に、個人名が多く登場するようになった」ことがある。「ミャンマーで拘束された社員Aさん」「中国政府が海外の優秀な科学技術者に資金を援助する『千人計画』の一人であるBさん」「資本提携したスタートアップ企業経営者の配偶者であるCさん」。「厳秘」と記された社内資料にこうした個人名を載せた上で、重要な経営判断を下すための会議が重ねられているのだ。

人権侵害に関与した個人・組織に制裁を科す米国「マグニツキー法」「特別指定国民及び資格停止者（SDN）」の対象者リストには、政府によって資産凍結された個人の名前が並ぶ。ロシアの「入国禁止リスト」には、外国政府要人のみならず研究者などの名前も含まれている。中国の「反スパイ法」違反の疑いで拘束された日本企業の社員の名前は、すでに多数のメディアで報じられている。政府の機密情報へのアクセス権を付与する条件を定めた「セキュリティー・クリアランス（適性評価）」制度の下では、個人単位で「許可」「不許可」を判断せざるを得ず、その過程で親族の情報が照会されるケースもある。こうした各国法や国際ルールに対応するために、企業としても個人の情報を詳細に把握し、管理せざるを得ないことがある。

多様なバックグラウンドを持つ従業員が互いをリスペクトしながら働く職場において、個人の国籍や居住地によって処遇などを変えるべきでないのは大前提だ。それでも、自社のビジネスを守るために、どうしても確認しなければならないことが出てくる。こうした心理的な葛藤を乗り越えて、地政学・経済安保の実務を推進することも、これからのビジネスリーダーの重要な責務といえる。

■ ■ ■

なぜ今、地政学・経済安保なのか。本章で伝えたかったのは、端的には、「昨今の国際情勢は、これまでの見方からすれば異常事態である」という点と、「地政学・経済安保リスクによるビジネスインパクトは極めて大きい」ということだ。

次章では、今日のビジネス最前線にいる企業人が知るべき地政学・経済安保リスクの実態について述べる。いわゆる「教養として」の解説よりもビジネスでの実践に直結するトレンドを詳述している。

「国際情勢などの背景知識よりも具体的な対応策を早く知りたい」という人は、第2〜5章を

図表1・4　主要産業の地政学リスク・経済安保対応「必須項目」

自動車

- 今後の半導体調達の困窮リスクに備えた設計・調達一体の戦略策定
- 「SDV開発コストに対応した規模の追求」と「調達多様化」のバランス確保
- バッテリーメタルの価格変動・電池規則への対応によるコスト圧力
- 中国EVメーカー席巻による調達網や国際標準の力学変化
- 全方位の法令順守を断念する場合の関税・各規制のコストシミュレーション

電子部品・半導体

- 各国で乱立する政策・公的支援による大型投資案件への参画
- 最終財（自動車など）メーカーとの綿密な対話による投資計画の頻繁な見直し
- AIの社会実装進展に伴う新たなルール（規制・標準化）対応
- 半導体後工程を中心とした生産拠点のインド・ASEAN拡大への対応
- 各国の政権交代における政策「はしご外し」を想定した事業計画の策定

化学・素材

- 建材をはじめとする中国需要低下による世界的な価格下落圧力への準備
- 需給変動への対応力あるアセットライト型事業へのシフト
- 最終財（自動車など）との綿密な対話による投資計画の頻繁な見直し
- バリューチェーン一体となった代替素材開発および戦略的在庫の確保
- サステナビリティと経済安保の双方のためのトレーサビリティー要求への対応

消費財・小売

- 中国マーケティング活動リスク（反スパイ法等）拡大への対策
- 世界的な関税率の変化と貿易制限措置による調達困難品目の代替検討
- 紛争などによる食糧危機からの連鎖リスク（欠品品目の拡大）への準備
- 人権デュー・ディリジェンス関連ルールへの対応具体化
- ESG支援政策の急停止によるコスト増（物価高へ追撃）への対応

デジタル・コンテンツ

- ゼロトラストに基づくサイバーセキュリティー対策の本格化
- 各国ローカルルールへの対応強化のための現地専門機関との連携
- データセンターのサステナビリティ対応と物理的保護の強化
- AIの基盤となるデータのクロスボーダー移転に対する規制厳格化への対応
- AIを活用する産業の広がりに伴う業界別の新たな規制への対応

出所　オウルズコンサルティンググループ作成

スキップして、第6章「地政学・経済安保リスクへの部門別対応策」に進んでほしい。

本章のまとめとして、図表1・4に、主要産業の地政学リスク・経済安保対応「必須項目」を示した。各項目を見てもらえるとわかるが、地政学や経済安保リスクはほとんどの業種に関係している。現時点では、各項目が何を意味しているのか、どういう対策が考えられるかについて、自信を持って答えられないかもしれないが心配無用だ。本書を読み終わった後に、もう一度、図表1・4に立ち戻ってほしい。自社の状況に合った具体的な対策が思い浮かぶはずだ。

地政学・経済安保が身につくコラム①

ヤーギン『市場対国家』から四半世紀を経た「管制高地」のあり方

ピュリッツァー賞を受賞した経済アナリストのダニエル・ヤーギンと同僚ジョゼフ・スタニスローによる1998年の共著『市場対国家』（日本経済新聞出版、山岡洋一訳）は、20世紀において「市場」と「国家」という二つの対立する力が、どのようにして世界経済の主導権を争ってきたかを論じた名著だ。

本書の冒頭で「教養としての地政学」の基本概念として挙げた「ランドパワー対シーパワー」や「ハートランド対リムランド」のような「国家」を主語とした整理も重要だが、

企業やビジネスを主語にして地政学を考えるときには、「市場対国家」という対立構造の変遷こそ、求められるリテラシーだ。あなたの脳裏に、「経済安保は政府の仕事。企業は経済安保への対応コストを負担したくない」という考えが浮かんだときには、まさにこの対立構造が浮き彫りになっている。

ヤーギンらの整理では、「市場」とは自由貿易や資本主義、民間の創造的活動を指し、「国家」とは政府の介入や計画経済、社会主義的な経済統制を指す。『市場対国家』の中でヤーギンらは、冷戦後のグローバル経済における「市場」の勝利を強調した。端的には次のような歴史的考察に基づいて語られている。

20世紀前半、特に1930年代の世界大恐慌や二度の世界大戦の後には、政府が積極的に経済を調整することで、失業や経済の不安定性を解消できると主張するケインズ経済学の影響を受けた「国家主導の」経済政策が導入された。だが1970年代になると、経済停滞やインフレーション（スタグフレーション）の問題が表面化し、国家主導の経済政策が行き詰まりを見せる。この状況を受けて、フリードリヒ・ハイエクやミルトン・フリードマンといった経済学者が再び注目され、市場の自由な競争と国家の介入削減が提唱されるようになった。具体的には、英国のマーガレット・サッチャー首相や米国のロナルド・レーガン大統領が、積極的に規制緩和、民営化、貿易自由化などの市場主義的な政策をとった。一方、同時期にソビエト社会主義共和国連邦（ソ連）をはじめとする共産主義国家は国家主導の計画経済を進めたが破綻し、1989年にはベルリンの壁が崩壊。国家の計画経済が持つ非効率性と硬直性を、市場経済に対する敗因と分析した。

このように、『市場対国家』の中では、20世紀における「市場の勝利」が結論付けられた。現状を見てその結論に疑問を感じる方も多いと思うが、この名著は次のような書き出しで始まっていることに注目が必要だ。「市場重視への変化が起こっているのはなぜなのだろうか。(中略) この変化は逆転不可能なものなのだろうか。進歩と発展の過程の一局面なのだろうか。政府と市場の関係が根本から変わって、政治、社会、経済にはどのような影響を受け、どのような見通しになるのか」。つまり、ヤーギンらは、市場と国家、すなわち企業と政府の役割は21世紀に入ってからも変化を続けるはずだと予測していたのだ。

実は『市場対国家』は日本語訳の書籍名であり、原題は『ザ・コマンディング・ハイツ(The Commanding Heights)』、直訳すると「管制高地」だ。「管制高地」の語源は軍事用語で、戦略的に重要な高台を意味する。ここから転じて、経済を支配する立場について「管制高地」という言葉を使うようになったのが、1920年代のロシア革命家ウラジーミル・レーニンだ。その後、英労働党やインドの国民会議派もこの言葉を用いて、政府が経済を支配する必要性が語られるようになった。

この管制高地を「市場」がとるか「国家」がとるかの要因として、ヤーギンらは五つの視点を挙げた。具体的には、「成果を上げているか」「公正さが保たれるか」「国のアイデンティティーを維持できるか」「環境を保護できるか」「人口動態の問題を克服できるか」だ。これらの要素は21世紀に入ってからも「市場対国家」の重要な因子となる。特に、GAFAMと呼ばれるような民間デジタルプラットフォーマーが形成する経済圏と、国家が大きく関与し得る旧来型の資本主義との綱引きにおいては、これらの視点は現在でも機能するだろう。

さて、ヤーギンらの『市場対国家』が上梓されてから四半世紀が過ぎ、激動の地政学動向により、経済安保への要求が高まっている今、経済の「管制高地」は再び「国家」が占めるのだろうか。

答えは「否」だ。国家や社会の安全保障すなわち市場そのものの永続性と、サプライチェーン強靭化によるビジネスの持続可能性の双方を追求する「経済安保」においては、「市場」と「国家」はそもそも対立構造ではない。経済の管制高地には、「市場対国家」ではなく、「市場と国家」の官民連携の体制で立つことが求められる。

経済産業省がまとめている「経済安全保障に関する産業・技術基盤強化アクションプラン」の中で、「これまでの官民連携の在り方を超えた、官民の戦略的対話を実現することを目指す」としているのは、まさにこのためだ。政府（国家）が持つインテリジェンスを企業（市場）と共有し、官民双方でリスクを見通して機動的な打ち手を講じる必要がある。

エネルギー政策を専門とするヤーギンは、近年も米国におけるシェール・エネルギーの増産や太陽光発電における中国の圧倒的なシェアなどの地政学上の意味を説いた新著を出している。新たな「管制高地」の捉え方についての論議にも注目したい。

第2章

三つの地政学メガトレンドを見極める

■「平和の礎」が「武器」に

ここ数年、世界を揺るがす出来事が続いた。新型コロナウイルスが世界的にまん延した際には、世界各国が国内での感染拡大防止を優先し、ワクチン争奪戦を繰り広げた。ロシアのウクライナ侵攻は、国家主権や領土保全という大原則があからさまに踏みにじられ得ることを国際社会に見せつけた。米中対立はもはや常態化し、米中間だけでなく、日本なども巻き込んで貿易や投資に支障が出ている。これらの出来事は、グローバリゼーションが進展する世界で過ごしてきた私たちに、国境や国家の存在を思い出させ、グローバリゼーションのあり方が大きく変容したことを思い知らせた。

1990年代以降約30年続いたポスト冷戦期のグローバリゼーションでは、ヒトやモノ、資本（カネ）、技術、データが自由に国境を越えていく世界が目指され、そのためのルールづくりが進められた。企業は、最も効率的に生産でき、コストを最小化するサプライチェーンの構築を進めた。しかし、ポスト冷戦期が終焉し、私たちが前提としていた世界は大きく変わった。

ポスト冷戦期には、グローバリゼーションと国家間の経済的な相互依存関係が進展すれば、それを打ち壊すコストが大きくなるため、国家間の協調が進み、世界は平和になると信じられていた。「しかし、冷戦終結から30年余り、『経済的な相互依存』は、世界を平和にするどころ

図表2・1　経済的相互依存の「武器化」

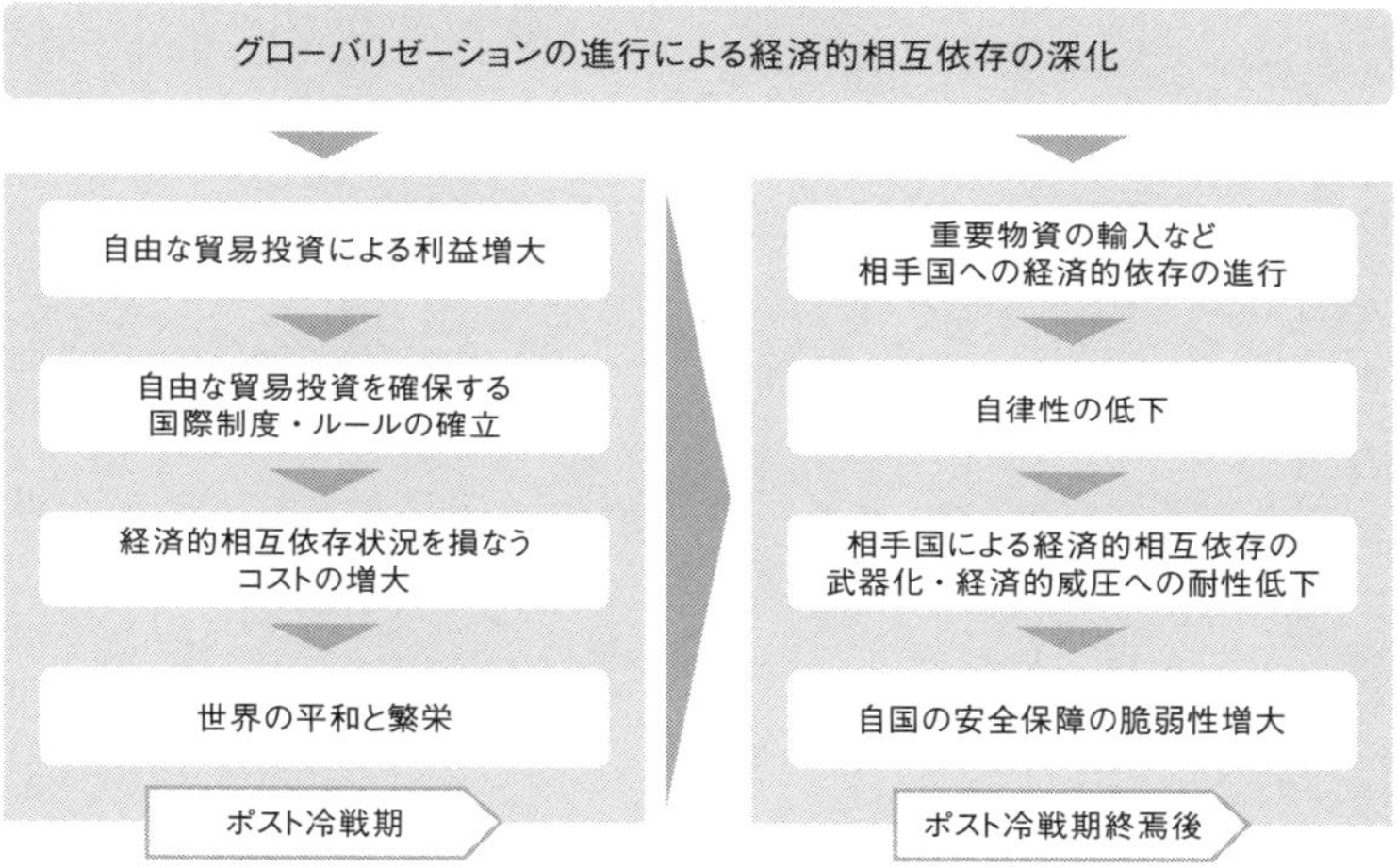

出所　オウルズコンサルティンググループ作成

か、世界のリスクを高めた。私たちは今、あの仮説が『明らかな幻想』であったことを痛感しています」。これは、2023年1月5日の米・戦略国際問題研究所（CSIS）での西村康稔経済産業相（当時）のスピーチだ。

ここで西村氏が「幻想」という言葉を用いたのは、ラルフ・ノーマン・エンジェルの有名な著作を意識してのことだろう。英労働党下院議員を務め、1933年のノーベル平和賞を受賞したノーマン・エンジェルは、その著書『大いなる幻想』（1909年初版発刊）で、経済的相互依存が進展した世界では戦争は自国にも敵国にも大きな被害をもたらすため、戦争によって国家が経済的利益を得られるという考えは「大いなる幻想」であると指摘した。西村氏は、経済的相互依存の進展は世界に平和をもたらすのだというポスト冷戦期の「仮説」に対し、それこそが「明らかな幻想」だったと述べたのだ。

西村氏は、民主主義や法の支配といった価値を共有していない、信頼できない国に経済的に依存することはリスクであり、「威圧のような形で、外交・安全保障上の武器として利用されかねない」とも指摘している。つまり、これまで「平和の礎」と信じられていた経済的相互依存の進展が、信頼できない国による自国に対する「武器」として認識される時代になったのだ（図表2・1）。

■「自由・効率・コスト」から「価値・信頼・リスク」へ

グローバリゼーションと経済的相互依存の進展を前提としていたポスト冷戦期が終焉したことに伴い、企業が事業活動で重視すべきポイントも大きく変わった。これまでは、「自由（貿易）・効率・コスト」が最優先であり、ヒトやモノ、技術が自由に国境を越え、最も効率的で、コストがかからないサプライチェーンを構築することが重要だった。しかし今は、「自由」よりも「価値」を共有できる国、「効率」よりも「信頼」できる相手、「コスト」よりも「リスク」が大きくない取引に重きが置かれるようになった。米国のバイデン政権で通商代表を務めたキャサリン・タイ氏の「自由貿易は美しい概念だが、それはまた美しい夢でもある」という

図表2・2　企業が重視すべきポイントの変化

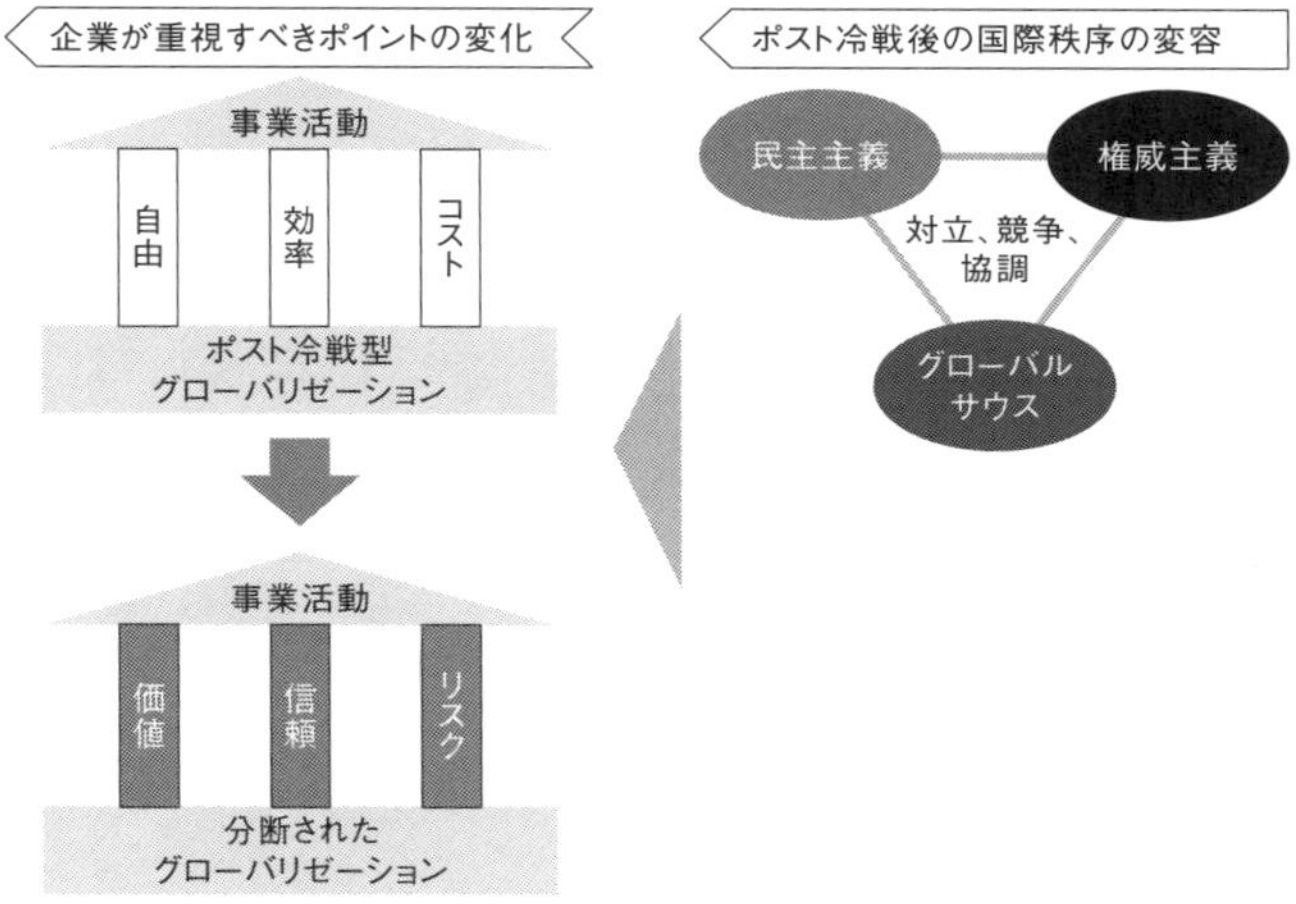

出所　オウルズコンサルティンググループ作成

図表2・3　三つのメガトレンド

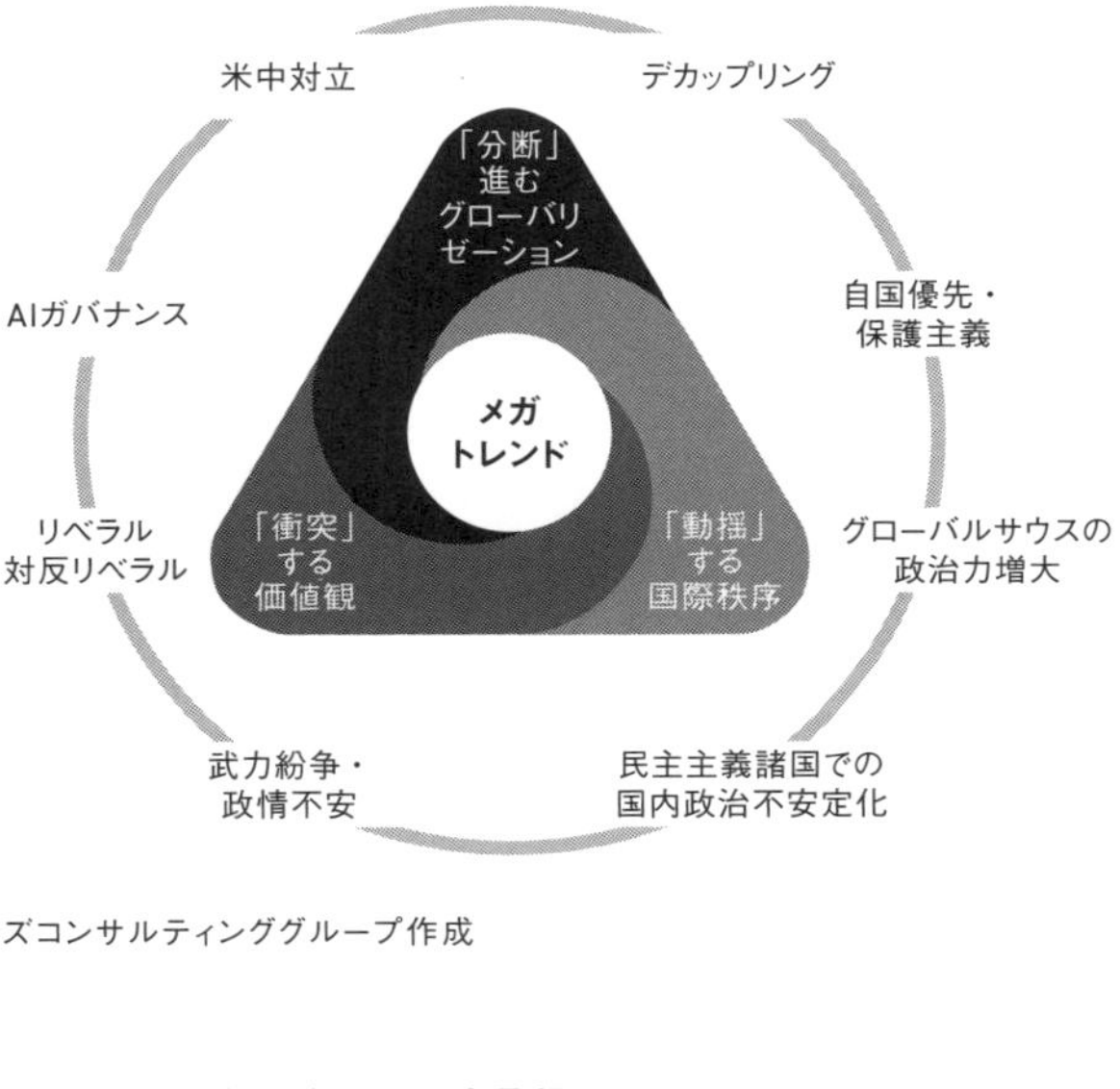

出所　オウルズコンサルティンググループ作成

言葉はこの変化を象徴している。

「価値・信頼・リスク」という視点で見ると、世界は大きく三つの陣営に分かれている。日本や米国が属する「民主主義陣営」、中国やロシアを中心とする「権威主義陣営」、いずれにも属さない多くの新興国・途上国が含まれる「グローバルサウス」だ。これらは、経済ブロックのような閉ざされた経済圏ではなく、安全保障や気候変動など直面する課題ごとに対立したり、競争したり、協調したりしている（図表2・2）。

グローバルに事業を展開する企業は、今起きている目の前の出来事だけでなく、こうした歴史の転換と大きな構図を把握し、それが生じる要因となった大きな潮流、すなわち、メガトレンドを理解する必要がある。

地政学・経済安保リスクという視点で世界を見渡したとき、今注目すべきメガトレンドは、グローバリゼーションの「分断」、国際秩序の「動揺」、価値を巡る「衝突」の三つだ（図表2・3）。本章では、地政学・経済安保リスクに対応する上で注目すべき三つのメガトレンドを解説する。これを理解することは、企業が事業計画を立案・実行する際に役立つだろう。

メガトレンド①「分断」

米国が先導した中国との「分断」

ポスト冷戦期が終焉し、「自由・効率・コスト」最優先のグローバリゼーションは大きく変化した。今日でも、ヒトやモノ、資本(カネ)、技術、データは国境を越えて動いているが、かつてのように自由ではない。そこかしこに「分断」が生じているからだ。

グローバリゼーションの「分断」が生じたのは、米国をはじめとする主要国が経済安保の確保を推し進めたことが大きい。世界各国は、コロナ禍によって医療物資や半導体などのサプライチェーンの混乱を経験した。また、米中の対立下で、主要輸出産品の輸入禁止や重要鉱物などの輸出制限といった中国の経済的威圧にさらされた。さらに、ロシアのウクライナ侵攻では、日本や欧州のロシアへのエネルギー依存の実態が明らかになった。これらを通じて、多くの国が他国、特に信頼できない国への経済的依存がリスクであることを痛感した。G7などの民主主義諸国(いわゆる西側諸国)は、特に中国への依存状況に強い懸念を示している。

中国の脅威を強く意識した経済安保の確保を先導したのは米国だ。米国の対中認識は、バラク・オバマ政権(2009年1月~2017年1月)の後期には明らかに変化し始め、第1期ドナルド・トランプ政権（2017年1月〜2021年1月）下で対立が決定的となった。第1期トランプ政権は、中国を「現状変革勢力」「戦略的競争者」と位置付け、1979年の米中国交樹立以来の中国への「関与政策」、つまり、中国への関与を深めることで中国の政治的民主化と経済的開放が進み、中国が建設的で責任あるグローバルな利害共有者となることを促すという政策が誤りだったと断じた。

こうした対中脅威認識は、続くバイデン政権（2021年1月〜2025年1月）にも基本的に引き継がれた。バイデン政権は、米国にとって中国は「21世紀最大の地政学的試練」であり、「国際秩序を改変する意図と、それを行う経済的、外交的、軍事的、技術的な力の双方を有する唯一の国」であるとの認識を明確にした。

第1期トランプ政権下では、経済安保確保のため、中国への重要技術の流出を阻止し、米国内の産業基盤を強化し、中国への経済的な依存度を下げることを目的として、中国に対する関税、輸出管理、対内投資審査などの措置が導入・強化された。バイデン政権はこれらを継続し、さらに厳格化・拡大していった。それによって、米中間のモノや技術などの移動が制限され、貿易投資が減少し、両国の経済関係は「分断（デカップリング）」へと向かっていった。

米中という二大経済大国の分断は、世界経済にも大きな影響をもたらしている。また、G7諸国をはじめとする米国の同盟国・同志国も、中国への警戒心を高め、分断につながる対中措置を導入・拡大している。

「デカップリング」ではなく「デリスキング」

米中が対立し、分断に向かう状況は「冷戦」と呼ばれることがある。しかし、米中の「冷戦」はかつての「米ソ冷戦」とは大きく異なり、米中両国が高水準の経済的相互依存関係にあることに注意が必要だ。例えば、ソ連最後の年となった1991年の米国の貿易に占めるソ連のシェアは0・48％にすぎなかったが、トランプ政権が発足した2017年の米国の貿易に占める中国のシェアは16・59％と比べものにならない。米中両国の経済関係をデカップリングしようとすれば、大きなコストが米中双方にかかることは明白だ。世界最大の貿易大国である中国との完全なデカップリングは、米国だけでなく、世界の多くの国にとって現実的な選択肢ではない。

しかし、経済安保の確保のためには、中国への経済的な依存度を下げ、軍事転用可能な重要技術の流出を阻止しなければならない。そのため、バイデン政権では、「スモールヤード・ハイフェンス（小さな庭と高い塀）」という方針がとられた。これは、輸出管理などの規制の対象を経済安保上重要な技術や品目に絞り込んだ上で（「小さな庭」）、対象となる技術・品目については厳格に管理する（「高い塀」）アプローチだ。つまり、デカップリングの領域を絞り込むことで経済安保上のリスクとコストを減らすというもので、「デリスキング」と呼ばれている。

デリスキングは、対象を先端半導体や人工知能（ＡＩ）関連技術といった機微技術・重要物資に限定した「部分的・選択的なデカップリング」といえ、２０２３年5月のＧ７広島サミットで参加諸国の共通目標となった。

国際通貨基金（ＩＭＦ）は、こうした分断が深刻化すれば、世界経済は７％縮小する可能性があるとして、分断を回避するよう警告を発している。しかし、米国と、日本やＥＵなどの同志国による対中デリスキングの流れは今後も継続すると見込まれる。中国も関税引き上げや輸出入制限措置などでこれに対抗するだろう。貿易投資を阻害する措置の応酬によって、米国やその同志国と中国との分断が進行していくことは、一時的なブレはあっても、大きな流れとして変わらないだろう。

また、コロナ禍で世界各国がマスクやワクチンを奪い合ったように、経済安保の確保を大義名分として、重要物資の調達や国内生産などで西側諸国が他国を差別する自国優先・保護主義的な政策をとれば、分断が同志国間でも生じることが懸念される。第2期トランプ政権が打ち出している政策は、この懸念をさらに大きくしている。

メガトレンド②「動揺」

パワーバランスの変化による国際秩序の不安定化

第2次世界大戦後80年を迎え、約30年続いたポスト冷戦期が終焉した今、国際秩序が大きく「動揺」している。ポスト冷戦期には、いわゆる米国主導のリベラルな国際秩序が維持されていた。米国が「覇権国」として、自由、民主主義、基本的人権の尊重、法の支配などの「普遍的価値」に基づく国際秩序の安定に努め、日本などの先進民主主義諸国がこれを支えた。

しかし現在、中国やグローバルサウスと呼ばれる新興国・途上国が、急速な経済成長により存在感を増し、米国や先進民主主義国のパワーが相対的に低下した。名目国内総生産（GDP）で見ると、G7が世界全体に占める割合は、1990年の約66%から2023年には約45%に低下した（図表2・4）。グローバルサウス諸国は今後の成長が見込まれるため、G7のシェアの低下は今後も続いていく。

パワーバランスの変化の中で、中国やロシアのように、米国主導のリベラルな国際秩序やその基盤である「普遍的価値」に挑戦する国が現れた。ロシアによるウクライナ侵攻はそれを象徴する出来事であり、ポスト冷戦期の終焉を決定づけた。

図表2・4　名目GDPシェアの推移

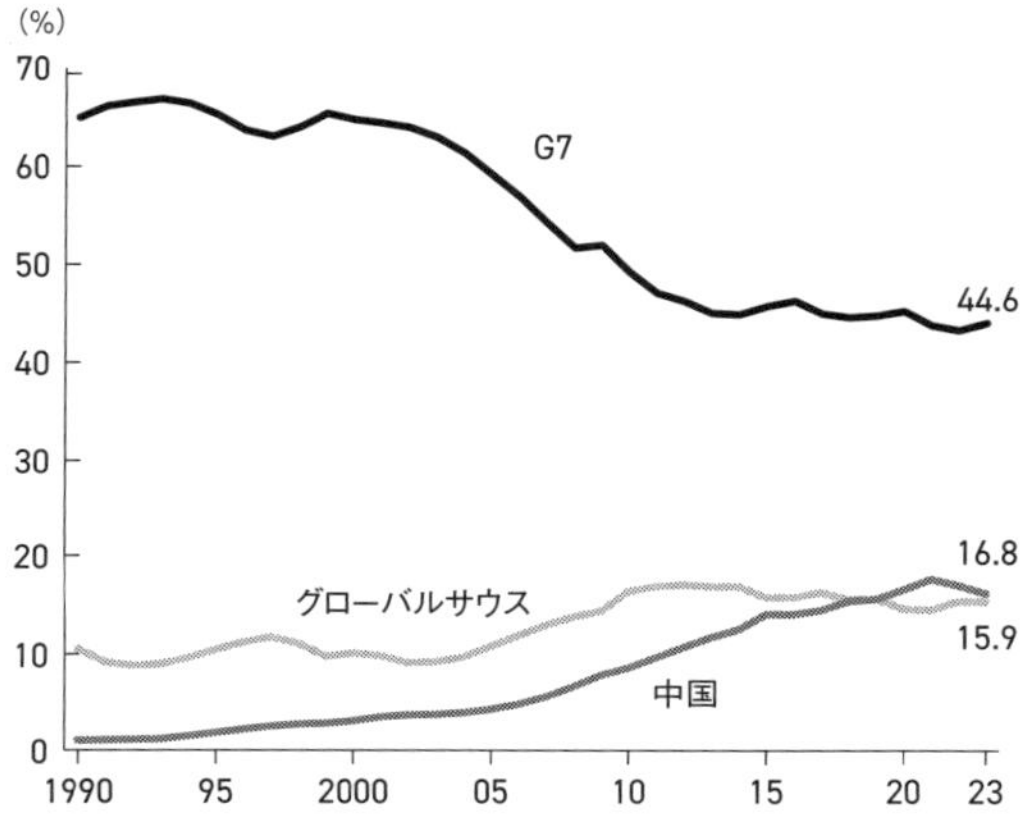

注　「グローバルサウス」は、「グローバルサウスの声サミット」（2023年1月）参加125カ国にG20メンバーであるアルゼンチン、ブラジル、インドネシア、南アフリカを加えた129カ国。
出所　世界銀行「World Development Indicators」より、オウルズコンサルティンググループ作成

西側諸国による「支援疲れ」も指摘される中、ウクライナにおける平和の実現は依然不透明だ。パレスチナ自治区ガザでのイスラエルとパレスチナ武装勢力の武力衝突は、深刻な人道危機を引き起こした上に、シリアでのアサド政権の崩壊など、中東全体の不安定化を招いた。国際連合の安全保障理事会常任理事国である米国とロシア・中国が対立しているため、これらの事態に国連も十分な役割を果たせていない。スーダンやコンゴ民主共和国では武力衝突による人道危機が深刻化しているが、国際社会は有効な手を打てていない。政権に返り咲いた米国のドナルド・トランプ大統領は、就任早々に世界保健機関（ＷＨＯ）からの脱退を表明し、グローバル・ガバナンスを支えることよりも、自国の利益を優先する

姿勢を明らかにした。ルールに基づく秩序がむき出しの「力」によって大きく浸食され、地政学リスクが高まっている。

日本を取り巻く安全保障環境も、戦後最も厳しいといわれる状況にある。日本周辺では、台湾海峡や東・南シナ海で中国が軍事的示威行動を活発化させており、緊張が高まっている。北朝鮮は、頻繁にミサイル発射実験を繰り返しているほか、包括的戦略的パートナーシップ条約の締結などロシアとの関係を強化し、派兵や武器供与によってロシアのウクライナ侵攻を支援する一方、ロシアからは軍事技術支援を受けている。

また、グローバリゼーションの経済的恩恵が等しく分配されていないことや、気候変動や感染症などのグローバルな課題への対処が困難なことなどが、国家間や各国内の格差につながり、国際社会における国家間の意見対立や、国内政治におけるポピュリズムの台頭を生み出している。これは、一部の地域・国で武力紛争やクーデターの一因となっている。サヘル地域（サハラ砂漠南縁部の半乾燥地域）では、マリ、ブルキナファソ、ニジェールなどでクーデターが続いた。さらに、ある地域・国の武力紛争やクーデターによる政情不安が、食料・エネルギーの不足や価格高騰、難民の増加などを引き起こし、他国の政情不安や国内分断を助長している。

ポスト冷戦期が終焉した今、これまでの国際秩序が大きく動揺している。まさに、パンドラの箱が開いた状態だ。

国際政治を左右するグローバルサウス

先進民主主義国のパワーの相対的低下というパワーバランスの変化は、グローバルサウス諸国の国際社会における発言力や影響力を増大させた。さらに、G7などの民主主義諸国と、中ロをはじめとする権威主義諸国の競争や対立が、そのどちらにも属さないグローバルサウス諸国の存在感を一層大きなものにしている。

国連などの場で、ウクライナ情勢への対応などを巡って意見対立を繰り返す民主主義陣営と権威主義陣営は、多数派を形成するためにグローバルサウス諸国の支持を得ようとしのぎを削っている。G7による「グローバル・インフラ投資パートナーシップ（PGII）」や、中国による「一帯一路」など、両陣営がグローバルサウス諸国への投資・支援を競っているのが良い例だ。また、レアアースなどの重要な資源・エネルギーや食料の供給国であるグローバルサウス諸国との連携は、サプライチェーン強靱化を通じた経済安保の確保のために両陣営にとって不可欠となっている。

グローバルサウス諸国も、この状況を活用して、自国の利益を実現しようとしたたかに動いている。その典型的な例がインドだ。IMFの予測によれば、インドの名目GDPは、2025年には日本を抜いて世界第4位に、2027年にはドイツを抜き、米中に次ぐ世界第

3位となる。2023年には、人口でも中国を抜いて世界の首位（約14億4000万人）に立った。この経済規模を基盤に、インドはグローバルサウス諸国の「盟主」を自任している。

インドは2023年に、先進諸国と主要な新興国が世界経済などについて議論するG20の議長国を務め、同年1月には、125カ国が参加した「グローバルサウスの声サミット」を開催した。同会議での「グローバルサウスの声」をG20の議論に反映させる「代弁者」の役割を担うことで、インドは自らの発言力を高めた。

それと同時に、日米豪印の4カ国の枠組み「Quad（クアッド）」に参加して、国境紛争や貿易問題を抱える中国をけん制したり、ウクライナ侵攻後、民主主義諸国の制裁下にあるロシアから割安な原油を輸入したりするなど、民主主義陣営と権威主義陣営の競争・対立を利用して国益の実現を図っている。

最近では、グローバルサウス諸国のグループ化も進んでいる。例えば、ブラジル、ロシア、インド、中国、南アフリカの5カ国で形成されていたBRICSは、2025年1月までにイラン、アラブ首長国連邦（UAE）、エチオピア、エジプト、インドネシアが加入し、10カ国に拡大した。さらに、加盟を申請したタイやマレーシアを含む9カ国が「パートナー国」となるなど、さらなる拡大も見込まれる。グローバルサウス諸国のグループ化が、特に中ロ両国も含む形で進めば、民主主義陣営の発言力や影響力を相対的に低下させることにつながりかねない。

ただし、グローバルサウス諸国は決して一枚岩ではない。それぞれが独自の外交方針により各々の利益を追求しており、国益の実現に資するのであれば、グループとしての結束に束縛されることなく、独自の外交政策を展開している。先進諸国が築いた既存の国際秩序の変革を求めるという点以外では、共通の目標・利益を見いだしていない。ＢＲＩＣＳの創設メンバーであると同時にクアッドにも参加するインドや、ＢＲＩＣＳへの加盟申請と時期を違えず、先進民主主義諸国で構成される経済協力開発機構（ＯＥＣＤ）にも加盟申請したタイなど、どちらかの陣営のみに参加する意思はなく、いずれにも属さない、あるいは双方に属することで、自国の発言力を高め、国益を追求しようとする国がグローバルサウス諸国には多い。日本が主導する「環太平洋パートナーシップに関する包括的及び先進的な協定（ＣＰＴＰＰ）」への加入を申請し、さらに、ＯＥＣＤへの加盟審査開始が決定したインドネシアは、２０２５年１月にＢＲＩＣＳに加入した。同国は、「特定の陣営に参加するという意味ではなく、あらゆるフォーラムに積極的に参加する」方針を示している。

　グローバルサウス諸国が気候変動や安全保障上の課題についてどのような立場を取るのか、民主主義陣営と権威主義陣営がそれぞれ構築するサプライチェーンにどのように参画するのか。その動向が国際秩序を大きく揺るがすことになる。

多くの国を襲う国内政治の不安定化

国際秩序が動揺しているのは、それを支える主要国の国内政治が不安定になっていることが大きな理由の一つだ。２０２４年は選挙の「当たり年」といわれ、70カ国以上で国政・全国レベルの選挙が実施された。その結果を一言でいえば、与党の敗北である。経済環境の悪化などを理由に、いくつもの国で政権与党への逆風が強く吹き、与党が議席を減らして政治的混乱を招いた国や、政権交代に至った国もある。それらの国ではそれまでの政策の修正・転換や、国内政治の停滞や混乱が生じている。この動きは今後も続き、２０２０年代後半には、その影響が本格的に表れ、各国の国内政治を揺るがし、国際秩序をより不安定にするだろう。

２０２４年に実施された、今後の地政学・経済安保リスクに影響を与える主な選挙を振り返っておこう。1月13日の台湾総統選挙では、それまで副総統だった民進党の頼清徳氏が勝利を収めた（5月20日就任）。しかし、日本の国会に当たる立法院の選挙で民進党は過半数を得られず、国民党に第1党の座を譲り渡した。中国が「台湾独立分子」とみなす頼総統下の台湾に対し、中国の軍事的・経済的圧力が強化されており、台湾を支援する米国と中国の関係が悪化することも想定される。第2期トランプ政権が台湾を巡って中国とどのように対峙するかも不透明だ。また、政権と議会の「ねじれ」による内政・対外政策の混乱が台湾情勢の不安定化を助長するのではないかと懸念されている。

4月の韓国総選挙では、野党「共に民主党・民主連合」が議席の約6割を占める勝利を収めた。政権運営が一層厳しくなった尹錫悦大統領は、12月に「非常戒厳」を宣言し打開を図ったが、国会や市民の強い反対を受け、数時間で解除に追い込まれた。その後国会で弾劾訴追案が可決され、尹大統領の権限が停止された。尹政権は日本との関係改善に努めていたため、韓国政治の混乱は今後の日韓関係や日米韓関係に悪影響を及ぼしかねない。

6月の欧州議会選挙では、中道勢力が過半数を維持し、任期満了を迎えたウルズラ・フォン・デア・ライエン欧州委員会委員長の続投も決まったが、右派・極右勢力が2割を超える議席を獲得した。すでに政権を握っているハンガリーやオランダをはじめ、同勢力が各加盟国でも勢いを増していることが、移民や環境、通商、対中政策などでEU域内の足並みを乱し、意思決定や政策実行が遅延・停滞するリスクが高まっている。

欧州議会選挙の結果を受けてエマニュエル・マクロン大統領が国民議会の解散に打って出たフランスでは、事前に予想された極右が過半数に迫る議席を獲得する事態は避けられたものの、与党は大きく議席を減らし、マクロン大統領の政権基盤は大きく揺らいだ。これは、EUの域内・外交政策にも影響を与える。

日本では10月、石破茂自由民主党新総裁が政権の座に就いた。石破首相は、戦後最短となる政権発足後8日で衆議院を解散し、総選挙に打って出たが大敗し、少数与党による不安定な政権運営を余儀なくされている。

そして、世界に与える影響が最も大きい11月の米大統領選では、共和党大統領候補のドナルド・トランプ氏と、現職のジョー・バイデン大統領から投票日の100日余り前に民主党大統領候補の座を引き継いだカマラ・ハリス副大統領(当時)が争い、トランプ氏が勝利した。議会選挙でも上下両院を共和党が制し、いわゆるトリプルレッドとなったため、選挙戦で掲げたトランプ氏の公約が実現される可能性が高まっている。

選挙戦で明らかになったのは、米国内の深刻な政治的・社会的分断だ。「米国第一」の姿勢や強い対中脅威認識などは変わらないが、その政策や手法は大きく変わる。第2期トランプ政権では今後、気候変動(脱炭素)、移民、通商などの政策や、対中戦略、対同盟国関係、ウクライナ支援、中東政策など、国内・外交政策が大きく転換されていく。トランプ政権の「力による平和」と「米国第一」を重視する単独主義が、国際情勢を一層不透明なものにすることが懸念される。

ポスト冷戦期の国際秩序を支え、主導してきた米国のこうした状況は、国際秩序が動揺している大きな要因であり、さらなる不安定化を招く大きなリスクとなっている。

メガトレンド③「衝突」

国家間・各国内で拡大する価値を巡る対立

国家間あるいは各国内で、これまで社会を支えてきた基本的な価値を巡って生じている「衝突」が、グローバリゼーションの「分断」や国際秩序の「動揺」を増幅させている。

冷戦終結直後の1992年に出版され、ベストセラーとなったフランシス・フクヤマの『歴史の終わり』では、冷戦の終結によって自由民主主義と市場経済がイデオロギー的な競争に勝利し、人類はイデオロギー的進化の終着点（歴史の終わり）に到達したと記されている。それから30年余りを経た現在、フクヤマ自身が認めているように、自由民主主義は権威主義の挑戦を受けている。

中国は、「中国には中国式の民主主義がある」と主張している。米国が中国との対立を「民主主義対専制」と位置付けたことに反発し、米国内の格差や人種差別を指摘して「米国式民主主義」を批判した。ロシアのウラジーミル・プーチン大統領は、移民排斥を唱える極右が台頭する欧州諸国の現状などを挙げ、「リベラルの理念は時代遅れ」と非難した。

ＥＵにとって、中国は「協力パートナー」であると同時に「経済的競争相手」であり、「体制上のライバル」だ。ロシアは、ウクライナに侵攻した権威主義国であり、価値を共有できない安全保障上の脅威である。ドナルド・トゥスク欧州理事会議長（当時）は、「リベラルの理念は時代遅れ」というロシアの批判に、「真に時代遅れなのは権威主義」だと反論した。

西側諸国は、自由、民主主義、人権尊重、法の支配などを「普遍的価値」として重視するが、現在の国際社会においては、残念ながらそれらが「普遍的」価値とみなされているとは言い難い。中ロなどの権威主義国だけでなく、グローバルサウス諸国の中にも、米欧による「『普遍的価値』の押し付け」を嫌う国もある。また、ロシアのウクライナ侵攻を強く非難する一方、大勢の民間人が犠牲になっているイスラエルのガザ攻撃を同様に非難しない米欧諸国を、価値に基づく判断を自国の都合に合わせて変える「二重基準（ダブルスタンダード）」だと批判するグローバルサウス諸国も少なくない。

スウェーデンにある民主主義に関する独立調査機関V-Dem研究所によれば、世界で「自由民主主義国」に分類されるのは、2023年には32カ国にすぎない。複数政党による選挙などの民主的制度が一定程度確保されている「選挙民主主義国」を合わせると91カ国なのに対し、権威主義国は88カ国と拮抗している。人口で見れば、民主主義陣営に暮らすのは世界の29％、約23億人と少数派だ。国際ビジネスを展開する際には、日本もこの少数派であることを念頭に置かなければならない。

■「目覚めた」人々への反発

価値を巡る衝突は、国家間だけでなく、民主主義諸国の国内でも生じている。それは、端的に言えば、「リベラル対反リベラル」の衝突だ。ESG（環境・社会・ガバナンス）やDEI（多様性・公平性・包摂性）といった、気候変動対策や人権重視などのリベラルな価値の実現を推進する動きは、民主主義諸国を中心に大きな潮流となっている。

他方で、こうした動きへの批判や反発も徐々に広がりを見せている。その理由や背景は様々だ。リベラルな価値観では、多文化共生やジェンダー平等、性的少数者の権利拡大などが重視されるが、これには一方的な価値観の押し付けや「逆差別」と捉える立場からの批判が根強い。伝統的な価値観の変化への抵抗感からESGやDEIに反発する政治的・社会的な動きが、日本を含む世界各国でみられる。

「ESGやDEIの推進にはコストがかかる」として、経済的な理由から反発する向きもある。EUでは、温室効果ガスの削減や生物多様性の保護などを理由に導入された環境規制がもたらす負担増に耐えかねた農家が、トラクターで道路を封鎖するといった抗議活動を展開した。消費者の中にも、生活コストの上昇に不満を持つ人々が少なくない。

加えて、大企業やエリート層への反発も一因とされる。「ESGやDEIの取り組みを積極的に進めているのは、経済的に余裕のある大企業やエリート層であり、彼らはそれによって利益を得ようとしている」との批判がある。こうした批判をする人々は、大企業やエリート層、それに賛同する人々を「(社会正義に) 目覚めた資本主義 (ウォーク・キャピタリズム)」と呼ぶ。日本ではこれが「意識高い系資本主義」などと訳され、正義を振りかざして独善的な考えで他人を攻撃する人たちとして揶揄《やゆ》されている。

欧州を中心に、ESGやDEIへの取り組みが法制化・義務化する動きが進む一方、これに逆行する動きも見られる。例えば、米国では、フロリダ州で2023年5月にESG投資を制限する「反ESG法」が成立し、同様の動きが他州にも広がっている。また、性別や人種などによる差別がもたらす格差の是正を図る「積極的差別是正措置 (アファーマティブ・アクション)」について、同年6月に米連邦最高裁が大学入学選考での同措置を違憲とする判決を下した。こうした動きを契機に、企業などのDEI促進の取り組みに対し保守層からの非難が強まっている。米国では、DEIに対抗するMEI (能力・優秀さ・知性) の推進が一部で唱えられ始めている。採用や登用は個人の実力のみで判断し、最適な候補者を選ぶべきだとの主張だ。

このように、リベラルと反リベラルの動きが衝突し、国内の分断をより深刻なものとしている。米大統領選挙戦をはじめとする2024年に実施された各国の選挙戦は、これを如実に物語るものとなった。政権交代や議会での勢力図の変化によって、ESGやDEIの取り組みも大きな影響を受けざるを得ない。米国が第1期トランプ政権時の2017年にパリ協定を離脱し、続くバイデン政権が同協定に復帰し、さらに第2期トランプ政権が再度同協定からの離脱を決めたことは、これを象徴する動きといえるだろう。米国の50州のうち22州は、パリ協定離脱後も同協定の目標実現を目指すと表明しており、米国で事業展開する企業は、連邦政府だけでなく、州政府の動向にも目を配る必要がある。

第2期トランプ政権は、発足と同時に、バイデン前政権が進めたESG・DEI施策の多くを廃止・撤回した。これに追随する企業も現れている。フェイスブックやインスタグラムを運営するメタは同政権発足を前に、第三者が評価するファクトチェック機能を終了し、疑わしい投稿に他の利用者がコメントを付けられる「コミュニティーノート」方式に移行し、「移民、性自認、ジェンダーなど、頻繁に政治的な議論や討論の対象となるトピックに関する多くの制限を撤廃」すると発表した。これは、反ESG・DEIを掲げ、メタを批判してきたトランプ大統領に配慮したものだとみられている。これに対してバイデン大統領（当時）は、メタの決定を米国の価値に反する「恥ずべきこと」だと批判した。EUは、新たな方式がEU域内でも実施され、それがEU法に準拠していなければ制裁の可能性があると警告している。

また、脱炭素を目指す銀行の国際的な連合である「ネットゼロ・バンキング・アライアンス」から、ゴールドマン・サックスやJPモルガン・チェースなど米大手金融機関の脱退が相次いだ。世界最大の資産運用会社であるブラックロックも、「ネットゼロ・アセットマネジャーズ・イニシアチブ」から脱退した。これらの動きも、脱炭素政策の転換を図るトランプ大統領やそれを支持する勢力からの政治的圧力を回避するためとみられている。米マクドナルドやウォルマートなど、ＤＥＩの取り組みを縮小させる米企業も増えている。グーグルは、ＤＥＩ施策について、連邦政府から業務を請け負う者として、最近の司法判断や大統領令に従って必要な変更を検討すると明らかにした。

こうした動きは、ＥＳＧ・ＤＥＩ推進派から強く非難されており、ＥＵなど推進派の規制との間で板挟みになるおそれもある。リベラルと反リベラルの衝突の中で、多くの企業が揺れ動いている。ただし、中には自社のスタンスを貫き通す姿勢を打ち出している企業もある。米企業でも、例えばアップルやコストコは、ＤＥＩ施策の廃止を求める株主に反対の姿勢を明確に示している。

リベラルと反リベラルのせめぎ合いは政治的にも社会的にも、国家間でも国内でも今後も続いていくだろう。こうした葛藤が各国の政策を不透明にし、国内政治と国際秩序を不安定にするリスクにつながる。

ＡＩは人類の「伴走者」か「脅威」か？

生成ＡＩをはじめとするＡＩ技術が急速に進化し、実装も進んでいる。ＡＩの活用による生産性の向上やイノベーションの促進、社会課題の解決に大きな期待が寄せられている。同時に、

AI技術の進化が、偽情報拡散や世論操作、偏見・差別の助長や人権侵害、あるいは、雇用喪失や格差拡大などを招き、社会的混乱につながることが懸念されている。AIは人類の「伴走者」であると同時に「脅威」でもある。

そのため、AI技術の安全性や信頼性を確保するために、政府による規制などを通じたAIガバナンスの構築が求められている。しかし、AI技術の規制とイノベーション促進のバランスをいかに取るかについて、各国の意見は一致していない。EUは2024年8月にAI規制法(AI法)を発効させた。この新法は、包括的で法的拘束力があり罰則を伴うが、事業者の自発的な順守が期待されるガイドラインを望ましいとする国もある。米国では、第2期トランプ政権が、中国の急速な追い上げを受けているAI分野で米国のリーダーシップを維持するため、バイデン前政権下の関連規制を緩和し、イノベーションを優先する方針を示している。AIガバナンス構築における国際協調が進まず、各国の規制環境が異なることになれば、規制順守のコストが増えるだけでなく、イノベーションを阻害することにもなりかねない。

また、AI技術やAIガバナンスのあり方が、民主主義諸国と権威主義諸国の分断を加速させることも懸念される。AI技術は、火薬、核兵器に次ぐ、軍事技術における第3の革命をもたらすといわれている。AIによる自律型無人機(ドローン)が、すでにウクライナやガザなどで実際の戦闘で使用されている。民主主義諸国と権威主義諸国も、軍事技術に転用されるAI技術が相手に渡らぬよう、輸出管理や投資規制を強化している。中国では、米オープン

ＡＩのChatGPTなど米企業が提供する生成ＡＩサービスの利用が禁じられているが、オープンＡＩも中国の開発者が同社のＡＰＩプラットフォームにアクセスすることを禁じた。中国では、習近平思想に基づく大規模言語モデル（ＬＬＭ）の構築も進められている。

ＡＩに関しても、ルールや規制、技術、標準化、社会実装の各側面で、民主主義諸国と権威主義諸国の分断が進んでいくと見込まれる。

この章の重要ポイント

■「ポスト冷戦期」が終焉し、企業が重視すべきポイントが、「自由（貿易）・効率・コスト」から「価値・信頼・リスク」へと変わった。民主主義や人権尊重といった価値を共有し、信頼できる相手と、リスクをヘッジして事業を進めることが必要となった。

■グローバルに事業を展開する企業は、今起きている出来事だけでなく、それが生じる要因となったメガトレンドを理解する必要がある。地政学・経済安保リスクの検討時に注目すべきメガトレンドは、「分断」「動揺」「衝突」だ。

■西側民主主義諸国と権威主義諸国の間の「分断」が進み、国際秩序と主要国の国内政治が「動揺」し、リベラルな価値を巡って国家間や国内で「衝突」が生じている。企業には、これらを踏まえた事業計画の立案・実行が求められる。

地政学・経済安保が身につくコラム②

欧州の規範パワーとブリュッセル効果

米国や中国といった他の超大国と比べ、ＥＵは軍事面でもテクノロジー面でもスーパーパワーではない。だが域外企業が無視できない大市場であることを背景に、規制面でスーパーパワーとしてグローバルな影響力を行使してきた。

ＥＵは5億人を擁する巨大な単一市場であり、多国間制度であるところに大きな特徴がある。巨大な単一市場と域内統合強化にとって、強力な規制や共通基準を制定する力は欠かせない。巨大な単一市場へのアクセスを求めて多国籍企業はＥＵの規制に対応し、その企業が世界各地で同様の基準を適用した結果、ＥＵのルールが国際標準化するということが起こる。個人情報保護規則（ＧＤＰＲ）は、ＥＵ以外の企業にも適用され、世界的なプライバシー保護の強化を促進した。また、化学物質規制や食品安全基準でも、ＥＵの基準が事実上の国際ルールとして広く受け入れられている。このようにＥＵが主導する規制が世界的な基準となり、企業や政府は事実上ＥＵのルールを採用せざるを得なくなる。これがブリュッセル効果と呼ばれる欧州の規制面での力の源泉だ。

ＥＵはルールの力を使って域外の企業や国に大きな影響を与えており、その規制の水準の高さでも知られる。追従できない域内企業にも容赦をしないルール形成の姿勢は、「軍事力」「経済力」と並ぶ「規範パワー(ノーマティブパワー)」として理解される。EUの特徴的な力の源泉である規範パワーは、イアン・マナーズの2002年の論文を契機として議論されるようになった。EUの設立自体が、第2次世界大戦の反省から出発する、平和、繁栄、進歩の希求に依拠しており、EUが重視する価値観を域内・域外において実現することが、国際政治におけるEUの存在意義と同義となった。EUのパワーは「貿易におけるパワー」であり、それは「貿易交渉においてEUの経済的利益を実現する」ものと、「貿易を通じたパワー」に大別される。他の超大国にない特徴が「貿易を通じたパワー」だ。貿易を通じ、国際政治において環境、労働基準、文化的多様性の保護、そして予防原則といったEUが重視する価値観の実現を目指す。

EUのパワーの源泉である「規範」の体現において、「多国間主義」は不可欠な実行方法とされる。今日のグローバル社会では、脅威も必然的にグローバル化している。安全と繁栄は効果的な多国間システムに依拠するとEUは認識しており、国際的な諸制度をより機能させ、ルールに基づく国際秩序を構築するという目的が掲げられている。2003年の欧州安全保障戦略では、EUは戦略として「効果的な多国間主義」を提起した。EUの志向する規範的主張の実現において、多国間主義は中心に据えられることとなった。

この規範パワーと多国間主義が結実したのが、環境政策だ。世界的に公害や資源枯渇が深刻化していた1970年代、当時の欧州共同体（EC）でも課題が顕著になり、70年代前半から環境行動計画が策定され始め、これが今日のEU環境政策の原型となった。公害に代表される環境問題は、国境を越えて影響が広がる。隣国と地続きの欧州諸国は、環境問題への対応を多国間で決める必要があったのだ。2009年に発効したリスボン条約では、EUの目的として「持続可能な開発の推進」があらためて明示され、環境保護が条約上の優先事項として定義された。EUの共通政策の一環として、エネルギー政策や農業政策などにも環境配慮を統合する流れが加速し、今日のEUの環境政策が形づくられた。

規範パワーで環境をアジェンダに据えた欧州のルール形成の主眼がビジョンから実行へシフトしたのが、2019年末に欧州委員会が発表した「欧州グリーンディール」だ。これは、2050年の温室効果ガスの排出量実質ゼロを拘束力のある目標とし、資源効率的で競争力のある公正で繁栄した社会に変えることを目指す成長戦略である。規範パワーを源泉とし、自身が高い基準を掲げることで国際ルールを形づくり、かつサーキュラーエコノミーや再生可能エネルギーなど新たな産業の可能性を切り拓くなど、EUが描いていた姿を示した。

ただ、欧州が描いていた理想の実現には暗雲が立ち込めている。欧州グリーンディールの各論の政策検討では、EU全体の方針と各国政府・地域の事情が必ずしも一致せず、国によっては経済的・政治的負担感が大きいため、調整に時間を要するケースが多い。また、高い水準の規制をグローバルスタンダードにしていくブリュッセル効果を狙ったものの、国際的な影響が高くなり過ぎたあまりに議論が複雑化することもある。その典型が欧州森林破壊防止規則（EUDR）だ。森林減少防止を目的として、EU域内で流通する特定の品目に関し、その生産において森林減少を引き起こしていないことの確認（森林デュー・デリジェンス）などを義務化する規則だが、あまりにも複雑な規制であることから、世界にもたらす影響が懸念され、2024年12月の合意により適用が1年延期された。

また、EU域内で活動する企業に対し、人権や環境分野における負の影響の予防と是正を目的としたデュー・ディリジェンスの実施を義務付ける企業持続可能性デュー・ディリジェンス指令（CSDDD）も発効したが、欧州中心の視点にとどまるルール形成への警鐘が鳴らされている。EUが重視する環境や人権尊重への対応に関して、グローバルサウスを含む欧州域外の「現場」に目が向けられておらず、国際的なルール形成が欧州中心の視点にとどまっていることに強い危機感を示す声も聞かれるようになっている。

地政学的な不確実性が高まっている中、高邁な理想を掲げて他国がEUを追随する時代は変わりつつあるのかもしれない。規範パワーをどのように使うのか、どのように修正していくのか、EUの示す方向性は日本企業への影響も大きい。

地政学・経済安保が身につくコラム③

地政学から考えるサステナビリティ

サステナビリティを巡る問題は、かつては環境保護や人権という個別の領域にとどまっていたが、現在は世界のパワーバランスや安全保障を左右する「地政学的要素」に発展している。このコラムでは、多岐にわたるサステナビリティの分野のうち、気候変動と地政学の関係性を中心に考える。

国際的なサステナビリティの動向は、米中対立とEUの主導する環境政策によって形成されている。米国では、バイデン政権時代から、一部の州政府や保守派政治家を中心に「反ESG」の動きが拡大し、さらに、トランプ大統領が再選したことで、米国の気候変動政策が大きく後退する懸念が高まっている。パリ協定からの再離脱や、バイデン政権下で成立したインフレ抑制法における気候変動対策関連の支出見直しを決めた。今後も気候変動対策の見直しや、ESG投資に批判的な姿勢がさらに拡大するおそれもある。気候変動に関する国際協調やESG推進の流れに影響を与えることは避けられないだろう。

一方、中国は2060年までにカーボンニュートラルを達成すると宣言し、再生可能エネルギー（再エネ）や電気自動車（EV）など先端分野への投資を加速させている。石炭火力からの転換を図るため、太陽光・風力発電の導入を拡大し、自然エネルギー発電の設備容量が火力発電を上回った。ＥＶ市場でも低価格帯から高性能モデルまで幅広い車種を世界各国へ輸出し、国際シェアを急拡大している。中国政府は、充電インフラ整備や製造支援策によって電池技術や関連部品産業の育成も進め、競争力強化と大気汚染改善の両立を目指す戦略を打ち出した。都市部を中心としたＥＶ普及策は石油への依存度を下げ、エネルギー安全保障にも寄与する。こうした取り組みは、中国の経済構造転換と国際的影響力の拡大を促す原動力となっている。

欧州は「欧州グリーンディール」によって、２０５０年までの温室効果ガス排出量実質ゼロとグリーン成長を政策の軸に据えてきた。再エネの拡大やサーキュラーエコノミーの推進、投資促進プランなどを展開し、高炭素製品には炭素国境調整メカニズム（ＣＢＡＭ）を適用して域内企業を保護しつつ気候変動対策を図る姿勢だ。しかし、エネルギー価格の高騰やウクライナ情勢の混乱、欧州森林破壊防止規則の施行延期などで政策の先行きは不透明になっている。欧州製ＥＶの普及も、充電インフラの不足や購入補助金縮小の影響による市場停滞、中国勢による安価なＥＶの大量投入が重なって伸び悩んでいる。

米欧中の気候変動対策が揺れ動く一方で、グローバルサウスの国々が気候変動の深刻な被害に直面していることは見逃せない。世界銀行の推計では、２０３０年までに１億人以上が気候変動で貧困に陥る可能性がある。農業やインフラ、公衆衛生など基礎領域の支援や投資が急務だが、それらの国々は再エネやインフラ整備を通じて成長する潜在的な力も大きい。中国は一帯一路を通じて投資を拡大し、地政学的影響力と経済的リターンを同時に確保しようとしている。グローバルサウスとの連携や技術協力は、社会課題の解決と企業の市場拡大を両立させる手段となり得るが、地域コミュニティーの声を軽視すれば反発を招きかねないため、配慮が求められる。

企業にとって、サステナビリティはもはや環境対応や社会貢献といった次元を超えた、将来の競争力を左右する最重要の経営課題の一つだ。しかし、米中欧の気候変動対策や市場競争の行方は不透明で、各国で政治・経済情勢が大きく変動する可能性がある。その際に、供給網や規制対応を適宜見直す柔軟性が欠かせない。グローバルサウスの国々での事業展開も、長期的な視点で現地ニーズを踏まえ、地域と協働する形で進める必要がある。

サステナビリティ対応をコストと捉えるか、価値創造の起点として位置付けるかが、今後の企業の競争力を決める大きな鍵となる。日本企業は、政治動向や産業政策の変化にアンテナを張りながら、気候変動や人権といったサステナビリティ対応を経営に組み込み、国際的な信頼を勝ち取る姿勢を今こそ確立しなければならない。グローバルに拡大する規制や投資家の視線を念頭に、製品設計や調達先の選定などを抜本的に見直すタイミングが来ている。

第3章

三つのメガトレンドを乗りこなす

■「経済安保」を「優位性」「自律性」「安全性」で整理する

前章で指摘した三つのメガトレンド（グローバリゼーションの「分断」、国際秩序の「動揺」、価値を巡る「衝突」）によって引き起こされる地政学・経済安保リスクに対して、日本企業はいかに備え、対応すべきだろうか。

企業は、三つの大きな潮流を乗りこなすために、各国の経済安保の取り組みをうまく活用していかなければならない。リスクを回避し、管理するためのコストを抑えるだけでなく、メガトレンドへの対応を自社の競争力向上につなげることができるかどうかが鍵となる。そのためには、経済安保とは何か、各国がどのような政策を打ち出しているのかを単なる「教養」ではなく、ビジネスの観点から「実践」として理解することが欠かせない。

ここであらためて、そもそも「経済安保」とは何だろうか。「経済」も「安全保障」も多義的・多面的なため、厳密に定義することは難しい。専門家の間でも、その意味は使われる時々で変わることがある。日本で「経済安保」が本格的に議論される契機となったのは、自由民主党の提言「『経済安全保障戦略』の策定に向けて」（2020年12月16日）だった。この提言では、「経済安保」は「わが国の独立と生存及び繁栄を経済面から確保すること」と定義されている。その2年後に閣議決定された『国家安全保障戦略』では、「わが国の平和と安全や経済的な繁栄などの国益を経済上の措置を講じ確保すること」が経済安保であると述べられている。大変広範な定義だが、それこそが「経済安保」の特徴ともいえる。

日本をはじめとする世界各国は、それぞれの戦略や法規制に基づいて経済安保の確保を進めている。その取り組みは多種多様だが、多くは三つの軸で整理することができる。それは、「優位性」「自律性」「安全性」だ。

「優位性」は、他国、特に競争相手であり、国家安全保障上の懸念がある国（輸出する貨物や技術が大量破壊兵器の開発といった懸念用途に用いられるおそれが高い国や地政学的競争相手など。以下、懸念国）に対して、経済的、技術的、そして軍事的に優位に立つことだ。優位性を確保し、維持するために、軍事転用可能な重要技術が他国に漏れないようにする、重要産業で他国企業との競争で優位に立てるように国内の企業や産業に補助金を出すなどして保護・育成するといった政策が多くの国で打ち出されている。典型的な例は先端半導体だ。先端半導体では、日本を含む主要国がこぞって補助金や税制上の優遇措置によって国内企業を支援したり、台湾積体電路製造（TSMC）などの有力な外国企業の工場を誘致したりしている。

「自律性」は、国内生産基盤が十分に整っていないため多くを輸入するなど、他国への依存度が高い重要物資について、対外依存度を引き下げ、自律（自立）性を高めることだ。他国への依存度、特に特定国への依存度が高い物資は、その国が自然災害に被災したり、戦場となったり、あるいは、その国との関係が悪化して、輸出制限などによる経済的威圧にさらされた場合に入手が困難になるリスクが高い。その特定国が懸念国であれば、リスクはさらに高まる。重要鉱物やエネルギー、半導体などの重要物資では、国内生産や備蓄体制の拡充、調達先の多元化などによって安定供給を確保するための政策が進められている。

「安全性」は、電力や情報通信、金融決済のネットワークといった基幹インフラの脆弱性を減らして安全を確保し、国内の経済や社会の混乱を防ぎ、いざというときの軍事行動が制約される事態を阻止することだ。情報の窃取やサイバー攻撃への防御力を高めるため、重要インフラから懸念国製の機器を排除するなどの措置が多くの国で取られている。

こうした「優位性」「自律性」「安全性」という三つの軸によって各国の経済安保の取り組みを整理すると、その目的が明確となり、理解しやすいだろう。

経済安保戦略の柱は「保護」「振興」「連携」

「優位性」「自律性」「安全性」の確保を目的とした経済安保の取り組みは、多くの国で「保護」「振興」「連携」という形で進められている（図表3・1）。

「保護」とは、重要物資・技術、重要情報や個人情報などが懸念国の手に渡ることを防ぐもので、輸出管理や投資審査、懸念国やその国の企業によるＴＩＤ（テクノロジー・インフラストラクチャー・データ）へのアクセスの制限などによって実施されている。

図表3・1　主要国が進める経済安保確保のための三つの取り組み

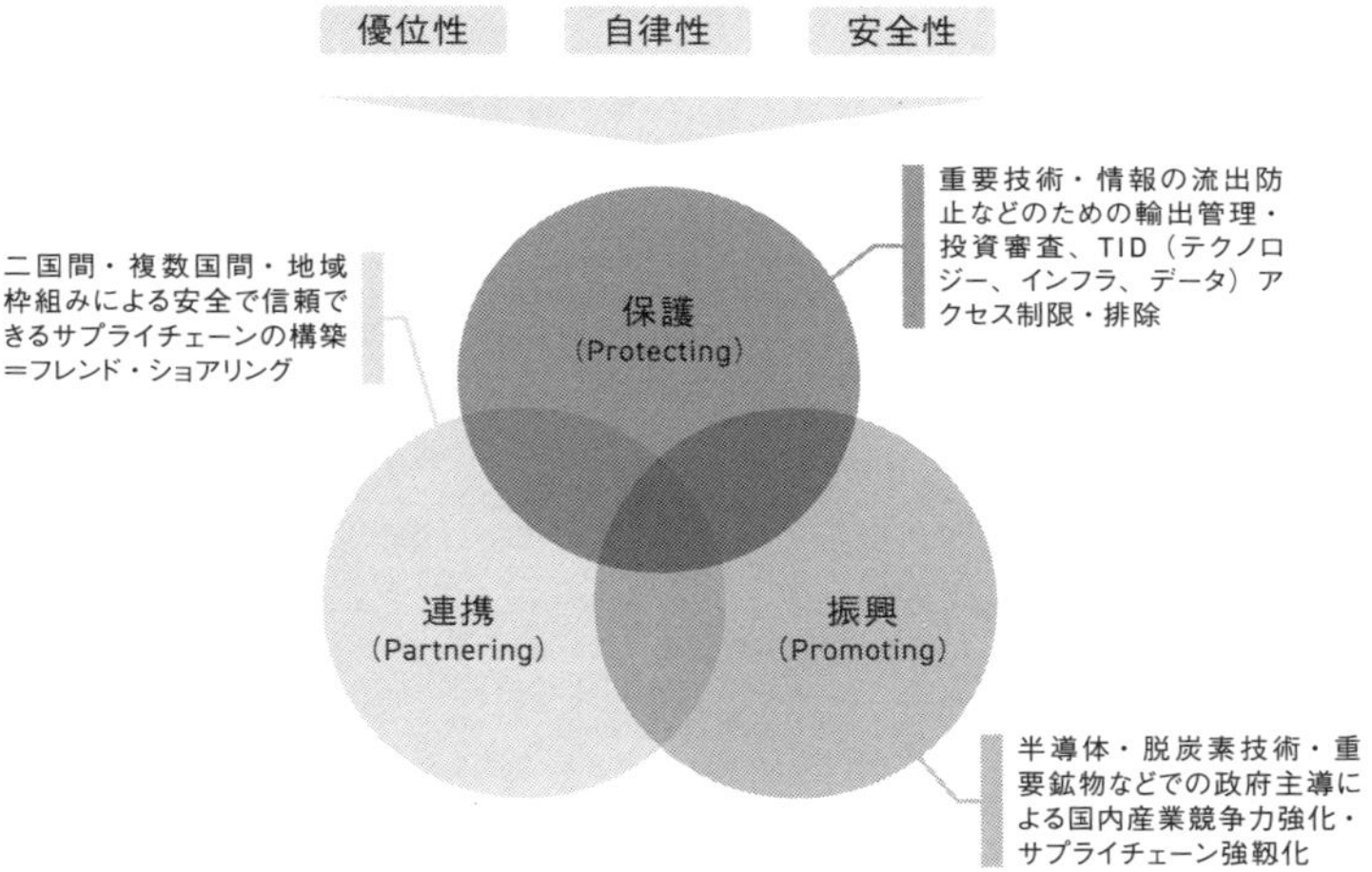

出所　オウルズコンサルティンググループ作成

「振興」とは、重要物資などの国内製造基盤を整備し、サプライチェーンを強靱化することにより国内産業の競争力強化を図るもので、補助金や税制上の優遇措置といった政府主導の産業政策によって進められている。高関税を課して輸入を抑えることで、国内産業の保護を図る国も少なくない。

「保護」と「振興」は表裏の関係にある。ともに、自国の優位性の維持・確保を目的としているが、「保護」は懸念国への技術流出の防止などによって、懸念国の（軍事）技術の進歩の阻止・抑制（キープ・アウェー戦略）を、「振興」は自国の技術の進歩の促進・強化（ラン・ファスター戦略）を図るものだ。

「連携」とは、自国のみでは実現が難しい「保護」や「振興」を、価値を共有し、信

図表3・2　主要国(日米EU中)の経済安保確保の取り組み例

	保護（技術規制）	振興（産業政策）	連携（フレンド・ショアリング）
日本	■外為法による安全保障貿易管理・対内直接投資審査の強化 ✓半導体製造装置23品目を輸出管理対象に追加 ✓みなし輸出管理の運用明確化	■経済安全保障推進法などによる重要物資（蓄電池など）の安定供給確保、先端的重要技術（バイオ、AIなど）の開発支援 ✓高集積最先端ロジック半導体の製造技術開発（ラピダス）に9200億円助成 ✓JASM（TSMC）に1.2兆円助成	■二国間・複数国間・地域枠組み ✓繁栄のためのインド太平洋経済枠組み（IPEF） ✓日米経済政策協議委員会（経済版「2＋2」）（日米商務・産業パートナーシップ） ✓CPTPP（環太平洋パートナーシップに関する包括的及び先進的な協定）
米国	■輸出管理改革法（ECRA）、外国投資リスク審査現代化法（FIRRMA）による輸出管理・対内直接投資審査強化 ✓先端半導体製造・スパコン関連対中輸出規制強化	■インフラ投資・雇用法、インフレ抑制法、CHIPS・科学法によるクリーンエネルギー・半導体等の製造支援 ✓気候変動・エネルギー安全保障対策に3690億ドルの補助金・税控除 ✓半導体製造・研究開発支援に527億ドル	■各地域・グローバルサウスの取り込み ✓IPEF ✓経済繁栄のための米州パートナーシップ（APEP） ✓米EU貿易技術評議会（TTC） ✓米アフリカパートナーシップ
EU	■両用品目輸出管理規則、外国直接投資審査規則、外国補助金規則などによる輸出管理・対内直接投資審査の強化 ✓EU27カ国中24カ国が対内直接投資審査制度導入	■欧州半導体法、欧州重要原材料法、ネットゼロ産業法などによる域内産業基盤強化とサプライチェーン強靱化 ✓欧州委、欧州半導体製造（ESMC：TSMC70%出資）への50億ユーロの独政府支援承認	■開かれた戦略的自律 ✓米国およびインドとのTTC ✓日・EUハイレベル経済対話 ✓グローバル・ゲートウェイ戦略 ✓FTAの活用、WTO改革
中国	■輸出管理法、外商投資法などによる輸出管理・対内直接投資審査、データセキュリティー法、反スパイ法などによる重要データ・情報流出防止 ✓レアアース関連技術の輸出禁止・制限 ✓レアメタル輸出管理強化	■中国製造2025、第14次5カ年計画（2021～2025年）による「科学技術の自立・自強」、重要技術国産化、「製造強国」実現 ✓第3期国家集成電路産業投資基金3440億元（約7兆4000億円）を立ち上げ	■「人類運命共同体」構築 ✓一帯一路 ✓中国アフリカ協力フォーラム ✓BRICS拡大

出所　オウルズコンサルティンググループ作成

頼できる同志国と連携して進めるもので、いわゆる「フレンド・ショアリング」だ。日米や米国・EUなどの二者間での連携や、FTAやEPA、地域内での経済的枠組みの構築などがこれに当たる。インド太平洋地域の民主主義諸国は、日米豪印によるクアッドや、日米など14カ国が参加する「繁栄のためのインド太平洋経済枠組み（IPEF）」、米国離脱後は日本が主導しているCPTPPなどを進めてきた（図表3・2）。

鍵となる「リスク」と「コスト」のバランス

「保護」「振興」「連携」が進めば、サプライチェーンの混乱や懸念国による経済的威圧といったリスクの低下が期待される。他方で、これらを進めることは、国内経済や企業が負担するコストを増大させることにもなる。例えば、民主主義諸国によるフレンド・ショアリングの構築は、重要物資のサプライチェーンからの中国の排除を伴う。そのため、企業は本来なら「最安値」で調達できる中国を含むグローバル・サプライチェーンを改編しなければならなくなる。その結果、調達コストは上昇し、消費者の負担も増える。したがって、経済安保の確保のために課される規制や措置は、それによってヘッジされるリスクと、それに従うために要するコストのバランスが取れていなければならない。

バイデン政権の「スモールヤード・ハイフェンス」や、G7の「デリスキング」はこの点を考慮したものだ。日本は、経済安全保障推進法で、「この法律の規定による規制措置は、経済活動に与える影響を考慮し、安全保障を確保するため合理的に必要と認められる限度において行わなければならない」（第5条）と規定している。西側諸国はいずれも、経済安保の担い手である企業の負担を抑えつつ、規制が最大限の効果を上げるよう努めている。

ただし、現実には、経済安保の確保が優先され、輸出管理や輸入制限、投資審査の対象となる品目や技術、企業は拡大を続け、企業の負担も増え続けている。この動きは今後も継続するとみられ、注意が必要だ。

リスクを管理し、チャンスを捉える

企業は、生産拠点であり、調達先であり、市場である国々が進める経済安保確保の取り組みを自社のビジネスにうまく取り込んでいかなければならない。まずは、次々と更新・新設され、複雑化し続ける規制への対応が課題だ。法令違反によって事業活動が制約を受けたり、損失を被ったりするリスクは避けなければならない。

近年の経済安保重視の動きが始まる前から、輸出管理や投資審査に関する規制に対応するため、コンプライアンスの仕組みを社内で構築してきた企業が多いだろう。米国の経済制裁措置であるＯＦＡＣ（財務省外国資産管理室）規制や、日本の外国為替及び外国貿易法（外為法）に基づく安全保障貿易管理や対内直接投資審査などがこれに当たる。しかし、近年はその改正や運用の変更による規制強化が続いているため、これを順守するために事業を見直す必要が生じている。グローバルに事業を展開している企業は、米国やＥＵ、中国などでの新たな法規制の導入や規制対象の拡大などにも対応しなければならないが、それにはコストがかかる。また、調達や製造、販売、研究開発などの各段階で、それまでできたことができなくなり、事業活動が制約されることもある。

他方で、各国が経済安保確保のために打ち出す政策はビジネスチャンスも生み出す。その典型例は、政府による補助金や税制上の優遇措置だ。日本を含む主要国はいずれも半導体や蓄電池、再生可能エネルギーなどの産業支援のため、企業に対しては研究開発や国内製造のための補助金や税控除、消費者に対してもそれら重要物資に関連する製品の購入補助金などの施策を打ち出している。日本政府による支援策はもちろんのこと、米国など外国の施策を活用する日本企業も少なくない。

また、同志国の連携による共同研究開発やインフラ投資も進められている。２０２４年４月の日米首脳会談では、ＡＩ、量子、半導体、クリーンエネルギーなどの重要・新興技術や防衛、宇宙、マテリアル、通信、健康・医療など幅広い分野での共同研究などの協力が確認された。ＩＰＥＦでは、クリーン経済協定に基づき、水素やクリーン電力に関する参加国間の協力プロジェクトが立ち上げられている。この協定には、２０３０年までに再生可能エネルギーのために参加国が少なくとも200億ドル、クリーンエネルギーの貯蔵のために少なくとも1200億ドルの投資を促進することが盛り込まれている。すでに多くの日本企業がこれらを活用する動きを見せており、こうした動きをビジネスチャンスとしてうまく捉えていくことが企業に求められている。

リスクとチャンスは表裏一体

さらに、地政学・経済安保リスクや政府による規制への対応をチャンスに変えていくことも重要だ。

例えば、フレンド・ショアリングを進める民主主義諸国の規制は、企業に脱中国依存のためのサプライチェーンの再編を促す。これは、原材料・部品を含む安価な中国製品の調達に制約を課すことになり、企業にとってはコスト増の要因となる。

その一方で、他社に中国製品の代替として自社製品を売り込むチャンスになる。フィンランドの通信機器大手ノキアのペッカ・ルンドマルク最高経営責任者（CEO）によれば、各国で中国の同業大手ファーウェイ製の機器が排除されたケースの約半分がノキア製機器に置き換わったという（日本経済新聞、2024年8月16日）。

また、サプライチェーンの再編をこれまでのレガシーからの脱却の契機とすることも検討すべきだ。どの企業でも、変革を試みると、想定されるコストや慣れ親しんだ方法の変更への社内の反対が生じる。サプライチェーンの再編を機に、変えることが難しかった商品構成や製品の設計、製造方法、あるいは取引関係を見直すことで、自社の競争力を向上させるチャンスになるかもしれない。すでに、サプライチェーンの混乱のリスクへの対応のために製造拠点を分散する際、合わせて製品の設計を変更し、拠点間の相互融通を容易にして在庫コストを減らしたり、自動化の工程を増やして生産コスト削減につなげたりした日本企業もある。

企業は、国による経済安保確保の取り組みに対し、受け身の姿勢で対応していくだけでは競合企業に後れを取るだろう。政府による法規制の強化や変更（ムチ）、産業支援策（アメ）などを主体的・能動的に捉えて事業変革の契機とし、自社の競争力や価値の向上につなげていかなければならない。例えば、どのような規制がイノベーションを阻害せず、企業にとって望ましいのか、どういった支援策があれば国内での研究開発や製造基盤の拡充ができるのか、といった点について対話を通じて政府にインプットしていくことが必要だ。また、各国が打ち出す経済安保関連の政策によって生じるリスクに適切に対応し、ビジネスチャンスに変えていることを情報発信することで、市場や投資家の信頼を勝ち取ることができるだろう。

この章の重要ポイント

■世界各国で進められる経済安保の取り組みは、「優位性」「自律性」「安全性」の確保が目的であり、そのために重要技術の「保護」や国内産業の「振興」、同志国との「連携」が進められている。

■こうした取り組みにより、サプライチェーンの混乱や懸念国による経済的威圧のリスクの低下が期待される一方、これに対応するために企業が負担するコストは増大する。同時に、ビジネスチャンスも生まれるため、これを捉えていく必要がある。

■地政学・経済安保リスク対応を自社の価値や競争力の向上につなげることを検討すべきだ。企業は、国による経済安保確保の取り組みに受け身の姿勢で対応するのではなく、主体的・能動的に捉えて事業変革の契機とすることが重要だ。

地政学・経済安保が身につくコラム④

脱中国サプライチェーン構築で日本企業のコスト増は12・4兆円

米中対立の激化やロシアのウクライナ侵攻の長期化によって、これまでWTOルールや多様なFTA網の下で進展してきたグローバル・サプライチェーンが分断されつつある。日米欧は、中国を世界経済から切り離す動きを強めているが、現実的に中国に依存しないサプライチェーンを構築することは果たして本当に可能なのだろうか。

オウルズコンサルティンググループでは2022年秋に日本経済新聞とともに、脱中国サプライチェーン構築に本気で取り組む際、日本企業全体にどの程度のコスト増が見込まれるか試算した。具体的には、中国から調達している産品（中国で生産し日本へ輸入している産品も含む）を日本国内とASEAN（タイとベトナム）に移管した場合にどの程度のコスト増になるのか試算したところ、結果は、総計約13・7兆円のコスト増だった（日本企業のグローバルサプライチェーンコスト増ではなく、あくまで日本と中国間におけるサプライチェーンに限定。中国市場向けの製造は従来通りとする）。

同様の算出ロジックにて2024年時点で試算したところ、コスト増は12・4兆円と2022年時点より1・3兆円減少した。原因は主に二つある。一つは、直近2年間の日本企業による対中投資額が大きく減少し、通常の減価償却費を除いた資産の除却のコストが減少したこと、もう一つは、中国の人件費単価が上がった一方、事業の移管先と想定するASEANや日本の人件費が下がったことにより、製造移管後の製造原価が下がる見込みとなったことだ。

コストアップ要因を見ていくと、生産拠点の撤退コストに約4・4兆円かかる（試算には撤退に伴う整理費用などは含まない）。また、中国から日本・ASEAN（タイ・ベトナム）に生産移管する際の製造原価の増加分として、総額約4・5兆円を想定する。その内訳は、生産拠点移転直後における生産歩留まりの悪化による機会損失、国内に生産移管する分の人件費の増加、生産移管先の新設工場と設備の減価償却費などだ。また、中国では集中的に生産していたが、事業移管では地政学リスクを考慮して地域を分散させる必要があるとしたので、工場の小型化・複数化により販管費が2・3兆円増加すると見込む。最後に、中国から日本・ASEANに生産・調達先を変更する際、日本国内で発生すると見込まれる、開発設計コストと適合性評価対応コストの増加分を1・1兆円としている。

試算結果の12・4兆円増は、日本のGDPの2％程度の金額であり、それほど大きなコストはかからないと思われるかもしれない。しかし、これはあくまで仮定の話であり、現実はそう簡単ではない。事業移管先のASEANで工場を立ち上げるための人や土地、協力企業などの受け皿が見つからない、あるいは電力・水などのインフラの確保が難しいといったケースもあるだろう。脱中国サプライチェーンを構築するには、高いハードルを越えなければならないと考えておくべきだ。

地政学・経済安保が身につくコラム⑤

もう一つの地政学最前線、「国際標準」競争

本書の冒頭、「ビジネス実践としての地政学」の重要な要素として「ルールメイキング・リーダーシップ」を挙げた。

世界共通の課題に対する国際協力の実現を目指す国連のルールメイキングは、近年の激動の地政学的状況下で機能不全が目立つようになった。2023年以降のイスラエル周辺の紛争に対し、国連安全保障理事会が事態収束のために掲げた複数の決議案には、常任理事国による拒否権行使が相次いだ。他にも2024年に提出された宇宙空間に核兵器などの大量破壊兵器を配備しないよう求める決議案も、ロシアの拒否権行使によって否決されている。

国連ルールよりも直接的にビジネスに影響を及ぼすWTOでのルールメイキングは、ドーハラウンドにおいて先進国と途上国との対立が深まり、2011年に交渉が事実上

決裂したままだ。WTOの原則とされてきた160を超える国の全会一致方式での合意も現実味を失いつつあるが、少数の先進国が集まって実質的な合意をしてしまう交渉方法にも途上国からの批判が集まっている。

国連もWTOも機能不全になってしまったということは、世界全体でのルールメイキングの場はもはやなくなり、TPPやIPEFなどの「地域ごと」の交渉のみとなっているのだろうか。

そうではない。この分断された地政学情勢でも、世界中の各国が議論を重ねてつくる「世界全体での」ルールメイキングの場がある。それが「国際標準」だ。具体的には製品・サービスそして組織の仕組み（マネジメントシステム）に関する国際的な規格を制定するISO（国際標準化機構）、電気・電子分野についての国際規格を扱うIEC（国際電気標準会議）、そして通信分野を扱うITU（国際電気通信連合）がこれに当たる。

FTAやEPAなどの「通商協定」は、首脳や閣僚による署名式が報道などで多く取り上げられやすいが、分野別に民間の専門家が議論を重ねる「国際標準」のルールメイキングには耳目が集まりにくい。だが今、この「国際標準」のルールメイキングも大きく変化しつつあり、地政学や経済安保の重要な要素となっているのだ。

その理由は、例えばISOは、機器の仕様や性能だけでなく、「価値の定義」をする極めて重要な存在になっているからだ。具体的には、2010年代につくられたISO

26000は「社会的責任とは何か」を、ISO20400は「持続的調達とは何か」を規定している。2020年代に入って、ISOの323専門委員会では「循環型経済とは何か」をフランスが、314専門委員会では「高齢化社会とは何か」を英国がリードしながら議論している。まさに「ルールメイキング・リーダーシップ」の典型例といえる。今後、新たなエネルギー技術や量子コンピューターなど、経済安保に密接な分野における国際標準の議論も急速に進展すると見込まれている。

元来、国際標準の場をリードしてきたのはEUだ。国際標準における「多数決」の議論において、結束すれば27票を集められるEUは優位な立場を築いてきた。ISO・IECとも、EUが幹事国を務める専門委員会（TC）数は約4割に達し、圧倒的な占有率を誇る。

この分野でも、近年急速に存在感を増しているのが中国だ。2014～24年の10年間におけるISOの委員会設置提案数（幹事国獲得とほぼ一致）は、中国によるものが最多で、全体の4分の1を占める。IECの会長も中国企業から選出されており、ITUの提案数も中国発が最多だ。

このような情勢の中、中国、EUそして米国が、相次いで「国家標準戦略」を発表した。中国は2021年に「国家標準化発展綱要」を策定した。これは「中国標準2035」とも呼ばれ、2035年までに国際標準の場で中国が大きな存在感を示すための政策だ。

これまで国際標準の議論をリードしてきたEUは、2022年に「欧州標準戦略」を策定し、「産業政策」と「標準」を連携させる包括的な政策を打ち出した。米国は2023年に「重要・新興技術に関する国家標準戦略」を発表し、ハイテク分野に特化しつつ、経済安保の視点で国際標準に臨む戦略を示した。

一方、日本では、内閣に設置された知的財産戦略本部が2006年に「国際標準総合戦略」を発表したが、その後の国際情勢を踏まえた国家戦略は出していない。このことが、半導体や通信を含む先端分野での日本産業界の出遅れにつながったという批判もある。加えて、欧米や中国がここ数年、相次いで標準化戦略を打ち出していることから、ようやく日本政府も「国家標準戦略」に関連する検討を本格化させている。経済産業省が所管する日本産業標準調査会基本政策部会での議論も踏まえつつ、内閣は2024年、知的財産戦略本部の中に新たに「国際標準戦略部会」を新設した。私はこの部会設立時から委員として参画している。

国連やWTO、FTAなどの政府間の交渉と違い、ISOやIECなどの国際標準(投票権は一国一票でも)の交渉で最前線に立つのは、各分野のエキスパートである企業人や研究者などの民間プレーヤーであることが少なくない。すべての企業人が、地政学や経済安保に関するルールメイキングの当事者になり得るのだ。

第4章

日米欧中の経済安保戦略を解剖する

これまでの章で、企業が事業を継続し、競争力を維持・向上していくには、「経済安保」を喫緊の経営課題として捉え、地政学・経済安保リスクに対処する必要があることを見てきた。また、そのための土台として、「経済安保」を「優位性」「自律性」「安全性」という三つの軸で整理し、主要国に共通する取り組みを「保護」「振興」「連携」という切り口で捉え、その特徴を明らかにした。

企業が「実践」として経済安保上の課題に対処するには、こうした全体像を把握した上で、世界各国が打ち出している具体的な政策や措置を理解しなければならない。そこで本章では、日本、米国、ＥＵ、中国が進める経済安保に関する施策や法規制などについて「保護」「振興」「連携」という視点から分析し、各国の戦略を解剖していく。

日本の戦略

経済安全保障推進法を中心としたアメとムチ

日本では長らく、「外国為替及び外国貿易法」（外為法）に基づく安全保障貿易管理や対内直接投資審査などが経済安保確保の中心的な施策だった。最近では、その規制強化・拡充や輸出管理対象品目の追加が進められている。例えば、２０２２年5月には、日本国内居住者への技術提供であっても外為法の管理対象とする「みなし輸出」管理の強化（「運用明確化」）が施行された。また、2024年12月には、「重要管理対象技術」の海外への技術移転に際して事前報告が義務付けられ、「重要管理対象技術」として積層セラミックコンデンサ（MLCC）など10分野が指定された。さらに、外国政府による情報収集への協力義務を負う企業などを「特定外国投資家」として、対内直接投資審査を厳しくすることなども予定されている。ここでいう「外国政府」に該当するとみられているのは中国だ。こうした外為法の規制強化・拡充は今後も続くと見込まれる。

コンプライアンスの観点から、これらの規制に対応することは企業にとって引き続き重要な課題だ。と同時に、経済安保の強化が図られる中で、これまでとは異なる課題にも対処していかなければならない。その新たな課題の中心にあるのが、経済安全保障推進法だ。

2021年11月に開催された第1回経済安全保障推進会議（議長は内閣総理大臣）で、経済安保推進の「大きな方向性」として、①自律性の向上、②優位性ひいては不可欠性の確保、③基本的価値やルールに基づく国際秩序の維持・強化の3点が示された。「不可欠性」とは、重要技術での優位性の確保などにより、国際社会で不可欠な存在となることで、交渉力を強化し、他国からの経済的威圧を受けにくくすることを指す。そして、これを具体的に進めていくために「経済施策を一体的に講ずることによる安全保障の確保の推進に関する法律」（経済安全保障推進法）が2022年5月11日に成立、同18日に公布された。

図表4・1　日本の経済安保に関する主な制度

経済安全保障推進法

重要物資の安定的供給の確保	**■国民生活や経済活動に不可欠な重要物資の安定供給確保を支援** 【特定重要物資】①抗菌性物質製剤、②肥料、③永久磁石、④工作機械・産業用ロボット、⑤航空機の部品、⑥半導体、⑦蓄電池、⑧クラウドプログラム、⑨天然ガス、⑩重要鉱物、⑪船舶の部品、⑫先端電子部品
基幹インフラ役務の安定的提供の確保	**■基幹インフラ役務（＝特定社会基盤役務）の安定的提供の確保のために政府が事前審査** 【特定社会基盤事業】①電気、②ガス、③石油、④水道、⑤鉄道、⑥貨物自動車運送、⑦外航貨物、⑧航空、⑨空港、⑩電気通信、⑪放送、⑫郵便、⑬金融、⑭クレジットカード、⑮一般港湾運送事業
先端的な重要技術の開発支援	**■先端的な重要技術（＝特定重要技術）の研究開発促進とその成果活用を支援** 【特定重要技術】①バイオ、②人工知能・機械学習、③先端コンピューティング、④マイクロプロセッサ・半導体、⑤データ科学・分析・蓄積・運用、⑥先端エンジニアリング・製造、⑦先端材料科学など
特許出願の非公開	**■安全保障上機微な発明の特許出願を非公開（保全指定・外国出願制限）にして技術流出防止** 【特定技術分野】①航空機などの偽装・隠ぺい技術、②武器などに関係する無人航空機・自律制御などの技術、③発射体・飛翔体の弾道に関する技術、④航空機・誘導ミサイルに対する防御技術など

重要経済安保情報保護活用法

セキュリティー・クリアランス	**■重要経済安保情報へのアクセスを適性評価により漏洩のおそれがないと確認した者に限定** 【適性評価調査項目】①重要経済基盤毀損活動との関係、②犯罪及び懲戒の経歴、③情報の取扱いに係る非違の経歴、④薬物の濫用および影響、⑤精神疾患、⑥飲酒についての節度、⑦信用状態その他の経済的な状況

出所　日本政府資料より、オウルズコンサルティンググループ作成

同法に基づき閣議決定された「基本方針」には、「経済面における安全保障上の一定の課題については、官民の関係の在り方として、市場や競争に過度に委ねず、政府が支援と規制の両面で一層の関与を行っていくことが必要である」「状況によっては、政府が主体となって政策課題への対応を直接行う局面も想定される」と記されている。つまり、経済安保の領域では、政府が支援（アメ）と規制（ムチ）の双方を使って企業の事業活動にこれまで以上に関与し、政府主導で進めていくことを明らかにしている。

経済安全保障推進法で創設された四つの制度

同法では、政府がまず取り組むべき分野として、①重要物資の安定的な供給の確保、②特定社会基盤役務の安定的な提供の確保、③先端的な重要技術の開発支援、④特許出願の非公開の4分野につき制度が整備された（図表4・1）。これは、「優位性」「自律性」「安全性」の確保のために、「保護」と「振興」を促進するものといえるだろう。

①重要物資の安定的な供給の確保は、「国民の生存に必要不可欠または国民生活・経済活動が依拠している物資で、安定供給確保が特に必要な物資」を「特定重要物資」に指定して、これを供給する企業を支援して安定供給を図るものだ。「特定重要物資」には、①抗菌性物質製剤、②肥料、③永久磁石、④工作機械・産業用ロボット、⑤航空機の部品、⑥半導体、⑦蓄電

池、⑧クラウドプログラム、⑨天然ガス、⑩重要鉱物、⑪船舶の部品が指定され、2024年2月に⑫先端電子部品が追加された。いずれも、外国からの輸入に大きく依存している、あるいは、今後対外依存度が高まることが懸念されている物資だ。典型的なのは①抗菌性物質製剤で、ペニシリンなどが含まれる「ベータ・ラクタム系」抗菌薬は、その原材料をほぼ100％中国に依存している。

コロナ禍の影響などいくつかの要因が重なって生じた半導体不足により、自動車生産工場が稼働を停止したり、給湯器が不足したりしたことを覚えている人も多いだろう。「特定重要物資」の安定供給を図るため、令和4（2022）年度第2次補正予算で1兆358億円が確保されたのに始まり、令和6年度予算までで総額2兆1830億円が計上されている。2024年9月には、支援対象が100件を超えた。

「特定重要物資」のうち、半導体や先端電子部品など日本が優位性を有する物資やその部素材については、技術流出防止措置をとることが支援の条件とされている。この措置には、他国で研究開発や一定以上の設備投資をする際の担当省庁への事前相談の義務も含まれている。

②特定社会基盤役務の安定的な提供の確保は、「国民生活及び経済活動の基盤となる役務であって、その安定的な提供に支障が生じた場合に国家及び国民の安全を損なう事態を生ずるおそれがあるもの」を「特定社会基盤事業」として、安全性や信頼性の確保を図るものだ。具体的には、これを提供する事業者のうち、そのサービスが停止すると重大な影響をもたらす企業

や地方自治体などを「特定社会基盤事業者」に指定する。サイバー攻撃などの外部からの妨害行為を防止するため、指定事業者が重要設備の導入や維持管理などを委託する際に、政府が事前審査や勧告・命令の権限を持つ。「特定社会基盤事業」には、①電気、②ガス、③石油、④水道、⑤鉄道、⑥貨物自動車運送、⑦外航貨物、⑧航空、⑨空港、⑩電気通信、⑪放送、⑫郵便、⑬金融、⑭クレジットカードが指定され、2024年末時点で延べ213組織が指定されている。

2024年5月の法改正で「特定社会基盤事業」に⑮一般港湾運送事業が追加された。これは、2023年7月に起きた名古屋港コンテナターミナルへのサイバー攻撃が契機となった。国土交通省によれば、本件では約3日間にわたって同ターミナルからのコンテナの搬入・搬出が停止した。これを受け、サイバーセキュリティー対策や経済安保上の港湾の位置付けについて整理・検討され、法改正に至った。近年、医療機関へのサイバー攻撃によって診療が停止する事態が生じていることから、16番目として「医療」を追加することが検討されている。

③先端的な重要技術の開発支援は、「将来の国民生活・経済活動の維持にとって重要なものとなり得る先端的な技術のうち、その技術が外部に不当に利用された場合において国家・国民の安全を損なう事態を生ずるおそれがあるもの」などを「特定重要技術」と定義して、その研究開発の促進と成果活用のための支援を目的としている。

その中に、「中長期的に我が国が国際社会において確固たる地位を確保し続ける上で不可欠な要素となる先端的な重要技術」について支援する「経済安全保障重要技術育成プログラム」(Kプロ)がある。Kプロでは、海洋領域、宇宙・航空領域、領域横断・サイバー空間領域、バイオ領域に関する重要技術をこれまでに50分野特定し、5000億円が措置されている。これには、小型無人機(ドローン)の自律制御・分散制御技術や次世代半導体微細加工プロセス技術などが含まれている。

半導体に関しては、経済安全保障推進法上の「特定重要物資」への指定に加え、「特定高度情報通信技術活用システム開発供給導入促進法」(5G促進法)や「新エネルギー・産業技術総合開発機構法」(NEDO法)に基づく支援策がよく知られている。台湾積体電路製造(TSMC)などによる熊本県でのロジック半導体製造への最大1・2兆円の助成や、北海道で先端半導体を製造するラピダスへの最大9200億円の助成などはこれらの法律に基づく。

④特許出願の非公開は、「公にすることにより国家及び国民の安全を損なう事態を生ずるおそれが大きい発明」の特許出願について、保全指定によって公開を留保したり、外国出願を制限したりするものだ。対象となる「特定技術分野」には、「武器などに関係する無人航空機・自律制御などの技術」「通信妨害などに関する技術」「ウラン・プルトニウムの同位体分離技術」など25分野が指定されている。特許庁が、特許出願が「特定技術分野」に該当するかを審査し(第1次審査)、該当する場合は内閣府に送付されて保全審査が行われる。保全審査では、「公にすることにより国家及び国民の安全を損なう事態を生ずるおそれが大きい発明」である

かどうかや、保全指定した場合の「産業の発達に及ぼす影響」などを総合的に考慮して保全指定するかどうかを判断する。保全指定によって企業に損失が生じた場合の補償についても規定されている。

■セキュリティー・クリアランス制度の導入

経済安全保障推進法の成立過程で積み残しとされていた「経済安全保障分野におけるセキュリティー・クリアランス制度」も、「重要経済安保情報の保護及び活用に関する法律」として2024年5月10日に成立し、同17日に公布された。同制度は、政府が保有する非公開の「重要経済基盤保護情報」であり、「その漏洩がわが国の安全保障に支障を与えるおそれがあるため、特に秘匿する必要があるもの」を「重要経済安保情報」に指定し、同情報へのアクセスを適性評価により漏洩のおそれがないと確認された者のみに認めるものだ。「重要経済基盤」とは、基幹インフラや重要物資のサプライチェーンを指し、重要経済基盤へのサイバー攻撃や重要物質のサプライチェーンの脆弱性、革新的技術などに関する情報で、漏洩を防ぐ必要があるものが「重要経済安保情報」に当たる。

適性評価は、本人の同意を得た上で、重要経済基盤毀損活動（スパイ活動やテロ活動など）との関係や犯罪歴、飲酒の節度、信用状態その他の経済的な状況などから重要経済安保情報を取り扱うことに支障がないかを政府が評価するものだ。企業（「適合事業者」）もまた、重要経済安保情報の保護のために必要な施設設備が設置されていることなどが求められる。

同制度の導入により、日本においても情報保全の仕組みが整ったため、従業員がセキュリティー・クリアランスを保有する日本企業が、国際共同開発や外国政府の調達への入札に参加しやすくなることなどが期待されている。

米国の戦略

中国との競争に勝利する

日本の経済安保確保のための一連の政策や法規制は、「特定の国を念頭に置いたものではない」とされている。これに対して米国の政策や法規制は、特に中国を念頭に置いたものとなっている。第2章で見たように、第1期トランプ政権以降の米国の経済安保確保の取り組みは、中国への重要技術の流出を阻止し、米国内産業基盤を強化し、中国への経済的依存度を引き下げることを主な目的としている。これを実現するため、「保護」「振興」「連携」の取り組みを、「①中国への技術や情報の流出を防止するための輸出管理・投資審査などの規制強化」「②連邦政府主導の国内投資による産業競争力強化とサプライチェーンの強靭化」「③同盟国・同志国との連携（フレンド・ショアリング）」によって進めている。

■安全保障や人権保護を理由に貿易投資を規制

①輸出管理・投資審査などの規制強化では、一つの契機となったのが、第1期トランプ政権下での2019年国防権限法（NDAA2019）の成立だ。同法には、輸出管理改革法（ECRA）や外国投資リスク審査現代化法（FIRRMA）などが盛り込まれ、国家安全保障の観点から規制対象の拡大や規制の厳格化が図られた（図表4・2）。

輸出管理改革法では、中国を念頭に置いた輸出管理の強化や、通信機器大手ファーウェイ（華為技術）をはじめとする中国企業を「エンティティー・リスト」に掲載して取引を制限した。バイデン政権下でも、先端半導体やその製造装置などに関する輸出管理の強化・拡大やエンティティー・リストへの中国企業の追加掲載が積極的に進められた。

これに加えて、バイデン政権は世界における人権保護を国家安全保障上の重要課題に位置付け、人権侵害状況の是正のために貿易制限措置を活用した。米国製品・技術が他国での人権侵害を助長することを防ぐため、監視や遺伝子解析の技術などの輸出管理を強化し、人権侵害に関与した事業者のエンティティー・リストへの掲載を進めた。

また、強制労働によって製造された製品の輸入禁止も積極的に推し進めた。もともと

図表4・2　貿易投資を制限する米国の主な法令

輸出管理	輸出管理改革法 (ECRA)	■重要技術の流出や人権侵害の助長を防止する輸出管理 ・軍事転用可能な両用品目のリストや懸念企業などを掲載したリスト（エンティティー・リスト）による輸出管理・取引制限など
対内投資審査	外国投資リスク審査現代化法 (FIRRMA)	■CFIUS（対米外国投資委員会）による対内投資審査 ・国家安全保障の観点から、外国企業によるTID（技術、インフラ、データ）へのアクセスを伴う対内投資の審査強化
対外投資審査	懸念国における特定の国家安全保障技術・製品への投資に関する大統領令	■懸念国事業体への対外投資を禁止、届け出義務付け ・懸念国（中国、香港、マカオ）への①半導体・マイクロエレクトロニクス、②量子情報技術、③AIでの投資の禁止・届け出義務
輸入禁止 （人権保護）	違反商品保留命令（WRO） （1930年関税法第307条）	■強制労働により製造された製品の輸入禁止 ・強制労働（児童労働含む）によって外国で採掘、生産、または製造されたすべての商品の米国への輸入禁止
	ウイグル強制労働防止法 (UFLPA)	■中国・新疆ウイグル自治区における強制労働によって製造された物品の輸入禁止 ・同自治区において全部または一部が採掘、生産、製造された物品はその製造過程で強制労働があったと推定し、反証がない限り輸入禁止

出所　各法令などより、オウルズコンサルティンググループ作成

1930年関税法第307条に基づく違反商品保留命令（WRO）によって該当する製品の輸入が禁止されていたが、バイデン政権下でウイグル強制労働防止法（UFLPA）が成立・施行されたことにより、税関での輸入差し止め件数が激増した。同法は、中国・新疆ウイグル自治区において全部または一部が採掘、生産、製造された物品はその製造過程で強制労働があったと推定し、輸入を原則禁止するものだ。人権保護が理由とされたことにより、半導体などの機微技術関連製品の輸出だけなく、衣類や電気製品などの日用品の輸入でも、米中間の貿易が一層制限されることになった。

対内投資については、外国投資リスク審査現代化法により、対米外国投資委員会（CFIUS）による対内投資審査の対象が拡大され、権限が強化された。これには、中国企業が米国企業の買収を通じて機微技術や重要情報を入手することを防止する狙いがある。対外投資に関しても、半導体・マイクロエレクトロニクス、量子情報技術、AI分野における米国人・企業による対中投資を制限（禁止もしくは届け出）する大統領令が発せられている。これは、米国資本が軍事転用可能な機微技術の発展のために用いられることなどを防ぐ目的がある。

また、2019年国防権限法第889条により、ファーウェイなど中国企業5社の製品・サービスが政府調達から排除された。その他にも、大統領令や連邦通信委員会（FCC）などの行政機関の規則によって、中国企業のTIDへのアクセスを制限する措置がとられた。FCCは、国家安全保障上の懸念を理由に、中国通信大手・中国電信（チャイナテレコム）などの米国内での事業免許を取り消した。

2024年9月には、バイデン政権がコネクテッドカーに関する新たな規制を発表した。これは、中国やロシアなどの懸念国企業が開発・製造した特定の部品やソフトウエアを使用したコネクテッドカーの米国での輸入や販売を2027年以降禁止するものだ。コネクテッドカーを通して米国内で収集されたデータが懸念国の手に渡る、あるいは、走行中の車へのサイバー攻撃による遠隔操作が可能になることが、国家安全保障上のリスクとなることを理由としている。自動運転技術などでは中国企業による開発が進んでおり、それらの企業と研究開発で協力している日本企業もあるが、それによって生まれた技術や製品を使った車は、米国市場に投入できないおそれがある。そのため、すでに日本の自動車業界からは、同規制の適用時期の延期などを求める声が上がっている。

米国は様々な法規制によって、中国への技術流出の防止や、国内市場から中国の企業や製品、技術の排除を進めているため、米国と中国のデカップリングが今後も進行するだろう。

産業政策による国内製造基盤強化

②産業競争力強化では、バイデン政権下で成立したインフラ投資・雇用法(IIJA)によるインフラ整備(5年間で新規支出5500億ドル)、インフレ抑制法(IRA)による気候変動・

エネルギー安全保障対策（10年間で３６９0億ドル）、ＣＨＩＰＳ及び科学法（ＣＨＩＰＳ法）に基づく半導体製造・研究開発支援（５年間で５２７億ドル）が進められてきた。

ＩＲＡでは、クリーン生産設備の導入、重要鉱物の調達、省エネ機器の購入などへの補助金・税額控除などが実施された。ＥＶ購入時の最大７５００ドルの税額控除では、北米で製造されているなどの要件を満たしたホンダの「プロローグ」などが対象となった。

ＣＨＩＰＳ法では、米インテルのほか、台湾ＴＳＭＣ、韓国サムスンなどの外資も含めた半導体関連企業への支援が打ち出されている。例えば、インテルの先端ロジック半導体製造施設建設などに対しては、最大78億６５００万ドルが助成されるほか、25％の投資税額控除などが認められる見込みとなっている。

これらの施策には、政府支援を受ける要件として、製造過程から中国企業・製品を排除したり、中国にある製造拠点の増強などのための投資を制限したりするものも含まれている。さらに、米国企業や製品を優遇し、同盟国である日本やＥＵの製品をも競争上不利な立場に置く要件が設けられているものもある。

こうした中国に厳しく、米国第一・保護主義的な基本姿勢は、民主・共和両党に共通しているため、今後も継続するものとみられ、日本企業も注意を要する。

フレンドにも甘くないフレンド・ショアリング

③フレンド・ショアリングには、前述したクアッドやＩＰＥＦなど日本も参加するものに加え、ＥＵとの間で輸出管理や投資審査、サプライチェーン強靭化などの協力を進める貿易技術評議会（ＴＴＣ）、米州の12カ国が参加する米州版ＩＰＥＦといえる「経済繁栄のための米州パートナーシップ」（ＡＰＥＰ）などがある。米国は、価値を共有する先進国だけでなく、アフリカ諸国や中央アジア諸国なども含め、グローバルサウス諸国との連携を深めようと努めてきた。

米国がフレンド・ショアリングを進めるのは、経済安保の強化には同志国との連携が不可欠だからだ。中国を筆頭とする地政学的競争相手である特定国への経済的依存を減らし、それら諸国による経済的威圧への耐性を強化することは、米国単独では難しい。半導体や鉱物資源などの重要物資を安定的に調達するには、同志国との強靱なサプライチェーンの構築が必要だ。また、グローバルに最適なサプライチェーンに代わり、同志国間で調達先や市場を多元化・分散化することでリスクを軽減し、同志国間の分業による効率化・コスト削減を図るためにもフレンド・ショアリングが有効だ。

さらに、同志国間でルールや規制を共通化することで、中国などに対する規制の効果を最大化する（抜け穴防止）という目的もある。ただし、ルールや規制の共通化には、米国企業と同志国企業との間で公平な競争条件を確保する（抜け駆け防止）という狙いもあることに注意しなければならない。米国企業は、米国のみが厳しい対中規制を実施すれば、米国企業だけが不利益を被ることになるため、日本やEUなどの同志国も同様の規制を導入するよう強く求めている。米国政府はこの声を受け、同志国に働きかけており、日本を含む同志国で米国に類似した規制が導入された例もある。例えば、2022年10月に米国が先端半導体製造・スーパーコンピューター関連の対中輸出規制を強化したことを受け、2023年7月に日本は半導体製造装置23品目を輸出管理対象に追加した。フレンド・ショアリングには、同志国間の協調だけでなく、競争の側面もあることを忘れてはならない。

トランプ2・0で大きく変わる経済安保戦略

第2期トランプ政権（トランプ2・0）では、バイデン政権下の「保護」「振興」「連携」による経済安保戦略は大きく変化していきそうだ。

「保護」は一層強化されるだろう。特に、中国を対象とした貿易投資規制が拡大・厳格化するとみられている。バイデン政権下では、「スモールヤード・ハイフェンス」の方針の下、規制が米国経済や米企業にもたらす悪影響をできるだけ限定する配慮があった。しかし、トランプ2・0では、返り血もおそれない規制強化が進むのではないかと懸念されている。バイデン政権の規制が（外科手術用の）メスだったのに対し、トランプ2・0が使うのはハンマーだ。「振興」では、バイデン政権が補助金や税控除による産業支援を進めたのに対し、トランプ2・0では関税による国内産業保護が重視される。「タリフマン」を自称するトランプ大統領は、高関税を課せば、これを回避するために企業は米国内に投資し、工場を建て、雇用を生み出すと考えている。

関税の最大の標的は中国だ。高関税賦課の脅しをかけながら、中国に米国からの輸入拡大を迫る一方、中国からの輸入を抑制し、国内産業の保護を図るだろう。米国が対中規制を強化し、関税を課せば、中国も輸出入制限や関税賦課などの対抗措置をとるだろう。互いの貿易制限措置の応酬によって、米中間のデカップリングが進行するとみられる。

「連携」では、フレンド・ショアリングが停滞すると見込まれる。米国のパワーを背景にした二国間ディールを好むトランプ大統領は、多数国間の経済枠組みの構築には消極的だ。トランプ1・0では、政権発足直後にオバマ前政権が推し進めたTPPからの離脱を表明したが、トランプ大統領はIPEFを「第2のTPP」と呼び、離脱する意向を表明している。

トランプ大統領の関税の矛先は同志国にも向く。すべての国からの輸入に対する関税引き上げに加え、特定国を標的とした関税賦課も懸念される。米国の貿易赤字が大きいだけでなく、中国製品の米国への輸入の「迂回地」とみなされているメキシコやベトナムは特に注意が必要だ。米国の貿易赤字額第7位（2024年）の日本も、標的候補として十分な資格がある。自動車への関税賦課の脅しを使い、農産物や天然ガスなどの輸入拡大を迫ってくるおそれがある。

トランプ大統領は、第2期政権発足後、早々に違法薬物や不法移民の流入を理由に、カナダとメキシコに関税を課すことを表明した。カナダは即座に米国に報復関税を課す方針を明らかにした。北米3カ国間にはFTA（米墨加協定（USMCA））があるにもかかわらず、互いに高関税を課し合う様相を呈している。このように、同志国にも高関税を課すことになれば、米国を含むフレンド・ショアリングは停滞せざるを得ない。

トランプ2・0の最大の特徴は予見可能性の低さであり、トランプ大統領の一存で一夜にして政策が大きく転換されるおそれがあることだ。そうした「ブレ」の可能性も念頭に置きつつ、トランプ2・0の政策に注意を払わなければならない。

EUの戦略

デリスキングと戦略的自律

EUは、2023年6月に『経済安全保障戦略』を公表した。政府文書において、経済安保の確保を「保護」「振興」「連携」によって進めることを明記したのは同戦略が初めてだ。2024年1月には、これを実現するための政策パッケージも公表している。EUが目指すのは、他国への依存を減らしてリスクを軽減（デリスキング）し、EUが戦略的に自律して意思決定を下せる環境を構築することだ。そのために、「保護」「振興」「連携」を進めている。

■ 貿易投資規制と経済的威圧への対処

「保護」は、EUがすでに導入している貿易救済措置（アンチ・ダンピング措置や補助金相殺関税措置など）や輸出管理・対内投資審査制度に加え、経済的威圧への対処などの新たな措置を導入することで、デリスキングを進めるというものだ（図表4・3）。

輸出管理では、対象となる軍民両用（デュアルユース）品目リストを改訂し、管理強化を進めている。サイバー監視技術など、人権保護を含む安全保障上のリスクとなる新興両用技術を管理対象に追加した。また、現在は加盟各国でばらつきのある輸出管理を、EUレベルで統一された管理ができるよう強化することが提案されている。

対内投資に関しては、EUでは投資を受け入れる加盟国に権限があるため、EUとしての一体的な審査はできていない。そのため、「外国直接投資審査規則」により、各加盟国の審査の際には、欧州委員会及び他の加盟国は安全保障や公の秩序の観点から意見を表明することができ、受け入れ（審査）国はこれを考慮することが定められた。加盟各国での対内投資審査制度の導入も進み、2024年10月時点では、未導入の国はEU加盟27カ国中3カ国（クロアチア、

図表4・3　貿易投資を制限するEUの主な法令

輸出管理	両用品目輸出管理規則	■両用品目・ソフトウエア・技術に関する輸出管理 ・両用品目リストによる規制、人権保護を含む安全保障上のリスクとなるサイバー監視技術などの新興両用技術を対象に
対内投資審査	外国直接投資審査規則	■加盟国による対内投資審査制度の導入 ・安全保障や公の秩序の観点から対内直接投資を審査。EU加盟27カ国中24カ国が審査制度を導入済（2024年10月時点）
外国政府補助金規制	外国補助金規則	■外国補助金を受けた企業に対する審査 ・外国政府補助金を受けた企業によるEU域内での企業結合や公共調達参加などが市場歪曲的かどうかを審査
経済的威圧への対処	反威圧措置規則	■外国によるEUへの経済的威圧に対抗措置発動を可能に ・外国による経済的威圧に対する最終手段として、関税賦課や投資・公共調達参加の制限などの対抗措置の発動が可能に
輸出入禁止（人権保護）	強制労働製品禁止規則	■強制労働によって製造された製品の域内流通を禁止 ・強制労働製品の輸出入や域内流通を禁止。2027年12月14日施行

出所　各法令などより、オウルズコンサルティンググループ作成

キプロス、ギリシャ）を残すのみとなった。欧州委員会は、これをさらに進め、全加盟国での同制度導入と全加盟国共通の必須審査対象分野を特定することを提案している。また、外国政府から補助金を受けた企業によるＥＵ域内での企業結合や公共調達参加などが市場歪曲的かどうかを欧州委員会が審査し、その是正や禁止を命じることができることを定めた「外国補助金規則」も２０２３年７月に施行された。同規則に基づく調査により、ブルガリアやルーマニアでの公共調達入札から中国企業が撤退する例が現れている。

対外投資に関しては、欧州委員会は軍民融合戦略をとる懸念国への技術流出のリスクを指摘し、米国同様、量子コンピューティング、先端半導体、ＡＩ分野を規制対象とすることを検討しているが、規制の導入には慎重な姿勢を示している。

同戦略には、経済的威圧に対処するための法整備も盛り込まれた。これは、「反威圧措置規則」として２０２３年12月に施行された。同規則は、域外国が貿易投資制限措置を発動する、あるいは発動するとの威迫によってＥＵ及び加盟国の政策決定に干渉する、いわゆる経済的威圧行為に出ることを抑止し、同行為があった場合には交渉による解決を図ることや、最終手段として関税賦課などの対抗措置を発動できることを規定している。２０２１年夏、台湾問題を巡って対中関係が悪化したリトアニアは、輸入制限によって政策変更を迫る中国からの圧力にさらされた。同規則はこうした事態に備え、中国による加盟国への経済的威圧に対処するものだ。同時に、第１期トランプ政権下の米国がＥＵに対して制裁関税を課したり、その脅しをかけたりしてきたことから、今後の同様の事態に備える意味もある。

■ 域内産業振興に数値目標設定

「振興」は、気候変動対策と一体となった産業政策によって、EU域内の技術・産業基盤の振興を図るものだ。供給源（調達先）と輸出市場（販売先）の多様化によってグローバルなサプライチェーンの強靱化を進め、EUの競争力と供給の安全性を強化する狙いがある。先端半導体、量子コンピューティング、バイオテクノロジー、ネットゼロ産業、クリーンエネルギー、重要原材料などが対象とされ、それらを実現する具体策として、欧州半導体法、重要原材料法、ネットゼロ産業法などが制定された。

欧州半導体法は、430億ユーロの官民投資により域内の半導体エコシステムを強化し、世界の半導体市場におけるEUのシェアを現状の10％から2030年には20％に倍増させることを目指している。重要原材料法は、半導体や蓄電池の製造に必要なコバルトやガリウム、ゲルマニウムなど戦略的原材料（SRM）17種を選定し、2030年までに域内消費のうち採掘で10％、加工で40％、リサイクルで25％を域内で供給すると同時に、各品目での特定国への依存度を65％以下にすることを目標に掲げている。ネットゼロ産業法は、域内のネットゼロ技術産業基盤の競争力と強靱性の向上を図り、バッテリー・蓄電技術などの「戦略的ネットゼロ技術」では、2030年までに域内需要の40%を域内生産するとしている。いずれも、重要分野での域内の技術・産業基盤を強化し、中国をはじめとする域外国への依存度を引き下げ、デリスキングを図ることが狙いだ。

ルールに基づく枠組みも重視

「連携」は、EU域外国とのつながりを強化し、供給源と輸出入市場の多様化によってサプライチェーンのデリスキングを進めていくというものだ。連携相手は、G7諸国をはじめとする同志国に加え、共通の利益を有し、協力の意思のある可能な限り幅広い諸国とされ、日本や米国に加え、途上国と連携を強化することが重要だと強調されている。

連携の方法は多様な形で進め、米国とのTTCなどの二国間協力やG7の取り組み、FTAなどの枠組みを活用するほか、「グローバルなレベルでは、多国間協力とルールに基づく枠組みが経済安全保障の基盤」であるとして、WTO改革にも努めるとしている。この方針は、欧州委員会が2025年1月に公表した、EUの競争力強化のための戦略である『競争力コンパス（羅針盤）』にも引き継がれている。

経済への悪影響を抑制

そして、これら三つの取り組みを進める基本原則として、「均衡」と「精密」を掲げている。「均衡」は、経済安保確保のための手段は、リスクのレベルとバランス（均衡）がとれたものとし、欧州経済や世界経済への意図しない負の波及効果を抑えることをいう。「精密」は、規制などの対象となる品目、分野、産業を精密に絞り込み、とられる措置がリスクに対応したものにすることを指す。この二つの原則により、EUは、経済安保の確保を口実とした、企業の事業活動への過度な制約や、経済に悪影響をもたらす措置を回避することを明確にした。その点では、規制を「合理的に必要と認められる限度」にするよう定めた日本の経済安全保障推進法第5条や、米国の「スモールヤード・ハイフェンス」と狙いは同じだ。

課題は加盟国の意思の統一

EUが経済安保戦略を進めていく上での最大の課題は、加盟諸国の足並みがそろっていないことだ。同戦略や政策パッケージは、規制の厳格化やEUレベルでの統一的・一体的な規制を求める欧州委員会主導で策定されたが、加盟国の中には中国との経済関係への悪影響などを懸念してより慎重な姿勢を示す国もある。２０２４年10月に実施された中国から輸入される電気自動車（ＢＥＶ）に補助金相殺関税を課すかどうかの採決では、フランスやイタリアなど10カ国が賛成した一方、ドイツやハンガリーなど5カ国が反対、残る12カ国は棄権に回った。ドイツやフランスなどＥＵ域内の政治が揺れ動く中で、２０２４年12月から2期目に入ったフォン・デア・ライエン委員長率いる欧州委員会と加盟国がどのように経済安保戦略を進めていくのか、注視していく必要がある。

中国の戦略

「国家安全」の重視と制裁への対抗措置

中国では、習近平政権が重視する「総体的国家安全観」に基づき、経済安保の確保が進められている。これは、軍事や国土といった伝統的な安全保障の領域だけでなく、経済や金融、科学技術、サイバー、バイオ、人工知能、データといった領域も含み、また、対外的な安全保障だけでなく、国内における政治的安定や社会秩序の維持も含むきわめて広範（総体的）な概念となっている。経済安保に関連する法規制もこれに基づいて整備されてきた。それらは、やはり「保護」「振興」「連携」で整理できる。

米国に似た貿易投資規制

「保護」については、日米などと同様、輸出管理や対内投資審査が行われている。輸出管理は、輸出管理法による軍民両用品目の輸出管理、「輸出禁止・輸出制限技術リスト」による重要技術の輸出制限、「信頼できないエンティティー・リスト」掲載企業との取引制限など、米国と似た法規制が近年整備された(図表4・4)。

中国は最近、米国などによる対中規制に対抗する形で、半導体やバッテリー製造に用いられる鉱物資源の輸出管理を強化している。2023年8月には、ガリウム、ゲルマニウム関連製品、同年12月にはグラファイト(黒鉛)関連製品、2024年9月にはアンチモン及び超硬材料関連製品が輸出管理対象とされた。また、2023年12月には「輸出禁止・輸出制限技術リスト」にレアアース関連技術が追加された。さらに、2024年12月には、米国による半導体製造装置などの対中輸出規制強化に対抗し、ガリウム、ゲルマニウム、アンチモンの対米輸出を禁じるなどの措置を打ち出した。第2期トランプ政権が発足し、中国への10%の追加関税を発動すると、これに対抗して液化天然ガス(LNG)などに報復関税を課すとともに、タングステンなどのレアメタルを輸出管理対象に追加した。

このように、中国は、自国に優位性があり、米国をはじめとする世界各国が中国に依存して

図表4・4　日本企業の事業活動に影響を与える中国の主な法令

輸出管理	輸出管理法	■重要技術（両用品目など）に関する輸出管理 ・両用品目などの輸出管理、「輸出禁止・輸出制限技術リスト」や「信頼できないエンティティー・リスト」による取引制限など
対内投資審査	外商投資法	■投資禁止・制限分野を規定、外商投資安全審査制度を確立 ・外国投資家に対し、「外商投資ネガティブリスト」により参入規制。国家安全の観点から対内投資を審査
データ管理	サイバーセキュリティー法 データセキュリティー法 個人情報保護法	■サイバー空間での国家安全確保、データ越境移転を審査 ・データ領域の管理・統制により国家安全を確保。重要データや個人情報の越境移転を審査
対抗措置	反外国制裁法 関税法	■外国の差別的措置への対抗措置の発動を可能に ・外国による中国の企業などへの差別的制限措置に対抗措置や訴訟による損害賠償請求、報復関税賦課を可能に
国家安全	反スパイ法 国家情報法	■総体的国家安全観を堅持し、国家の安全と利益を確保 ・国家の安全と利益に関わる文書の入手などを「スパイ行為」とみなし拘束・逮捕。組織・個人には国の情報活動に協力する義務

注　各法の下位法令の内容を含む。
出所　各法令などより、オウルズコンサルティンググループ作成

いる鉱物資源や、その精錬などの関連技術の輸出管理を強化し、西側諸国の対中規制強化に対抗する動きを強めている。日本企業も、中国以外からの調達など、対応に追われている。

対内投資に関しては、外国投資家に対して「外商投資ネガティブリスト」によって参入を規制し、外商投資安全審査弁法にのっとって国家安全の観点から対内投資審査が行われている。これにより、外国投資家がレアアースの採掘やインターネット情報サービスなどに参入することが禁止されている。

「データ3法」や対抗措置にも要注意

日本企業を含む外資企業の中国事業に影響を与える法規制として、「データ3法」にも注意が必要だ。サイバーセキュリティー法、データセキュリティー法（データ安全法）、個人情報保護法と、その下位法令であるデータ域外移転安全評価弁法や2025年1月から施行となったネットワークデータ安全管理条例などが、ネットワーク空間における国家安全の確保だけでなく、重要データや個人情報の越境移転の制限を規定している。自社が中国拠点で保有するデータが「重要データ」（改ざん、破壊、漏洩、不正取得、不正利用された場合に国家安全、公共利益または個人、組織の合法的権益が脅かされるデータ）に該当し、これを中国国外に移転させる場合には、中国当局の審査を受け、許可を得なければならない。

これに関する日本企業の関心は高い。在中国日系企業で構成される中国日本商会は、『中国経済と日本企業2024年白書』で、中国政府に対する要望（建議）での三つの重点分野の一つに「データの越境・管理に関する問題」を挙げている。法令での「重要データ」などの定義の曖昧さや手続きの不透明さを指摘し、「外資企業が差別的に扱われないよう内外無差別の原則が貫徹されること」を要望している。

また、データ3法や国家情報法により、中国の企業や個人には、保有する情報を当局の求めに応じて提供する義務が課せられている。例えば、中国の生成AIサービス利用時に重要データや個人情報を入力すれば、それが中国当局に提供されるおそれがある。

中国では、米国をはじめとする西側諸国の規制や制裁に対抗するため、外国法令不当域外適用阻止規則や反外国制裁法などが制定されている。これらは、外国が中国の企業などに差別的な制限措置を発動した場合、これに従うことを禁じ、従った企業に罰則を科し、それによって被害を受けた中国企業が訴訟によってその企業に損害賠償を請求することなどを認めている。例えば、日本企業が、米国の規制に従って中国企業との取引を中止して損害を与えた場合などがこれに該当する。また、2024年12月施行の関税法は、中国との協定に反して貿易を制限する国からの輸入品への報復関税賦課を認めている。これは、中国製EVへの関税引き上げなどを実行している米国やEUへの対抗措置発動を見据えてのものとみられている。

中国では独占禁止法に基づく調査などによって、西側諸国企業に圧力をかける事例もみられる。また、「国家安全」が最重視される中で、反スパイ法の改正など日本企業の中国事業上の制約となることが懸念される法規制の強化も進んでおり、引き続き注意しなければならない。

■広範かつ巨額の企業支援

「振興」では、中国の場合、西側諸国とは企業支援のあり方や規模が大きく異なる。2015年に策定された「中国製造2025」に代表されるように、重点的に支援する戦略産業を定め、多額の資金を投入してきた。米戦略国際問題研究所（CSIS）によれば、2019年の中国の産業政策支出は2480億ドルに達し、米国の約3倍、日本の約9・5倍の規模になっている。その支援対象も、半導体やEVなど広範な分野に及んでいる。半導体では、「国家集成電路産業投資基金」という国策ファンドがこれまで3期にわたって立ち上げられている。2024年5月に設立された第3期基金は、これまでで最大の3440億元（約7兆4000億円）が投じられている。こうした国内産業への巨額の支援は、国内市場で競合する外資企業を窮地に追い込み、低価格による輸出で他国市場を侵食しているとして、先進諸国だけでなく、新興国からも批判されている。

中国は、「科学技術の自立自強」を図り、西側諸国に依存してきた技術面で自律性を強化し、西側諸国による圧力への耐性を高めることに努めている。その目的のために、日本を含む西側諸国企業に強制的に技術移転を求めていると、西側諸国は問題視している。さらに、中国は、他国が中国に経済的に依存する状況をつくり出すことにより、他国が中国の利益に反する行為に及ぶことを抑止し、そうした行為があった場合には経済的威圧によってこれを撤回させることを狙っているとみられている。

■ 経済力を背景にしたグローバルサウス諸国との連携強化

中国は「連携」にも積極的だ。習近平政権下の中国は、その経済力を背景に、「人類運命共同体」の構築を掲げて米国主導の国際秩序の変革を求め、国際社会での影響力拡大に努めている。中でも、グローバルサウス諸国との連携強化を熱心に進めている。

中国は、「一帯一路」プロジェクトやアジアインフラ投資銀行（ＡＩＩＢ）を通じて、アジア・アフリカ諸国のインフラ整備を支援し、関係を深めている。ＡＩＩＢによれば、メンバーは１１０カ国に及び、これまでに３０３のプロジェクトに約６００億ドルを投じている。

また、ロシアのウクライナ侵攻後、ロシアとの関係が深まる中で、中ロがともに参加するＢＲＩＣＳや上海協力機構（ＳＣＯ）などの多国間枠組みの拡大・強化を図っている。10カ国に拡大したＢＲＩＣＳは、ＧＤＰは約29兆ドルで世界の約27％、人口は約39億人で約48％を占めている（２０２３年）。すでに見たように、ＢＲＩＣＳ加盟を希望する新興国は少なくなく、さらなる拡大が見込まれる。2024年10月に開催されたBRICS首脳会議には、36カ国が参加した。北大西洋条約機構（NATO）加盟国であるトルコも参加し、加盟への関心も示した。SCOは、中央アジア諸国やインド、イランなど10カ国で構成され、サウジアラビアやトルコなど16カ国がパートナー国やオブザーバー国として参加している。

こうした連携強化により、中国は国際社会での影響力を増大するとともに、食料や重要鉱物、エネルギー資源を確保し、中国製品の輸出市場を拡大している。

「保護」「振興」「連携」で進む分断

本章では、日本、米国、EU、中国による経済安保確保の動きを示したが、「保護」「振興」「連携」に取り組んでいるのはこれら諸国に限ったことではない。特に、オーストラリア、英国、カナダ、韓国などの先進民主主義国は、程度の差はあれ、同様の政策を積極的に進めている。その結果、これら民主主義陣営と中国をはじめとする権威主義陣営の間でモノやヒト、カネ、データ、技術などの流れの分断が進んでいる。

米中間では、米国が先端半導体などに関する対中輸出管理を厳格化すると、これに中国がガリウムやゲルマニウムなどの輸出管理の強化で対抗するという応酬が繰り広げられてきた。これは、一方の「保護」の強化が他方の対抗措置を招き、両者間の貿易を縮小へと向かわせている代表例だ。

中国の大規模な「振興」は、国内企業による過剰生産を引き起こし、中国市場で外資企業を苦境に陥らせ、撤退する企業も現れている。さらに、中国市場からあふれ出た製品が自国市場に流れ込むことを阻止するために、先進民主主義諸国などが中国からの輸入に高関税を課している。典型例はＥＶだ。米国は、２０２４年９月から中国からのＥＶ輸入に１００％の制裁関税を課し、カナダもこれに追随した。ＥＵも、中国政府による補助金を相殺するための関税を中国製ＥＶに課している。中国は、これに対抗するため、これら諸国の主要輸出産品にアンチ・ダンピング関税を課すなど、輸入を制限する動きを見せている。こうした関税合戦が今後拡大していくとみられ、日本企業のビジネスにも制約を課すことになるだろう。

それに加えて、日本企業は、政府の支援を受けた中国企業と世界各国の市場で競わなければならない。西側諸国市場から排除された中国企業・製品が新興国市場に向かう動きに拍車が掛かり、ＡＳＥＡＮなどの市場で中国企業・製品との競争が今後一層激しくなると見込まれる。

民主主義陣営と権威主義陣営がそれぞれ「連携」を強化し、フレンド・ショアリングを進めれば、サプライチェーンから互いを排除することになり、陣営間の貿易投資は制限される。

このように、世界各国が自国の経済安保の強化を進めることが、世界経済、特に、民主主義陣営と権威主義陣営の分断を深めることにつながる。この動きはメガトレンドの現れであり、各国の政権交代などの政治状況によって一時的に弱まったり、激しくなったりしながら、続いていくだろう。「スモールヤード・ハイフェンス」によって、この分断が経済安保上、真に必要な範囲・水準に限定されることが、世界経済にとっても、日本企業のビジネスにとっても重要となる。

この章の重要ポイント

■日本の経済安保確保の取り組みは、これまでの外為法の拡充によるものに加え、経済安全保障推進法の成立によって新たな段階に入った。企業は、政府による支援（アメ）と規制（ムチ）をうまく活用していく必要がある。

■米国は、中国を念頭に置いた経済安保の確保を進めてきた。日本企業は、強化が続く貿易投資規制に対応しつつ、第2期トランプ政権下で加速する米国第一・保護主義的な動きにも対処しなければならない。

■EUは、貿易投資規制の強化や経済的威圧への対処とともに、気候変動対策と一体となった産業政策により、EU域内の技術・産業基盤の振興を図っている。対中経済関係などで加盟国の足並みがそろっていないため、今後の政策動向を注視する必要がある。

■中国では、米国と似た貿易投資規制が近年整備され、米国などによる対中規制に対抗する形でその強化が進んでいる。日本企業は中国の規制に対処しつつ、政府の支援を受けた中国企業と、中国国内や他国市場で競わなければならない。

■各国が経済安保確保のために「保護」「振興」「連携」を進めることは、世界経済、特に、民主主義陣営と権威主義陣営の分断を深めることにつながる。この分断が経済安保上、真に必要な範囲・水準に限定されることが重要だ。

第5章

企業が直面する10大地政学・経済安保リスク

地政学・経済安保の三つのメガトレンドによって引き起こされる、日本企業にとっての事業活動上のリスクが、すでにいくつも生じている。今後、これらのリスクが拡大や深刻化したり、新たなリスクが生じたりするのは明らかだ。企業は、それらのリスクを見極め、対策を講じていかなければならない。そのためには、リスクの「仕分け」が重要だ。例えば、生じる可能性が高く、自社のビジネスに重大な影響を及ぼしかねないリスクには、コストをかけてでも入念な事前準備が必要となる。他方、生じたとしても影響が軽微だったり、事後的な対応で済むものには、事前に人手やコストをかける必要はないかもしれない。いざというときに右往左往しないためにも、リスクの発生可能性や事業への影響度などに応じ、平時からリスクを仕分け、ＢＣＰ（事業継続計画）の策定や見直しなどを進めておくことが肝心だ。

本章では、ビジネスへの影響という観点から、企業が備えるべき「10大地政学・経済安保リスク」を取り上げる（図表５・１）。ロシアのウクライナ侵攻や米中対立の激化、あるいは、中東情勢の悪化など、リスクが顕在化するきっかけとなるイベントは多様で、今後起こるかもしれないイベントを予見するのは難しい。しかし、それによって生じる事業上のリスクは類型化することができる。本章ではこれを10点にまとめ、実際に生じた事例や想定されるリスクを解説する。さらに、第６章では、企業の部門別に、直面するリスクへの対応策を示す。

図表5・1　企業が直面する10大地政学・経済安保リスク

	リスクの種類	リスクの顕在化例
1	サプライチェーンの混乱	電線企業A社は、ロシアのウクライナ侵攻を受け、ウクライナの自動車用ワイヤハーネス工場での生産を停止、ルーマニアとモロッコの工場に生産ラインを増設して代替生産を開始した。投資額は百数十億円
2	研究開発・技術管理の制約	電子部品企業B社は、特定社会基盤事業者への納入に当たり、経済安全保障推進法順守の観点から、協業中の中国企業が有する特許技術の使用を諦め、代替技術の検討などを余儀なくされた
3	M&Aの阻害	建築材料・住宅設備機器メーカーC社は、伊建築事業子会社の中国企業への譲渡を決定したが、米国の対米外国投資委員会（CFIUS）の承認を得られなかったためこれを断念し、譲渡契約を解除した
4	ビジネスチャンスの喪失	航空・宇宙事業を手掛けるD社は、機微技術に関連する入札の参加条件であるセキュリティー・クリアランスを保有していなかったため宇宙分野の国際入札の説明会に参加ができず、門前払いに
5	サイバーリスクの高度化	日本の港湾コンテナターミナルのシステムがロシアを拠点とするハッカー集団のサイバー攻撃を受け、同ターミナルからのコンテナの搬入・搬出が約3日間停止し、約2万のコンテナの搬入が遅延した
6	DXの停滞	自動運転研究開発のE社は、中国法により中国内で取得した車両移動のデータを中国外に持ち出せなくなり、グローバル拠点にデータを集約して研究開発することができなくなった
7	戦争・人権侵害への加担	工作機械メーカーF社のドイツ子会社は、ウクライナ国家汚職防止庁によりロシアの軍事産業へ製品を供給したとして「戦争支援企業」リストに掲載され、レピュテーションリスクが生じた
8	従業員の逮捕・拘束	製薬企業G社の中国駐在の日本人社員が、帰国間際にスパイ容疑により当局に拘束された。日本政府は早期解放を求めたが、7カ月後に逮捕、さらに10カ月後に刑法および反スパイ法違反により起訴された
9	リスクマネジメントのキャパオーバー	電機メーカーのH社は、中国が重要鉱物の輸出規制を公表した際、自社への影響を調査して対策をまとめようとしたが、関連部門間の連携が円滑に進まず、着手から報告までに長期間を要した
10	「板挟み」のグローバル経営	欧州のアパレルI社は、人権侵害の批判が高まっていた中国・新疆ウイグル自治区産綿花の不使用を表明したところ、中国で不買運動が発生し、売り上げが減少した

出所　報道などをもとに、オウルズコンサルティンググループ作成

10大リスク①サプライチェーンの混乱

地域紛争や制裁による供給途絶

地政学・経済安保リスクといえば、サプライチェーンの混乱が最初に思い浮かぶだろう。1973年に第4次中東戦争を契機に生じた石油危機は、その典型例だ。ロシアのウクライナ侵攻やパレスチナ自治区ガザでの武力衝突などの中東情勢の悪化を見て、エネルギー供給が不安定化することを懸念した人も多いだろう。実際、2022年2月のロシアのウクライナ侵攻後には、西側諸国による対ロ制裁の影響もあり、石油や天然ガスの価格は一時大きく上昇した。

また、ロシアやウクライナが主要供給国であるネオン（半導体製造用ガス）やパラジウム（自動車排ガス触媒、半導体メッキ）などの調達に支障が出ることが懸念された。住友電気工業などは、ウクライナでのワイヤハーネス生産を停止し、輸出も途絶えた。それによって、欧州での自動車生産が減産や停止に追い込まれた。

2023年11月には、ガザ情勢が飛び火した紅海で日本郵船の自動車輸送船がイエメンの反政府武装組織フーシ派に拿捕《だほ》され、乗組員25名が拘束された（2025年1月解放）。フーシ派による紅海を通航する船舶への襲撃が続き、これに米英軍がミサイル攻撃などで反撃したため、欧州からスエズ運河・紅海を経てアジアへ向かう航路は安全な運航が不可能になった。日本貿易振興機構（ジェトロ）によれば、同航路は世界の貿易量の約12％、欧州・アジア間のコンテナ輸送の3分の1が航行する要所だ。日本郵船、商船三井、川崎汽船などの日欧の海運会社は、紅海の通航を停止し、大きく迂回する喜望峰ルートに変更した。これにより、欧州・アジア間の運航期間は2、3週間延び、運賃も大幅に上昇した。これは、日本国内で欧州産品の値上げの一因となった。

様々なリスクの中で特に日本企業が注目しているのは、台湾有事だ。台湾が世界の大供給拠点である半導体の供給停止を心配する企業は多い。2023年5月の議会証言で、アヴリル・ヘインズ米国家情報長官（当時）は、中国の台湾侵攻によってTSMCの先端半導体生産が停止した場合、最初の数年間は年間6000億ドルから1兆ドルの損失を世界経済に与えるとの試算を示した。台湾侵攻に至らずとも、中国が軍事的・経済的威圧による「強制的平和統一」を目指す中で台湾海峡が封鎖されれば、日本をはじめとする世界の物流に甚大な悪影響が及ぶ。台湾で頼清徳総統が就任した2024年5月以降、中国人民解放軍が台湾を包囲する軍事演習を繰り返すなど、中国による台湾への軍事的な圧力も強まっている。

さらに、こうしたサプライチェーンの混乱が食料やエネルギー価格の高騰を招き、新興国や途上国の政情不安につながることも少なくない。ロシアのウクライナ侵攻後の小麦などの価格高騰は、中東・アフリカの一部諸国で人々の生活に深刻な危機をもたらした。国民の生活苦は政府への批判となり、政情不安を招く。それは時に武力衝突にも至る。また、苦境から逃れるために移民や難民として人々が周辺国へ流れ込むと、それが受け入れ国で政治問題となり、国内の分断が深まるおそれもある。こうした連鎖がさらなるリスクを生じさせる。

経済制裁による事業停止や撤退も

ロシアに対し、G7諸国をはじめとする西側諸国は経済制裁を段階的に強めていった。米国やEUは、軍事転用可能な先端技術品目やロシアの産業基盤強化に関連する品目の輸出禁止、エネルギー（原油や天然ガスなど）や鉱物資源の輸入禁止など、段階的に対象を拡大していった。日本もこれら諸国と協調し、同様の措置をとっている。これらの措置は、中国やインドなどの第三国企業を通じた迂回輸出の禁止へと強化されている。また、ロシアの金融機関を国際決済ネットワークである国際銀行間通信協会（SWIFT）システムから排除する金融制裁も科している。

こうした西側諸国による対ロ制裁もあり、ロシアから撤退したり、事業を一時停止したりする日本企業も少なくない。ジェトロが2024年2月に実施したアンケート調査によれば、「撤退済み・撤退の手続き中」が1社（1・6％）、「全面的な事業（操業）停止（いわゆる休眠を含む）」が16社（25・4％）、「一部事業（操業）の停止」が22社（34・9％）、「通常通り」が22社（34・

9％）となっている。撤退には、資産売却時に当局の許可が必要なのに加え、売却価格を市場価格の40％以下とすること、市場価格の35％以上を政府に納付するなどの厳しい条件がある。撤退企業が納付金を支払う場合、最大でも市場価格の5％しか手元に残らないことになり、撤退の決断は容易ではない。日産自動車は2022年10月、ロシアの現地製造子会社を1ユーロで売却し、事業撤退に伴う特別損失1105億円を計上した。

■米中対立の常態化によりサプライチェーンの再編が必要に

短期間の自然災害や地域紛争など、サプライチェーンの混乱が一時的なものであれば、原因が取り除かれて原状に復することが期待される。しかし、事業の撤退や継続不能など、混乱が中長期的に続くことが想定される場合は、サプライチェーンの再編が必要となる。

日本企業が直面しているその最たる例が米中対立の常態化だ。米中対立は、一時的な緩和と激化を繰り返しながら、中長期的に続いていくとみられている。また、米中対立は、民主主義諸国と権威主義諸国の対立へと戦線が拡大している。日本を含む西側諸国は、中国に対する経済的・技術的優位性を確保し、軍事転用可能な機微技術の中国への流出を防ぐため、輸出管理や投資審査を強化している。その結果、日本企業の中国ビジネスに制約が生じている。

米国は、先端半導体やその製造装置などの機微技術・製品を中心に、輸出管理品目を拡大したり、規制の厳格化を進めたりしている。特に、日本企業から懸念の声が上がっているのが、外国直接製品規則（ＦＤＰＲ）の適用拡大だ。同規則は、米国外、例えば、日本国内で製造された製品でも、その製造過程で特定の米国製技術・ソフトウエアを用いている場合には、米国の輸出管理の対象になるというもので、同製品を日本から中国に輸出する場合にも米当局の許可が必要となる。同規則は、２０２０年5月にファーウェイ向けに適用されたが、同志国から機微技術・製品が中国へ輸出されるのを防ぐため、米国はこの適用の拡大に動いている。２０２２年10月の先端半導体・スーパーコンピューター関連の対中輸出管理強化では、対象製品に同規則が適用され、２０２４年12月にも対象が高帯域幅メモリ（ＨＢＭ）などに拡大された。

輸出管理法令に基づき、国家安全保障や外交政策上の懸念があるとして、輸出などの取引が制限される企業を列挙した「エンティティー・リスト」への中国企業の追加も相次いでいる。米商務省の発表によれば、バイデン政権は２０２４年5月までに歴代政権で最多となる３５５の事業体を追加し、同年12月には新たに１４０の事業体を追加した。これら企業との取引は、米輸出管理法令の対象となる場合があるので、注意が必要だ。

西側諸国は、中国による経済的威圧への耐性を高め、重要物資の安定供給を確保するため、輸入制限や関税の賦課、調達先の多様化によって中国への依存度の引き下げを目指している。同時に、単に輸入相手国が中国から他国に替わるのではなく、国内生産によって自律性を高めようと、政府主導の産業政策による国内製造基盤の強化や、国内企業の保護・育成や外資誘致を積極的に進めている。その主な対象は、半導体などの機微技術や、蓄電池などの脱炭素関連技術だ。

特に対中依存度の高い日本にとっては、これは重要な課題だ。その事例としてよく取り上げられるのが、2010年9月に起きた尖閣諸島沖での中国漁船衝突事件に端を発した中国による対日レアアース輸出の「停滞」である。中国政府は対日禁輸措置を否定したが、実際に対日輸出は大きく減少し、日本では事件に対する中国の報復措置だとみられた。当時、日本のレアアース輸入の対中依存度は約9割であり、その用途の広さから日本国内での関連産業への影響が懸念された。「停滞」は2カ月ほどで解消されたが、事件前からの中国による世界向けのレアアース輸出制限の問題は残った。その後、同措置を問題視した日米EUがWTOに申し立て、2014年8月に中国の敗訴が確定し、2015年5月に中国が措置を撤回するという経緯をたどった。

この問題は、経済安保を考える上で多くの示唆を残したが、特定国への過度の依存の危険性を白日の下にさらした。日本は本件をきっかけに、レアアースの調達先の多様化を図った結果、対中依存度は約6割まで低下した。また、レアアースの使用量削減やリサイクルも進めてきた。

最近では、東京電力福島第1原子力発電所の多核種除去設備（ALPS）処理水の海洋放出を巡り、中国は2023年8月に日本からの水産物輸入を禁止した。日本はホタテなどの輸出で大きな打撃を受けた。つまり、輸入だけでなく輸出でも、対中依存度を引き下げ、販売先を多様化するためのサプライチェーンの再編が必要ということだ。日本の場合、対中依存度の高い品目が多いので、最大の課題は対中依存度の引き下げだが、中国に限らず、特定国への過度の依存はリスクとなる。調達先や市場の多様化を図るためのサプライチェーンの再編が重要なのは、これらの例から明らかだ。

また、中国によるレアアース輸出制限が、中国への技術移転につながったと指摘されている。ネオジム磁石を製造する日本企業が原料の安定調達のため、中国企業との合弁で現地生産を始めた。これによって、中国企業の高性能磁石の製造技術が向上し、日本企業の競争力が低下したといわれている。サプライチェーンの再編に際しては、技術流出リスクの検討も欠かせない。

中国の過剰生産でASEAN市場での競争激化

対中依存度を引き下げるために調達先や市場をどこに求めるか。日本企業へのアンケートの結果などを見ると、ASEAN諸国が有力な候補となっている。しかし、そのASEAN市場で中国企業との競争が激しくなることには注意しなければならない。

米国やEUは、中国政府による巨額の補助金によって中国企業の過剰生産が生じたことが、中国国内市場で競合外資企業を窮地に追い込んでいると批判している。実際、日本企業を含む一部企業は中国市場からの撤退を余儀なくされた。また、低価格輸出により、中国企業が他国市場を侵食しているとの批判の声は、新興国からも上がっている。

半導体や太陽光パネルなどとともに、その代表例として指摘されるのがＥＶだ。米国やＥＵは、これを放っておくと国内の自動車メーカーが淘汰され、対中依存度が高まってしまうため、中国製ＥＶに高関税を課し始めた。ＥＵは２０２４年７月から補助金相殺関税を暫定的に発動し、同年10月には最高35・３％を5年間、通常関税10％に上乗せすることを決定した。米国は同年9月に、対中３０１条制裁関税を25％から１００％へと引き上げた。

ＥＵの域内ＥＶ販売に占める中国製ＥＶのシェアは2割を超えているが、その多くは米テスラや欧州メーカーの中国生産車であり、比亜迪汽車（ＢＹＤ）などの中国ブランド車は１割に満たない。しかし、中国のＥＶメーカーは高関税を避けるためもあり、ＥＵ域内で工場建設を進めているため、ＥＵ域内での中国メーカーへの警戒心は高まっている。また、米国のＥＶ輸入に占める中国製ＥＶの割合は１・５％にすぎないが、予防的に関税が引き上げられた。隣国カナダもこれに追随した。こうして北米市場などから排除された中国製ＥＶは、第三国市場に向かうことになる。その向かう先として最有力なのがＡＳＥＡＮ市場であり、中国製ＥＶが日本車のシェアをすでに侵食し始めている。中国市場での採算悪化によって撤退した日本企業は、ＡＳＥＡＮ市場でも中国企業との激しい競争に巻き込まれることになるだろう。

人権・環境問題で輸出が停止

サプライチェーンの再編を進める際には、人権と環境の問題も十分に考慮しなければならない。経済安保確保のために実施したサプライチェーンの再編が、人権・環境保護への対応のために再々編を余儀なくされることがないようにするためだ。

サプライチェーンからの強制労働や児童労働の排除は、民主主義諸国で法的義務化が進んでいる。特に米国は、人権保護を国家安全保障上の重要課題として、輸入禁止などの措置を積極的に展開してきた。2021年1月には、ユニクロの綿製シャツが中国での強制労働による綿の使用を理由に米税関で差し止められた。ユニクロ（ファーストリテイリング）はこれを否定したものの、当局は認めなかった。

日本企業が高い関心を寄せるのが、米国のウイグル強制労働防止法（UFLPA）だ。同法は、中国・新疆ウイグル自治区において全部または一部が採掘、生産、製造された物品はその製造過程で強制労働があったと推定し、原則輸入を禁止している。2022年6月の適用開始以降、2024年12月1日までに1万1334件が差し止められ、その約4割に当たる4899件、8・3億ドル相当分が輸入を却下されている。輸入が認められなかった製品の内訳は、電気製品が7割強を占め、産業用原材料、機械類がこれに続いている。輸出国では、ベトナム、マレ

図表5・2　ウイグル強制労働防止法（UFLPA）に基づく輸入否認の内訳

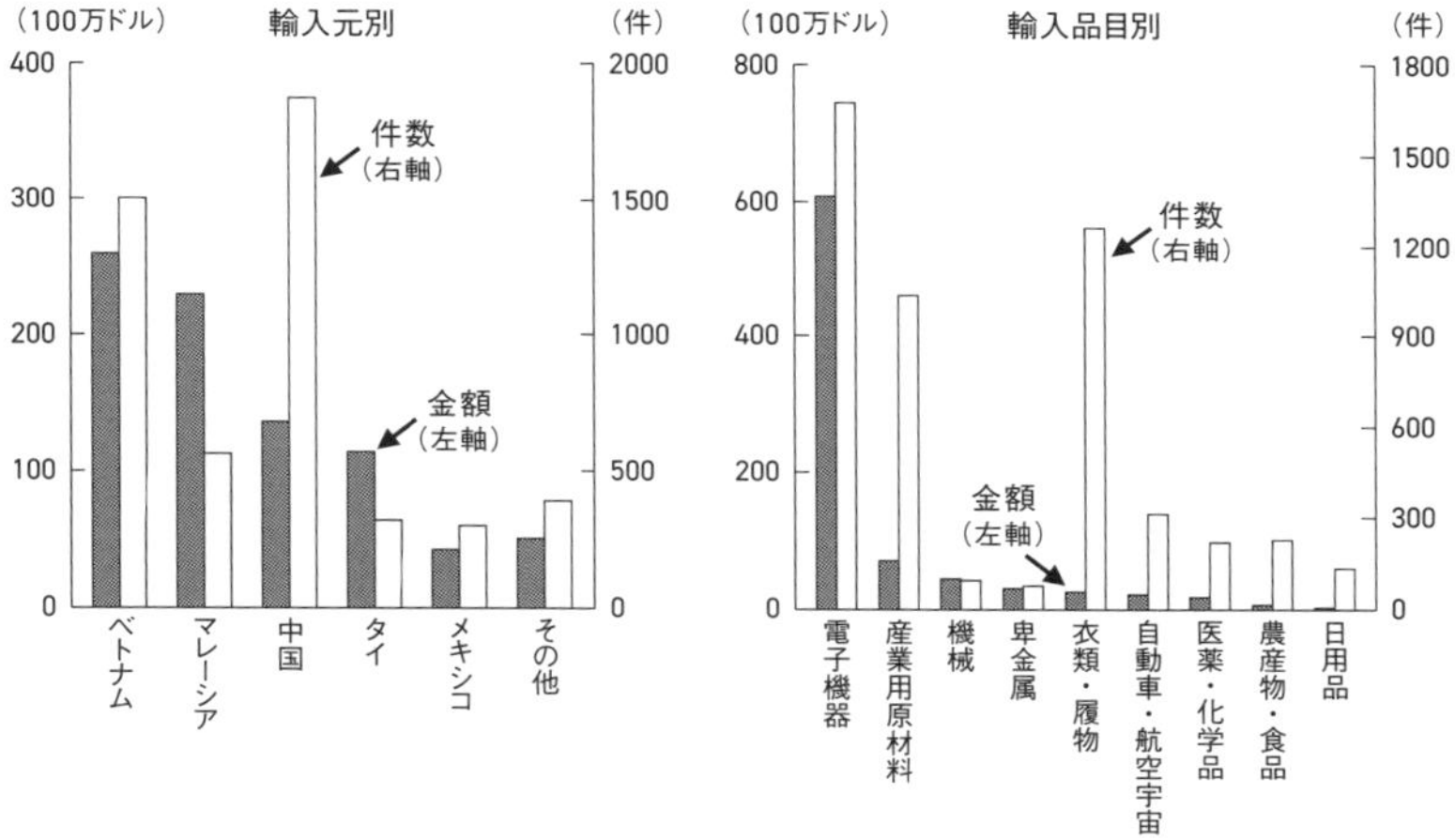

注　2024年12月1日現在。
出所　US CBP, Uyghur Forced Labor Prevention Act Statisticsより、オウルズコンサルティンググループ作成

ーシア、中国、タイの順となっている（いずれも金額ベース、図表5・2）。これは、中国・新疆ウイグル自治区製の原材料・部品がベトナムやマレーシアに輸出され、そこで組み立て・加工された製品が米国に輸出されていることを示している。2024年2月には、独フォルクスワーゲンの自動車（ポルシェやアウディ）数千台がUFLPA違反で米税関に差し止められた。同社は、問題となった電子部品を交換して輸入を認められたが、納車の遅延が生じた。

環境保護の観点でも、脱炭素関連の規制が今後増えていくと見込まれている。製造過程で二酸化炭素排出量が多い製品は、購入補助金の対象外とする、あるいは、輸入時に関税を課したり輸入を制限したりする、といった措置が想定されている。こうした規制の影響も、サプライチェーン再編の検討時には考慮しなければならない。

中国による対抗・報復措置のターゲットになることも

西側諸国の対中規制の強化や中国の利益を害する行為に対し、中国も黙ってはいない。日本に対する事例はすでに触れたが、近年の例ではオーストラリアへの経済的威圧がある。

2020年4月にオーストラリア政府が新型コロナウイルスの発生源について調査を求めたことに反発した中国は、豪州産大麦に対してアンチ・ダンピング関税（73・6％）と補助金相殺関税（6・9％）の合計80・5％の関税を課した。また、豪州産石炭の輸入を制限し、2020年12月からは輸入量がゼロの状態が続いた。さらに、豪州産ワインには、2021年3月に最大218・4％のアンチ・ダンピング関税を課した。その結果、中国の豪州産ワイン輸入額は、2019年の8・6億ドルから2023年には341万ドルまで減少し、豪州ワイン業界は大打撃を受けた。

関税以外の措置の例もある。2023年3月、中国当局はサイバーセキュリティー法などに基づき、米マイクロン・テクノロジーへの審査を開始し、5月に同社製品は国家安全上のリスクがあるとして、中国内の「重要情報インフラ運営者」が同社製品を使用することを禁じた。この措置は安全保障上の理由からとされているが、米国が同社と競合する長江存儲科技（YM

TC）や長鑫存儲技術（CXMT）などへの規制を厳格化したことへの事実上の対抗措置とみなされている。この措置が決まった後、マイクロン製品を韓国のサムスン電子やSKハイニックスが代替しないよう、米国政府が韓国政府に要請したとの報道もある。

これらの事例は、国家間の関係悪化や政府による規制に端を発しており、企業がこれを予測し、回避することは極めて難しい。しかし、このような形で突然貿易が制限されるリスクがあることを想定し、平時から対策を講じておくことが重要だ。

10大リスク②研究開発・技術管理の制約

多様化する技術流出リスク

日本企業がイノベーションを促進し、技術力を向上させるために、外国企業・研究機関との共同研究開発は重要だ。中国との間でも、自動車、情報通信、医薬・バイオなど、多方面で共同研究開発が実施されている。しかし、地政学・経済安保リスクが高まる中で、こうした国際共同研究開発では、これまで以上に技術流出への警戒が必要だ。

公安調査庁作成の『経済安全保障の確保に向けて２０２２』は、日本国内でも懸念国企業などが適正な経済活動や研究活動を装って企業や大学などに近づき、自国の製造能力や技術向上に必要な技術やデータ、製品などを入手する事案が発生しているため、「こうしたリスクを正しく認識した上で、官民が連携して経済安保の確保に向けた取組を実施し、技術・データ・製品等の流出を未然に防止することが何よりも重要」だと警鐘を鳴らしている。同文書は、技術流出の経路として、①投資・買収、②不正調達、③留学生・研究者の送り込み、④共同研究・共同事業、⑤人材リクルート、⑥諜報活動、⑦サイバー攻撃を挙げている。

日本政府も、外為法改正による輸出管理の拡充や対内投資審査の強化、経済安全保障推進法の施行、経済安保分野におけるセキュリティー・クリアランス制度の導入などによって、技術流出防止のための法規制の整備を進めてきた。例えば、外為法上の投資審査における「コア業種」（事前届け出が必要となる業種（指定業種）のうち、国の安全を損なうなどのおそれが大きいとして事前届け出免除を原則利用できない業種）に、半導体製造装置、先端電子部品などの経済安全保障推進法上の「特定重要物資」に該当する製造業が追加された。これらの「コア業種」や「特定重要物資」が、流出に特に注意しなければならない機微技術といえるだろう。これらに関する国際共同研究開発に取り組む際には、細心の注意が必要だ。

こうした動きの中で、2022年5月に施行された「みなし輸出管理の運用明確化」にも注意しなければならない。外為法では、日本国内での居住者から非居住者への技術提供も輸出とみなされるため、「みなし輸出」と呼ばれる。つまり、社内での日本人社員から非居住者である外国人への研修や指導による技術提供でも、「輸出」とみなされる場合があるということだ。

以前は、入国後6カ月を経過した外国人や、日本国内の事務所に勤務する外国人は居住者として扱われたが、この運用明確化により、①雇用契約等の契約に基づき、外国政府等・外国法人等の支配下にある者、②経済的利益に基づき、外国政府等の実質的な支配下にある者、③国内において外国政府等の指示の下で行動する者への技術提供が「みなし輸出」管理の対象となった。例えば、外国政府から過去に貸与された留学資金について雇用後に返済免除された従業員や、外国大学と兼業をしている日本の大学の教職員などが該当する。企業は、従業員の採用や大学との共同研究の開始などに際しては、「みなし輸出」に該当することがないかに留意しなければならない。経済産業省は、「みなし輸出を含む安全保障貿易管理は従来、主として企業や大学の輸出管理部門が対応することが多い分野であったが、今般の運用の明確化に伴い、人事部門や法務部門などと協力して対応する必要性も生じ得る」と説明している。

産業技術総合研究所（産総研）の中国籍の元研究員による研究データ漏洩事件（不正競争防止法違反）を契機に、研究機関や企業に「営業秘密」の管理強化を求める声も高まっており、重要技術の漏洩防止は企業にとって喫緊の課題だ。

■国際共同研究開発でも経済安保を考慮した相手選びが不可欠

国際共同研究開発に取り組む際には、開発された技術や製品の最終用途（エンドユース）や最終需要者（エンドユーザー）を考慮して、経済安保上のリスクがない相手を選ぶ必要がある。さもなければ、せっかく開発した技術や製品を想定していた顧客に納入できなくなるおそれがある。想定顧客が基幹インフラ関連の事業者や、政府調達に参加する企業の場合には、特に注意が必要だ。

経済安全保障推進法の「特定社会基盤役務の安定的な提供の確保に関する制度」では、基幹インフラを担う延べ213の事業者が「特定社会基盤事業者」に指定されている（2024年末現在）。同事業者の保有する設備に不正な機器やプログラムなどのバックドアが仕掛けられていれば、基幹インフラがサイバー攻撃によって機能不全に陥ることになりかねない。これを防ぐため、特定社会基盤事業者が重要設備を導入する際などには事前に政府の審査を受けなければならない。また、特定社会基盤事業者に重要設備の部品などを納入している企業も、審査対象となる場合がある。審査では、企業の設立準拠法国や株主構成、役員の国籍、外国政府などとの取引関係の記載や、リスク管理措置が講じられているかの確認などが求められる。これらの審査項目からは、懸念国の経営への関与や、懸念国との資本関係や取引実績などに基づいて、重要設備の安全性が審査されることがわかる。

政府調達については、2018年12月に策定され、その後何度か改訂されている「IT調達に係る国等の物品等又は役務の調達方針及び調達手続に関する申合せ」がある。ここでは、サイバーセキュリティー対策の向上のため、サプライチェーン・リスクに対応することが必要であるとして、政府機関などの重要な情報システム・機器・役務などの調達では、それらの提供事業者や製品・役務について、情報の窃取や破壊、機能停止などの原因になることがないよう必要な措置を講ずることが求められている。

これらの法規制・措置には、特定の国を名指しして懸念を示したものはない。しかし、米国やEUがファーウェイなどの中国企業を基幹インフラや政府調達から排除していることに触れ、日本の法規制・措置も中国を念頭に置いたものであると明言する政府関係者もいる。「申合せ」が策定された際には、「日本政府が中国通信機器大手の華為技術（ファーウェイ）と中興通訊（ZTE）の製品を政府調達から事実上排除する方針を決めた」と報じられた。

日本企業には、情報通信分野などで技術力のある中国企業・研究者と共同研究開発に取り組んでいる例も少なくない。しかし、その製品・技術によっては、基幹インフラ関連の事業者や政府調達に参加する企業に納入できないかもしれない。

国や企業を名指しして中国製品・技術を排除している米国の場合は、そのリスクはさらに高まり、輸出管理上のコンプライアンス・リスクにも細心の注意が必要だ。さらに、バイデン政権下で実施されたインフレ抑制法（IRA）に基づくEV購入時の税額控除は、EVのバッテリーに含まれる重要鉱物やバッテリーの構成部材が中国などの「懸念外国企業」で製造されたものではないことを要件とした。また、米フォード・モーターが中国電池大手の寧徳時代新能源科技（CATL）から技術提供を受けて米国内にEV向け電池工場を建設していることに対して、米議会から中止を求める声が上がった。

このように、国際共同研究開発の相手選びでは、開発される技術・製品のエンドユースやエンドユーザーを十分に考慮した、経済安保の観点からの検討が不可欠だ。研究開発においても、同志国と連携するフレンド・ショアリングが重要となる。

■補助金は「タダ」ではない

現在日本では、半導体をはじめとする重要物資の研究開発や国内製造基盤の拡充のために多額の支援が提供されている(図表5・3)。経済安全保障推進法などに基づく12の特定重要物資への支援措置は、令和6年(2024年)度予算までに2兆円を超える額が確保され、2024年11月時点で106件への支援が認定されている。同月に閣議決定された経済対策には、2030年度までの7年間で半導体・人工知能(AI)分野に10兆円以上の公的支援をすることが盛り込まれた。

企業にとっては魅力的な補助金だが、当然「タダ」ではない。補助金支給には、いくつかの要件が課されている。例えば、①10年以上継続生産すること、②需給が逼迫した場合に対応すること、③供給能力の維持または強化のための継続投資が見込まれること、④地域経済への貢献や雇用創出効果が認められることなどである。支援を受ければ、その事業への制約が伴うこ

図表5・3　日本政府の半導体製造支援（例）

事業者	認定年月	場所	主要製品	生産能力	設備投資額	最大助成額
JASM（TSMC）	2022年6月	熊本県菊陽町	ロジック半導体（22/28nm・12/16nm）	5.5万枚/月	86億ドル規模	4760億円
キオクシアウエスタンデジタル	2022年7月	三重県四日市市	3次元フラッシュメモリ（第6世代製品）	10.5万枚/月	約2788億円	929.3億円
マイクロンメモリ	2022年9月	広島県東広島市	DRAM（1β世代）	4万枚/月	約1394億円	464.7億円
マイクロンメモリ	2023年10月	広島県東広島市	DRAM（1γ世代）※EUV導入で生産	4万枚/月	約5000億円	1670億円
キオクシアウエスタンデジタル	2024年2月	三重県四日市市岩手県北上市	3次元フラッシュメモリ（第8・9世代製品）	8.5万枚/月	約4500億円	1500億円
JASM（TSMC）	2024年2月	熊本県菊陽町	ロジック半導体（6nm・12nm）	4.8万枚/月	122億ドル規模	7320億円
ラピダス	2022年11月 2023年4月 2024年4月	北海道千歳市	高集積最先端ロジック半導体の製造技術開発	2025年パイロットライン稼働 2027年量産開始		9200億円

出所　経済産業省資料、報道、各社発表資料より、オウルズコンサルティンググループ作成

とは覚悟しなければならない。２０２４年９月に台湾半導体大手の力晶積成電子製造（ＰＳＭＣ）がＳＢＩホールディングスとの提携を解消し、政府からの補助金支給を前提とした宮城県での半導体工場建設を断念した件では、ＰＳＭＣはその理由の一つに日本政府による「10年以上継続生産」の要求を挙げていた。

米国では、いわゆる「ガードレール条項」がＣＨＩＰＳ及び科学法に盛り込まれた。これは、半導体製造・研究開発のための補助金を受けた企業は、①受給日から10年間にわたって中国などの懸念国でクリーンルームや生産ラインなどの増設によって既存施設の製造能力を、５％を超えて増強してはならない（ただし、レガシー半導体の製造で、生産額の85％以上が現地で使用・消費され

る最終製品に組み込まれる場合を除く)、②懸念外国企業との国家安全保障上の懸念をもたらす技術・製品に関する共同研究・技術供与を故意に行ってはならない、などを補助金支給の要件とするものだ。

日本の経済安全保障推進法の運用でもこれに似た要件が2024年3月に追加された。特定重要物資のうち、工作機械・産業用ロボット、航空機の部品、半導体、蓄電池、先端電子部品について、補助金支給要件に「技術流出防止措置」が設けられた。これは、補助金支給の対象となった技術(コア技術)の流出を防止するため、従業員や退職者、取引先の適切な管理に加え、技術移転によって外部依存が高まらないようにすることが求められている。具体的には、他者にコア技術などを提供する、他者とコア技術などに関する共同研究開発をする、他国でコア技術などに関する研究開発に取り組む、などの際には、経済産業省に事前に相談する必要がある。また、他国にコア技術などを用いた生産拠点を建設する、または、既存の生産拠点に設備投資して製造能力が10%を超えて増強される(ただし、その85%以上が現地で消費される場合を除く)場合にも、事前相談が求められている。

補助金を受けた企業は、中国などとの共同研究開発や現地拠点での製造能力増強で制約を受けるおそれがあることに留意しなければならない。

10大リスク③ M&Aの阻害

安全保障を理由にしたM&A不承認

クロスボーダーの企業買収（M&A）では、関係する国の当局による独占禁止法上の審査・承認が大きな課題だ。近年では、これに加えて安全保障上の理由から、当局の承認が得られない事例や、審査長期化により企業側が断念する事例が増えている。

日本では、2019年の外為法改正により、「国の安全等を損なうおそれがある投資に適切に対応していく」ため、外国投資家による「指定業種」に属する上場会社について株式取得時の事前届け出の対象が、従来の10%から1%に引き下げられた。また、役員就任や「指定業種」事業の譲渡・廃止を株主総会に提案するなど、外国投資家による経営に影響を及ぼす行為についても事前届け出の対象とされた。加えて、安全保障の観点から、サイバーセキュリティーに関連する情報処理・情報サービス業種が「指定業種」に追加された。「指定業種」とは、「国の安全を損ない、公の秩序の維持を妨げ、又は公衆の安全の保護に支障を来すことになるおそれがある対内直接投資等に係る業種」などで、インフラ関連に加え、「半導体製造装置等の製造業」や「工作機械・産業用ロボット製造業等」などが指定されている。財務省の「本邦上場会社の外為法における対内直接投資等事前届け出該当性リスト」には約2000社が「指定業種」の事業を営む企業として掲載されている。最近では、セブン&アイ・ホールディングスが「指定業種」に該当していることが、同社に対するカナダのコンビニエンスストア大手アリマンタシォン・クシュタールによる買収提案の際に話題となった。

米国では、第1期トランプ政権下で対米外国投資委員会（CFIUS）が、安全保障上の理由から、外国企業による米企業の買収を阻止する例がみられたが、いずれも中国に対する警戒感に根差すものだった（図表5・4）。

2017年のキャニオン・ブリッジ・キャピタル・パートナーズによる米半導体メーカー、ラティス・セミコンダクターの買収は、キャニオン・ブリッジと中国政府の関係が安全保障上のリスクをもたらすと判断され、大統領令によって禁じられた。また、2018年のシンガポール半導体大手ブロードコムによる米半導体メーカー、クアルコムの買収も禁じられた。これは、ブロードコムがクアルコムを買収すると、米国の5G技術の研究開発に支障が生じ、競合するファーウェイなどの中国企業が技術的優位に立ち、米国の安全保障に重大なリスクをもたらすとCFIUSが判断したためだった。

2020年には、中国企業に対して過去に買収した米企業の売却を命じる大統領令が発せられた。中国の情報システム企業、北京中長石基信息技術は2018年に同業の米ステインタッチを買収したが、中国企業がステインタッチの保有する顧客データや個人情報にアクセスでき

図表5・4　米大統領による買収阻止案件

実施年	大統領	買収企業	被買収企業・対象
1990	ジョージ・H・W・ブッシュ	中国宇宙航空技術輸出入公司（CATIC）【中国】	MAMCO（航空宇宙）
2012	バラク・オバマ	ロールズ・コーポレーション（三一重工子会社）【中国】	風力発電企業4社（オレゴン州の海軍施設近接）
2016	バラク・オバマ	福建芯片投資基金【中国】	アイクストロンSE（半導体）
2017	ドナルド・トランプ	キャニオン・ブリッジ・キャピタル・パートナーズ【中国】	ラティス・セミコンダクター（半導体）
2018	ドナルド・トランプ	ブロードコム【シンガポール】	クアルコム（半導体）
2020	ドナルド・トランプ	北京中長石基信息技術【中国】	ステインタッチ（ソフトウエア）
2020	ドナルド・トランプ	北京字節跳動科技（バイトダンス）【中国】	ミュージカリー（デジタル・プラットフォーム）
2024	ジョー・バイデン	マインワン・クラウド・コンピューティング・インベストメント【中国】	不動産（ワイオミング州の空軍基地近接）
2025	ジョー・バイデン	日本製鉄【日本】	USスチール（鉄鋼）

出所　米議会調査局・米政府資料、ジェトロ資料より、オウルズコンサルティンググループ作成

ることは安全保障上のリスクであるとして、トランプ大統領は北京中長石基信息技術にステインタッチを１２０日以内に売却するよう命じた。その後、ステインタッチは米ホテル運営大手ＭＣＲデベロップメントに売却された。

　こうした動きは米国に限ったことではない。２０２４年6月には、オーストラリア財務省が中国系投資ファンドなどに対し、レアアース開発会社ノーザン・ミネラルズの株式を60日以内に売却するよう命じている。同命令は、この措置は外国投資審査委員会（ＦＩＲＢ）の勧告に基づく国益保護のためのものだと述べている。買収側に中国系企業・投資家がいる場合は、米国に限らず、当局の許可が得られないリスクに注意が必要だ。

　中国当局の対応が、米企業による外国企業買収を断念させた例もある。２０１６年にクアル

コムは蘭NXPセミコンダクターズの買収計画を発表したが、中国当局の承認が得られず、これを断念した。また、米アプライドマテリアルズによる半導体製造装置メーカー、KOKUSAI ELECTRICの買収も、期限までに中国当局の承認を得られなかったことから、断念に至った。インテルがイスラエルの半導体受託製造会社タワーセミコンダクターの買収を断念したのも、中国当局の承認が得られなかったためだと報じられている。いずれも、ハードルとなったのは中国の独禁当局による審査長期化だったが、その背景には米中対立があったとみられている。

米当局が承認しない意外な理由

これらの例は、いずれも半導体関連技術や個人情報といった安全保障と密接に関係する領域で生じたものだが、一見、安全保障とは関係しそうもない企業買収が禁じられた例もある。

日本の建築材料・住宅設備機器メーカー、LIXILは、2017年8月に伊建築事業子会社を同業の中国・廣田控股集團に譲渡することを決定した。しかし、CFIUSがこれを承認せず、2018年11月に譲渡契約解除を発表した。安全保障の観点から審査するCFIUSが建材・建築事業を営む企業の中国企業による買収をなぜ阻止したのか、具体的な理由は明らかにされていない。被買収企業がアップル本社や米政府関連施設の建物の内外装を手掛けているため、同社が施工する建物の設計情報の流出や、盗聴設備が仕掛けられて重要情報が中国企業の手に渡ることを懸念したのではないかと推測されている。

日本製鉄によるUSスチールの買収を米国が禁じたことは、日米両国だけでなく、世界の注目を集めた。同盟国・日本の企業によるこの買収提案は、米鉄鋼業の技術力・競争力の向上につながるため、米国の安全保障上も有益だと評価され、被買収側の経営陣や株主、多くの従業員も支持していた。しかし、米大統領選で激戦州での労働組合票の行方が重要となる中で、全米鉄鋼労働組合（USW）がこの買収に反対したため、共和党のトランプ候補（当時）は買収阻止の姿勢を明らかにし、バイデン政権も慎重な対応をとっていた。そのため、選挙が終われば、政治的な配慮が不要となり、米政府も本件を承認するだろうとの期待があった。しかし、2025年1月にバイデン大統領（当時）は、日本製鉄によるUSスチールの買収を禁じ、両社が買収に関連する取引を「完全かつ永久に」断念するのに必要な措置をとるよう命じた。

本件は、国家安全保障の観点から、CFIUSが審査していた。米議会からは、日本製鉄と中国政府との関係に関する誤った情報に基づく懸念が示されたこともあったが、バイデン大統領は禁止命令でこの点を問題視していない。問題とされたのは、国家の根幹に関わる鉄鋼の国内生産が、外国企業の管理下に置かれることは国家安全保障を脅かすということだった。

この決定に対しては、米国内からも強い反発があった。バイデン大統領の決定は、外国企業による対米投資をためらわせ、むしろ米製造業と米国の国家安全保障を脅かす、同盟国・日本との関係を損なうという声が上がった。石破茂首相も、なぜ安全保障上の懸念があるのかの説明を米側に求め、バイデン大統領に直接「日本のみならず、米国の経済界からも強い懸念の声が上がっている。懸念の払拭を強く求める」と伝えた。報道によれば、ＣＦＩＵＳの審査でも意見が割れ、判断は大統領に委ねられた。大統領の命令で米企業の買収が阻止された案件で、買収企業が中国資本でないのは、ブロードコムによるクアルコム買収と本件だけだが、前述のように、ブロードコムのケースは背景に中国企業との技術競争があり、ＣＦＩＵＳが買収阻止を大統領に勧告していた。今回のケースは、中国と無関係であり、大統領が自ら判断したという点で、極めて異例だ。

このように、安全保障上問題ないと思われる案件でも、米当局が懸念を示したり、政治的要因に左右されたりすることがある。中国企業が関係する場合は特に注意が必要だが、自国優先・保護主義的政策が広がりを見せる中では、同志国間の投資案件でも油断できない。

■審査対象が対外投資にも拡大

最近注目されているのは、安全保障の観点からの投資審査の対象が、対内投資だけでなく、対外投資にも拡大しつつあることだ。２０２３年5月のＧ７広島サミットでは、輸出管理、対内投資審査とともに、対外投資のリスクへの対処が重要であると指摘された。

具体的な動きを見せたのは米国だ。バイデン政権は、米国企業による中国への投資が、中国への技術流出や米国の資本による中国の軍事的脅威の増大につながることを防ぐため、2023年8月に「懸念国における特定の国家安全保障技術・製品への投資に関する大統領令」を発した。これは、米国人・企業の「懸念国」への投資が深刻な安全保障上の脅威をもたらす場合は禁止し、脅威をもたらす可能性があるときは届け出を義務付けるものだ。「懸念国」は中国、香港、マカオ、対象分野は半導体・マイクロエレクトロニクス、量子情報技術、人工知能（AI）となっている。株式取得や合弁事業、グリーンフィールド投資は規制対象となるが、公開有価証券やインデックスファンドなどへの投資、米国親会社から子会社への企業内資金移動などは対象外とされている。

この大統領令に対しては、対象分野が狭過ぎ、バイオテクノロジーやエネルギー分野なども対象にすべきだといった批判が議会から出ており、今後対象分野が拡大するおそれもある。また、今のところ、日本やEUは慎重な姿勢を示しているが、同様の規制が他国に広がることも考えられる。米産業界は、米企業のみがこうした規制を受けることは競争上不利となるため、他国も同様の規制を導入するよう求めている。対中投資がより難しくなるリスクも想定しておかねばならない。

10大リスク④ビジネスチャンスの喪失

拡大する自国優先主義

地政学・経済安保リスクへの対応を進める中で、多くの国が自国の企業や製品を優遇する措置を導入している。差別されるのは中国などの「懸念国」だけではなく、同盟国や同志国が含まれることも少なくない。その代表的な例が政府調達だ。

政府調達は、各国のGDPの10～15%を占めるといわれる巨大な市場だ。調達の対象は、政府の公用車やITインフラ、軍が使用する防衛品など多岐にわたる。これに参入することは外国企業にとっても大きなビジネスチャンスとなるため、WTOの下で有志国が政府調達協定を締結し、対象となる公的機関の一定額を超える調達について外国産品の差別を原則禁止している。2024年末現在、同協定の参加国は日本、米国、EU(加盟27カ国を1とカウント)など、先進国を中心に22カ国・地域に及ぶ。中央政府機関に加え、地方政府や公的機関の調達も対象に含まれる。WTOによれば、同協定により開放された市場は、年間1・7兆ドルを超える。

しかし、近年は、経済安保の確保や国内産業保護のため、政府調達においても「国内」の企業・製品を優遇する措置が増えている。そのため、「国内」企業・製品とみなされる要件を満たすため、サプライチェーンを再編し、この巨大市場のビジネスチャンスを逃さないようにしている日本企業も増えている。

「バイ・アメリカン」対応で供給網再編も

日本企業にとって最も重要な政府調達市場の一つが米国だ。米国の連邦政府は、年間約6000億ドルの物品やサービスを調達し、連邦政府と取引のある日本企業は800社程度あるといわれている。連邦政府の調達で米国産品を優遇する「バイ・アメリカン」は1933年に導入され長い歴史を持つが、運用次第ではWTO政府調達協定違反の可能性があると指摘されてきた。また、連邦政府資金が用いられるインフラプロジェクトで鉄鋼製品や建設資材などの国内調達を義務付ける「バイ・アメリカ」もある（以下、両方を合わせて「バイ・アメリカン」と呼ぶ）。

2021年1月、バイデン大統領（当時）は、米国製造業の保護のためバイ・アメリカンの運用を強化する大統領令に署名した。また、同年11月にはインフラ投資雇用法（IIJA）の一部として、ビルド・アメリカ・バイ・アメリカ法（BABA）が成立した。これらの法令により、連邦政府が調達する物品や、連邦政府の資金を用いるインフラプロジェクトに使用される資材が、「米国製品」とみなされる要件が厳格化された。調達で優遇される「米国製品」とみなされるには、それまでは製品価格の55％の部材が米国内で調達されていればよかったが、この国内調達比率が２０２２年10月からは60％、２０２４年からは65％、２０２９年以降は75％に引き上げられた。インフラプロジェクトでは、鉄鋼・同製品は溶解から塗装までのすべての製造工程が、建設資材はすべての製造工程が米国内で行われていなければ「米国製品」とはみなされない。

米国の政府調達にはこれまでにも「米国製品」が多く採用されていたものの、必ずしも全工程が米国内で完結しているわけではなかった。厳格になった要件を満たせない製品も出てくるだろう。特に要件が厳しい鉄鋼の場合、市場から締め出されないためには米国内に高炉や電炉を確保するための投資が必要となる。日本製鉄がＵＳスチールの買収を目指した背景には、米国内での生産能力拡大によって、「米国第一」に傾く米国の規制に対応し、市場を確保するとの思惑もあっただろう。鉄鋼以外でも、電線大手のフジクラなど、ＢＡＢＡ法への対応のため、米国内で事業を拡大する投資計画を発表している日本企業もある。

ＷＴＯ政府調達協定参加国や米国が通商協定を締結する国の製品であれば、一定の要件を満たせば、バイ・アメリカンの適用から除外される場合がある。米国での新たな設備投資や現地調達率の引き上げが困難な場合も、米国が通商協定を締結する国に既存の設備があれば要件を満たせる可能性がある。大市場を失わないためにも、グローバルな生産ネットワークを戦略的に活用する視点が必要だ。

調達先を誤れば市場喪失を招く

米中対立やロシアへの制裁といった地政学・経済安保リスクが政府調達にも影響を及ぼす。近年、主要国が政府調達から中国やロシアなどの懸念国の製品・サービスを排除する動きを強めている。ここで注意すべきは、「自社の製品・サービスは日本製だから関係ない」では済まないことだ。

米国では、2019年国防権限法第889条によって、中国が所有・支配・関係している企業により製造・提供される通信・監視機器・サービスを連邦政府機関が調達することを禁じている。現在は、中国企業5社（華為技術（ファーウェイ）、中興通訊（ZTE）、海能達通信（ハイテラ）、海康威視数字技術（ハイクビジョン）、浙江大華技術（ダーファ））が禁止対象企業に指定されている。同条は、これら企業からの直接調達だけでなく、これらの調達禁止機器・サービスを社内システムなどで利用している企業からの調達も禁止している。2027年12月からは、中国半導体メーカーの中芯国際集成電路製造（SMIC）や長鑫存儲技術（CXMT）、長江存儲科技（YMTC）も対象に加えられる予定となっている。

製品を納入するのが日本企業であっても、これら企業と共同で研究開発をする場合や、部材やソフトウエアなどにこれら企業の製品を使用している場合も応札できないおそれがある。こ

図表5・5「特定重要設備」導入時の届け出の対象範囲（例）

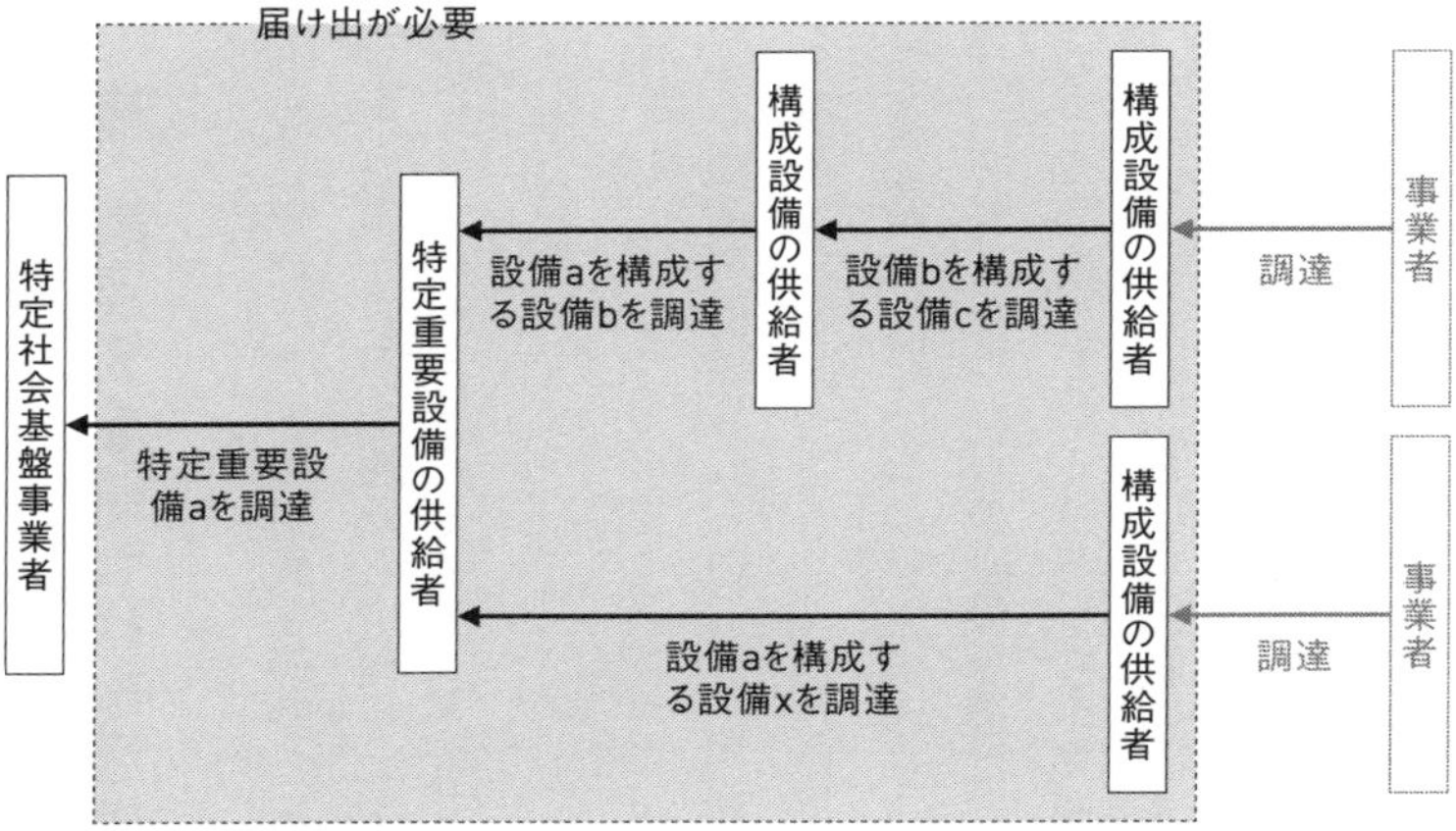

注　「特定重要設備a」の構成設備として、「設備c」と「設備x」が指定されている場合の例。
出所　内閣府「経済安全保障推進法の特定社会基盤役務の安定的な提供の確保に関する制度について（2024年9月4日）」（https://www.cao.go.jp/keizai_anzen_hosho/suishinhou/infra/infra.html）の3ページをもとに、オウルズコンサルティンググループ作成

の規制に対応するため、すでに国内外の自社拠点で基幹システムから業務用スマートフォンに至るまで、ファーウェイ製機器をすべて撤去した日本企業の例もある。

　こうした動きは政府調達以外にも広がっている。日本では、経済安全保障推進法により、基幹インフラ事業者への製品やサービスの納入には注意が必要となった。電気、ガス、石油、水道、鉄道、貨物自動車運送、外航海運、航空、空港、電気通信、放送、郵便、金融、クレジットカード、一般港湾運送事業に属する、政府が指定する「特定社会基盤事業者」（2024年末現在、213事業者）は、サイバー攻撃などによって基幹インフラサービスの安定的提供が妨げられることを防ぐため、「特定重要設備」の導入に当たり、事前に国に届け出て、審査

を受けなければならない。この際、特定重要設備の一部である「構成設備」も審査対象となる。つまり、特定社会基盤事業者に特定重要設備を納入する事業者だけでなく、特定重要設備納入企業に構成設備を納入する企業も審査の対象となる（図表5・5）。

例えば、銀行業の場合、「特定重要設備」は預金・為替取引システム、「構成設備」は業務アプリケーションなどの重要ソフトウエアやサーバー装置が指定されている。自社製品に懸念国企業製の部品が使用されている場合には、審査で問題視されるおそれがあり、調達先を誤れば、基幹インフラ事業者との取引を失い、ビジネスチャンスを喪失するリスクがあるということだ。

■対応の遅れが国際競争での不利を招く

日本では、2024年5月、経済安保分野のセキュリティー・クリアランス（適性評価）制度を創設する新法（重要経済安保情報保護活用法）が成立した。同制度を導入することで、日本企業の国際的な共同研究開発や国際会議、国際入札への参加の可能性が拡大すると期待されており、同制度はそのための「運転免許証」との声もある。また、適性評価を受ける従業員が所属する企業も、情報保護のための設備の整備などが求められるため、サイバーセキュリティー対策を含めた日本企業の情報保護・技術流出対策の底上げにもつながる。

米国をはじめとするG7各国やオーストラリアは、すでに経済安保分野も含むセキュリティー・クリアランス制度を導入している。日本は、G7の中で唯一制度が未整備だった。それが理由で、実際に日本企業が不利な扱いを受けた事例もある。日本政府資料によると、「宇宙分野の海外政府からの入札に際し、セキュリティー・クリアランスを保有していることが説明会の参加要件になっていたり、商業利用分野であっても機密情報が含まれているので詳細が分からない」「防衛と民生が一緒になったデュアルユース技術に関する学会に参加する際、クリアランス・ホルダー・オンリーであるセミナー・コミュニティがあり、これらに参加できず最新のデュアルユース技術に触れることができない」などの例が報告されている。

今後、セキュリティー・クリアランスを保有していないと、入札説明会にすら参加できない事態も起こり得る。政府調達に加えて、先端分野では民間レベルの国際的な共同研究開発にも参加できない状況が生じている。セキュリティー・クリアランス制度は現在、運用基準の策定などが進んでいる。企業側も政府の動きを待つのみならず、迅速に対応するための体制の整備が急務だ。

10大リスク⑤サイバーリスクの高度化

脅威が増すサイバー攻撃

ここ数年で企業・組織が受けたサイバー攻撃の件数や被害金額は世界的に急増している。グローバルにハッカー対策サービスを展開するサイバーセキュリティークラウドによれば、同社が検知したWebアプリケーションへのサイバー攻撃は2023年の1年間で7億回を超えた。1秒間に23回のサイバー攻撃を受けた計算になる。サイバー攻撃は今や、いかなる企業にとっても他人事ではない。米連邦捜査局（FBI）インターネット犯罪苦情センターには、2023年には約88万件の届け出があり、その被害額は125億ドルに達している（図表5・6）。

特に基幹インフラを担う企業がサイバー攻撃を受け、事業の停止に至った場合の影響は大きく、国民生活を脅かす経済安保上のリスクとなる。2023年7月に名古屋港コンテナターミナルのシステムがロシアを拠点とするハッカー集団のサイバー攻撃を受け、約3日間にわたって同ターミナルからのコンテナの搬入・搬出が停止した。この件は、経済安全保障推進法上の「特定社会基盤事業」に「一般港湾運送事業」を追加する契機となった。

また、近年はサイバー空間が地政学上の争いの場となり、企業が直接的に地政学的な緊張関係の影響を被りやすくなっている。国家が関与したサイバー攻撃によって、敵対国の重要インフラの機能を停止させたり、重要技術や個人情報を窃取したりすることが増えている。情報処理推進機構（IPA）は、ロシアや中国、北朝鮮、イランなどの国家の関与が疑われるサイバー攻撃は巧妙かつ執拗な上に、長期・広範囲に及ぶこともあるため深刻な被害を与えていると指摘している。IPAが毎年公表している「情報セキュリティ10大脅威」（組織）の2025年

図表5・6　FBIへのサイバー犯罪の届け出件数と被害額

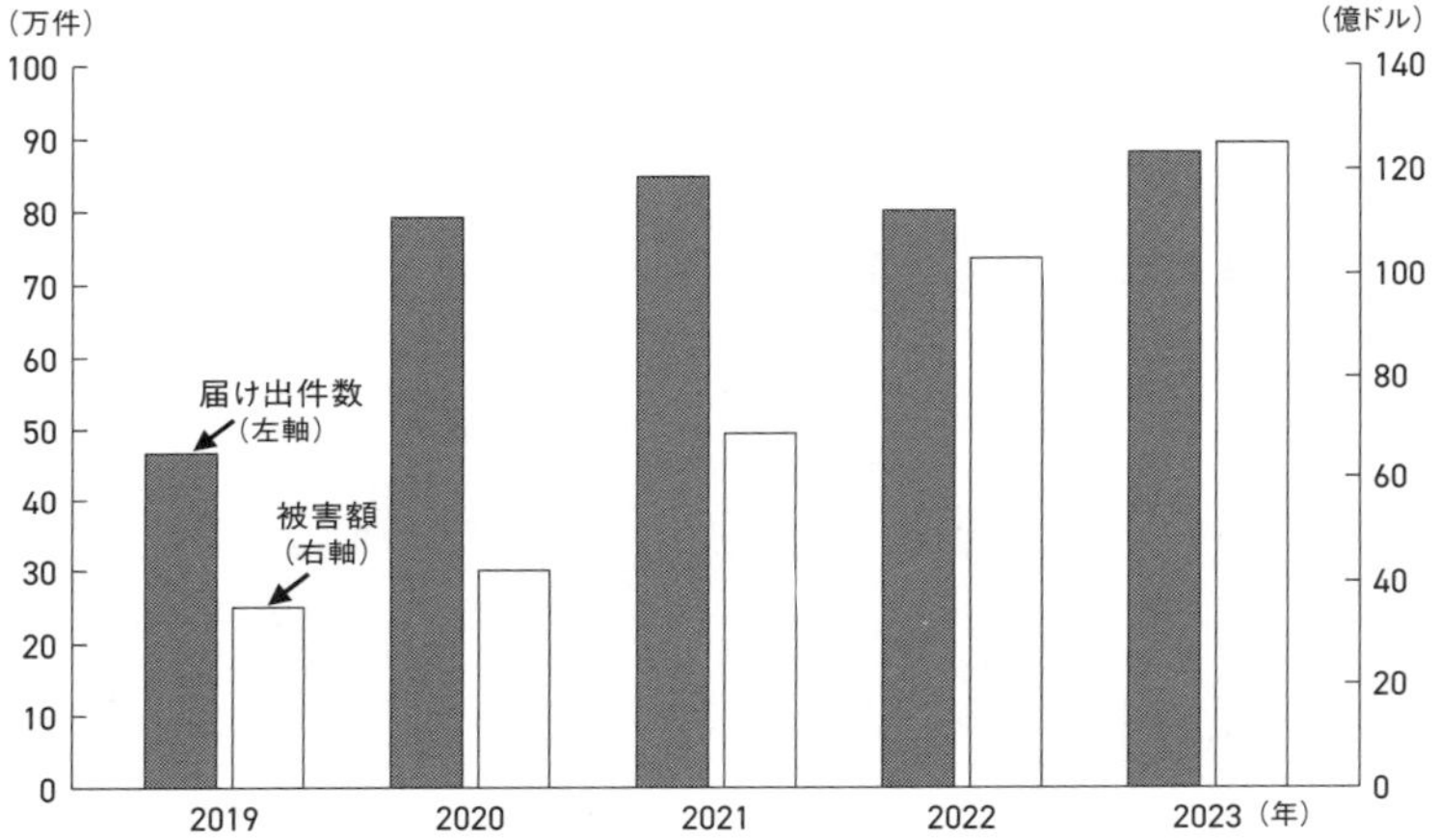

出所　U.S. Federal Bureau of Investigation, Internet Crime Complaint Center, "2023 Internet Crime Report," p.7より、オウルズコンサルティンググループ作成

版では、今回新設された選択項目である「地政学的リスクに起因するサイバー攻撃」が第7位となった。

　サイバー攻撃によるシステム障害や情報資産の流出は、顧客企業との取引停止や自社の信用失墜に直結するため、企業の存続にも関わる重大な問題となる。重要技術の流出は、自社の競争力を大きく損なうばかりか、国家の安全保障を脅かすことになりかねない。そのため、企業はサイバーリスクを地政学・経済安保リスクとして捉え、これに対応していく必要がある。

　最近特に問題視されているのが、サプライチェーン上に存在する脆弱性を突かれるケースだ。サイバーセキュリティー対策が手薄な下請け企業や取引先がサイバー攻撃を受け、それを踏み台として自社が攻撃を受けたり、部材の供給が停止して自社の生産に支障が出たりするリスクも見逃せない。2022年2月には、トヨタ自動車のサプライヤーが不正アクセスによるサイバー攻撃を受け、部品供給が滞ったため、トヨタ自動車が国内の全14工場での生産を停止する事態が生じた。

サイバーリスク対応を「コスト」とみなすのではなく、事業の持続可能性と経済安保に貢献する「投資」と位置付け、これに対応していくことが今後ますます重要となる。

■ AI技術の進展でサイバー攻撃も高度化

急速に発展するAI技術はもろ刃の剣だ。生産性や利便性を高める半面、サイバー攻撃を急速に高度化している。特に、生成AIの普及により、高度な技術がなくてもサイバー攻撃を仕掛けたり、より巧妙に、より効率的に攻撃したりすることが可能となった。

生成AIの悪用によって高度化するサイバー攻撃の例として指摘されているのが、DDoS攻撃だ。これは、複数の送信元から同時に大量のデータを送信してサーバーに障害を起こすもので、サイバー攻撃の中では古典的な手法とされる。生成AIの使用でその攻撃能力が向上し、被害が増えている。2024年の年末には、三菱UFJ銀行やみずほ銀行、日本航空などが、2025年の年始にはNTTドコモが相次いでDDoS攻撃を受けた。

ランサムウエア攻撃の被害を受ける企業も増えている。ランサムウエアは、パソコンやサーバーなどへのアクセスを不可能にしたり、システムに保存されているファイルを暗号化して機器を使用不能にしたりするマルウエア（悪意のあるプログラム）だ。これを用いて使用不能にしたシステムやファイルの復旧と引き換えに身代金を要求するサイバー攻撃を「ランサムウエア攻撃」と呼ぶ。最近では、データ復旧と引き換えの身代金要求に加え、データを窃取して、身代金を支払わない場合はデータを暴露するといって脅迫する「二重の脅迫」（「二重恐喝」）が多くなっている。名古屋港コンテナターミナルのシステムへのサイバー攻撃もランサムウエア攻撃だった。

ランサムウエア攻撃でも、生成ＡＩを使用して攻撃用のマルウエアを作成したり、生成ＡＩを使った精巧なフィッシングメール（偽サイトへ誘導し、ＩＤやパスワードなどを窃取するために、送信者を偽って送信される電子メール）で従業員をだまし、マルウエアをダウンロードさせたりする事例が多くなっている。

２０２５年1月には、警察庁と内閣サイバーセキュリティセンター（ＮＩＳＣ）がサイバー攻撃グループ「ミラーフェイス」による攻撃への注意を喚起した。これは、「主に我が国の安全保障や先端技術に係る情報窃取を目的とした、中国の関与が疑われる組織的なサイバー攻撃活動」で、これまでに半導体や情報通信、航空宇宙分野の企業・組織が標的とされている。２０２４年7月に明らかとなった宇宙航空研究開発機構（ＪＡＸＡ）の情報漏洩も同グループの攻撃によるものだった。

最近急増しているディープフェイクにもＡＩ技術が使用されている。ディープフェイクは生成ＡＩで作成された偽動画や著名人になりすましたＳＮＳ投稿が代表例だ。米大統領選など２０２４年に実施された世界各国での選挙では、悪質なディープフェイクにより、偽情報の拡散や世論操作が企てられた。米国は、ディープフェイクによる偽動画の流布などによって大統領選挙に干渉しようとしたとして、イランとロシアの政府が関与する組織に制裁を科した。

また、企業が被害を受けるケースも生じている。英エンジニアリング大手アラップは、ビデオ会議でディープフェイクによる偽の最高財務責任者（ＣＦＯ）を装い、会計担当者に15回にわたって計2億香港ドル（約40億円）を送金させるという詐欺被害に遭っている。

このように、攻撃の手口が高度化しているため、企業の対策も高度化する必要がある。サイバー攻撃は対象の脆弱性を突くものだが、企業は「人の脆弱性」と「システムの脆弱性」の両面での対応が必要だ。ランサムウエア攻撃は、従業員が電子メール内のＵＲＬから悪意ある偽サイトにアクセスしたことが原因で感染するルートが大部分だ。ＩＴ担当者の努力だけで防げるものではなく、従業員一人ひとりの意識向上が欠かせない。

大企業だけでなく中小・零細企業も、いつサイバー攻撃の標的となってもおかしくない。重要情報の喪失や流出、システム障害に備えたセキュリティー対策の強化、各国で進むサイバーセキュリティー規制への対応、従業員の意識改革、サイバー攻撃を想定した事業継続計画（ＢＣＰ）の策定などの対策が急務だ。

10大リスク⑥DXの停滞

デジタルルールの分断でグローバルビジネスに暗雲

地政学・経済安保リスクは、企業が進めるデジタルトランスフォーメーション（DX）を停滞させるおそれがある。DXは、「企業がビジネス環境の激しい変化に対応し、データとデジタル技術を活用して、顧客や社会のニーズをもとに、製品やサービス、ビジネスモデルを変革するとともに、業務そのものや、組織、プロセス、企業文化・風土を変革し、競争上の優位性を確立すること」（経済産業省）と定義されている。世界各国が個人情報を含むデータの保護やデジタル技術の活用、サイバーセキュリティー確保のための規制を強化しているが、地政学的対立や経済安保上の要請が規制面での分断を引き起こしている。これまで企業は、データや技術をグローバルに一元管理して、統一されたシステムの下で効率的にDXを推進することを目指してきたが、欧米や中国など主要市場ごとに異なる規制に対応しなければならなくなり、効率性の低下やコスト増大のリスクに直面している。

データ規制が経営上の大きな課題となった端緒は、2018年5月に施行されたEUの一般データ保護規則（GDPR）だ。個人情報の厳格な保護とEU域外へのデータ移転を厳しく規制した同規則に、日本企業も対応を迫られた。その後、世界各国で個人情報や産業データの保護や越境移転の制限を定めた法規制の導入が進んだ。

データの利活用やＤＸ推進によるイノベーションを阻害することを避けるため、各国はグローバル・ルールの策定やルールの共通化、法規制の相互承認を進めたが、一方では、地政学的対立や経済安保確保に対応するため、データの国内での囲い込み（データローカライゼーション）や、政府当局による企業保有データへのアクセス（ガバメントアクセス）を定めた法規制の導入も進めた。

中でも、日本企業への影響が大きいのが中国の規制だ。中国は、「データ３法」と呼ばれるサイバーセキュリティー法、データセキュリティー法（データ安全法）、個人情報保護法やその下位法令を整備し、「国家安全」の確保のため、重要データや個人情報の保護や越境移転の制限を規定している（第４章参照）。

また、中国は産業別の規制も導入している。例えば、自動車分野では、中国国内で設計、生産、販売、保守・整備など、自動車に関連する個人情報や重要データを対象に、その収集や処理に関する規制が導入されている。自動車は、車載カメラや各種センサーが膨大な量のデータを収集しているが、同規制によって一部データの国内保存が義務付けられ、越境移転が制限されている。そのため、自動運転の技術開発のために中国国内で取得したデータの中国外への移転が制限される可能性がある。自動運転技術の実験が進む中国で取得した情報の越境移転が制限されれば、技術開発に支障を来しかねない。

こうしたデジタルルールの分断は、データの利活用やDX推進によるイノベーションを阻害する。航空機などの機材情報やFA機器などの制御データをグローバルで一拠点に集約し、遠隔でメンテナンスに必要な情報を提供する体制を構築している場合も、データの越境流通が遮断される可能性がある。各国の法規制に対応し、データ拠点を複数設ける必要が生じ、効率性の低下やコストの増大につながる。

DXエコシステムもデカップリング

米国の半導体関連の対中規制や、それに対抗する中国の独自技術の開発は、ハードウエアや基本ソフト（OS）、アプリケーション、生成AIなどの各レベルで分断を招き、DXのエコシステムのデカップリングを引き起こしている。

中国通信機器大手のファーウェイ（華為技術）は、2019年に米国の規制により、自社製携帯端末で米グーグルの携帯端末用OS「アンドロイド」に基づくサービスを提供することが困難になった。そこで同社は独自OSの開発を進め、2024年10月に「ハーモニーOSネクスト」を一般ユーザーに向けて提供開始した。米調査会社IDCによると、2024年第3四半期の中国スマートフォン市場における同社のシェアは15・3%で第3位だ。今後、同社製の端末向けには、独自ＯＳ用のアプリケーションやサービスの開発が必要となる。

生成ＡＩでも分断が生じている。中国は、国家安全の確保のため、外国製生成ＡＩの利用を事実上禁止している。米アップルはiPhoneに米オープンＡＩの対話型ＡＩ「ChatGPT」を利用できる機能を搭載したが、中国ではChatGPTは利用できない。そのため、アップルは電子商取引大手のアリババグループと協業すると報じられている。

中国発の生成ＡＩ「ディープシーク（DeepSeek）」は、その高性能・低コストなどが開発を優位に進めていた米企業に大きな衝撃を与えたが、西側諸国はディープシークによる情報窃取や世論操作などに警戒を強めている。中国では、国家情報法などにより、個人や企業は当局の「情報活動」への協力が義務付けられているため、ディープシークが入手した情報が当局に渡ることが懸念されている。米国では一部の政府機関や軍がディープシークの利用を控えるよう職員に指示したほか、オーストラリアは政府機関での使用を禁じた。日本でも、ディープシークの業務での利用を禁じた企業がある。

こうした地政学的競争相手を排除する形での独自ＯＳの開発・普及や生成ＡＩの利用規制などによるプラットフォームの分断により、西側諸国と中国などの「懸念国」の間で技術と市場の分断が生じれば、相互運用性やデータ連携が制限され、それぞれが独自のＤＸエコシステムを構築しなければならなくなる。それは、企業に研究開発での二重投資やサプライチェーンの再編を強い、グローバルに最適で効率的な技術やサービスの開発を困難にし、イノベーションを阻害するため、企業がDXを進める上での障害となるだろう。企業はDX推進において、コスト、技術、コンプライアンスの各面で難しい対応を迫られる。

10大リスク⑦戦争・人権侵害への加担

「売った後は知りません」では済まされない

ある日突然、身に覚えのない「罪」で国際的な非難の声にさらされる日本企業が増えている。自社製品に強制労働によって生産された原材料・部品が含まれていたことや、自社製品が人権侵害を助長する機器や武器の部品として使われていたことを報道で知るケースだ。企業にとっては、まさに寝耳に水、青天の霹靂《へきれき》だ。しかし、今や「知らなかった」では済まされない時代となった。

調達面での人権侵害の排除は、企業にとって喫緊の課題だ。米国のウイグル強制労働防止法（UFLPA）で見たように、強制労働などの関与を理由とした輸入差し止めの事例がすでに多数出ている。これに対する日本企業の取り組みも進みつつある。これに加えて、日本企業が対応を迫られているのが、サプライチェーンの「川下」、つまり、販売後の製品の行方の管理だ。特に、ある製品の用途が問題となった際に、自社製品がその部品として使われていたために対応が必要となるケースが増えている。

２０２４年６月、米シンクタンクの高等国防研究センター（Ｃ４ＡＤＳ）が作成した報告書の概要をフィナンシャル・タイムズ紙が報じた。その記事は、日本の工作機械メーカーのコンピューター数値制御（ＣＮＣ）機器がロシアの軍需工場で使用されていると指摘していた。記事によれば、それらの機器はアラブ首長国連邦（ＵＡＥ）や中国に拠点を置く企業を経由してロシアの軍需工場に渡った。その工作機械メーカーは、自社製機器がミャンマーの工場で武器製造に使用されているとの指摘も受けた。

ウクライナ軍が公開したロシア軍使用のドローンには、多数の日本製部品が含まれていた。カメラやコネクタ、電池など、いずれも冷蔵庫などの家電製品やゲーム機向けに用いられる民生用の汎用品だ。ウクライナ政府が作成したロシア軍兵器に用いられていた外国製部品リストには、１００を優に超える日本製部品が掲載され、製造元として日本の大手メーカーがこぞって名を連ねていた。

問題となっているのは戦場だけではない。２０２３年１月には、在日ウイグル人によって設立された日本ウイグル協会と国際人権ＮＧＯであるヒューマンライツ・ナウが、中国・新疆ウイグル自治区で住民の行動監視に用いられている中国・ハイクビジョン（杭州海康威視数字技術）製の監視カメラに、日本企業７社の部品が組み込まれていたと発表した。ハイクビジョンは、強制労働への関与を理由に米国のエンティティー・リストに掲載され、取引が制限されている企業だ。日本企業7社の中には、人権方針を策定し、サプライチェーン上の人権侵害の排除に努めている企業も含まれているが、それでも深刻な人権侵害に関与している可能性への認識が不足していると批判を浴びた。

これらの中で、名前を挙げられた日本企業が、武器製造や強制労働に関与している企業と直接取引したケースはまずないだろう。輸出管理の対象ではない製品の販売後の流通経路をすべて把握することは至難の業だ。洗濯機や冷蔵庫などの最終製品から取り出された部品が使われた例や、市場に出回っている中古品が使用された例も報じられている。しかし、ひとたび自社製品が戦争に関与し、人権侵害を助長していると指摘されれば、レピュテーションの低下を避けるのは難しい。国際社会で非難を浴び、不買運動につながったケースや、訴訟となったケースもある。指摘を受けた際の対応の拙さが、さらなるレピュテーションの低下を招いた事例もある。「売った後のことは知りません」はもはや通用しないのだ。

「怪しい」企業・品目の規制強化

こうした状況を受け、主要国が規制強化に動いている。ロシアで軍事転用されている製品の迂回輸出の管理強化は、G7諸国が協調して進めている。2024年4月のG7外相会合では、G7諸国による制裁や輸出制限を回避・迂回しようとするいかなる試みにも対抗し、兵器生産に必要な装置などをロシアが入手するのを支援する第三国の企業や個人に制裁を科す方針が確認された。

日本では、外為法や輸出貿易管理令に基づき、ロシアを仕向け地とする物資の輸出が禁じられている。これには、指定団体との直接取引だけでなく、間接取引も含まれている。経済産業省は、ロシア以外の国・地域に向けて輸出する場合であっても、最終仕向け国、最終用途や最終需要者などをよく確認するよう企業に求めている。また、ロシア以外の国・地域を経由・通過してロシアに輸出する行為（迂回輸出）は輸出禁止措置違反となることに注意を促している。さらに、制裁迂回に関与した疑いのある団体を指定し、その団体向けの輸出を禁止している。これまでに、中国やインド、カザフスタンなどの団体が指定されている。

特に注意を要する品目もリスト化されている（「共通高優先度品目リスト」）。これは、日本と主要国が協力し、ウクライナで見つかったロシア軍兵器に使用されていた部品などを調査・特定した結果をまとめたものだ。２０２４年2月の改訂版には、「集積回路等の電子部品」「通信用途に使用される機器」「数値制御式工作機械関連品目」などの50品目が掲載されている。米国では、同リスト掲載品目を当局の許可なしにロシアに輸出した企業が３３０万ドルの罰金を科せられた例がある。

また、迂回輸出となることを防ぐために、「貨物の用途と需要者の事業内容が一致しない」「最終仕向先が運送業者となっている、最終需要者が決まっていない」「ロシアのウクライナ侵

図表5・7　「共通高優先度品目」などの輸出時に注意を要する例

- ☑ 貨物の用途と需要者の事業内容が一致しない。
- ☑ 輸出予定先の企業に対して、輸出予定品目に関する最終用途を質問しても、明確な、または合理的な回答が得られない。
- ☑ 最終仕向先が運送業者となっている、または、最終需要者が決まっていない。
- ☑ 輸出予定先の企業がロシアに支店などを持っている、または、（HPなどにより） ロシア企業と取引している事実が確認できる。
- ☑ 輸出予定先の企業が米国・英国・欧州連合の制裁対象となっている。
- ☑ 2022年2月のロシアによるウクライナ侵略開始以降に初めて引き合いがあった。
- ☑ 2022年2月のロシアによるウクライナ侵略開始以降に注文数量が著しく増加した。
- ☑ 注文数量が、需要者の事業規模に比べて過剰に多量の要求となっている。
- ☑ 輸出予定品目の仕向地までの輸送ルートが不明瞭である、または、ロシアを経由して輸送するよう計画されている。
- ☑ 輸出予定品目について、市場価格に比して高額で、または通常よりも好条件（全額前払いなど）で取得しようとしている。
- ☑ 輸出予定品目の納期日が通常に比して極端に短い。

出所　経済産業省貿易管理課「ロシア向け輸出禁止措置と『Common High Priority Items』等の輸出における注意について」より抜粋してオウルズコンサルティンググループ作成

攻後に初めて引き合いがあった、注文数量が著しく増加した」などの場合は注意するよう求めている（図表5・7）。

米国やEUも迂回輸出阻止のために規制を強化している。米国は、日本同様、迂回輸出に関与しているリスクが高い団体のリスト掲載を進め、法人名義が変更されても対応できるよう、それら団体が使用する住所を特定してリスト化している。新たな迂回輸出が見つかれば、その抜け穴を防ぐために規制が強化されるという、いたちごっこが続いている。迂回輸出への関与の疑いで多くの中国企業が制裁対象となったことに中国は強く反発し、対抗措置発動にも言及している。

温室効果ガスの排出削減では、上流の原材料調達から下流の製品廃棄に至るまで、サプライチェーン全体が算定対象となる（「スコープ3」）ことはよく知られているが、これは人権でも安全保障でも同様ということだ。

戦争当事国での事業がレピュテーションリスクを招くおそれ

戦争や人権侵害への関与が非難されるのは、貿易取引だけではない。戦争や人権侵害の当事国での事業や、当事国企業への投資なども非難の対象となり、レピュテーションリスクを招いている。ウクライナへ侵攻したロシア、新疆ウイグル自治区での人権侵害が問題視されている中国、ガザでの人道危機を引き起こしたイスラエル、軍事政権下で人権状況が悪化しているミャンマーなどが代表例だ。

ロシアでは、同国内で事業を継続している企業が、直接的・間接的にウクライナ侵攻を支援しているとして国際的な非難を浴びた。ウクライナ政府は、ロシアで事業を続けることは、納税などを通じてロシアのウクライナ侵攻を支えているとして、該当する外国企業を「戦争支援企業」として特定し、ロシアでの事業の停止や撤退を求めた。同リストは、客観性に問題があるなどと批判を受け、２０２４年3月に廃止されたが、約50社が掲載され、日本企業も含まれていた。

中国・新疆ウイグル自治区での人権侵害が国際的に批判される中で、同自治区での生産を続けていた独フォルクスワーゲンは、2024年11月に同自治区にある中国企業との合弁工場の売却を発表した。同社は、売却は経済的理由によるものだと説明しているが、株主などから同自治区からの撤退を求める圧力が高まっていた。

日本の大手商社の子会社は、イスラエルの軍事企業との協業に関する覚書（MOU）を結んでいたが、これはイスラエルのガザにおける人権侵害への加担だとして日本の学生団体などから批判されていた。同社は、国際司法裁判所（ICJ）がイスラエルに対し、ジェノサイド（集団虐殺）行為の防止を命じたことや日本政府がそれを支持したことを受け、2024年2月に同覚書を終了した。

ミャンマーでは、国軍系企業との協業や現地事業の継続が、配当や納税などを通じて軍事政権による人権侵害に加担しているとして非難の的になった。ロシアでもミャンマーでも、撤退には当局の承認や多額の損失の発生など困難が伴うが、人権リスクやレピュテーションリスクの回避のため、撤退に踏み切った日本企業は少なくない。こうしたリスクも、地政学・経済安保リスクの一つとして捉え、対応することが重要だ。

10大リスク⑧従業員の逮捕・拘束

社員が突然「スパイ」容疑で逮捕

現地駐在の日本人社員が当局に拘束・逮捕された——。そんなトラブルに遭遇する日本企業が今後増えることが懸念されている。

軍政下にあるミャンマーでは、2024年6月に大手流通企業イオンの現地に駐在する日本人社員が当局に拘束された。同社が現地で経営するスーパーマーケットでのコメの販売価格が政府の規制を超えていたことが理由だった。政府は、国内の経済混乱とインフレを抑えるため、コメを含む生活必需品の価格を統制しようとしていたが、統制価格などの規制内容を小売業者が把握することが困難な状況にあったといわれている。同社員は、拘束されてから2週間足らずで起訴され、そのひと月後に禁錮1年の有罪判決を受けた。幸いにも、その直後に同社員は解放され、日本に帰国することができた。解放された理由は明らかにされていない。

ロシアの同盟国であるベラルーシでは、2024年7月と12月に日本人男性が各1人、スパイ容疑で当局に拘束された。先に拘束された男性については、2025年1月に初公判が非公開で審理されたことが報じられている。

図表5・8　中国で「スパイ行為」を理由に逮捕・拘束された日本人

発生年月	属性	判決	現状
2015年5月	50代男性	懲役12年	服役中
5月	50代男性	懲役5年	帰国
6月	60代男性	懲役12年	服役中の22年に病死
6月	50代女性	懲役6年	帰国
2016年7月	日中青年交流協会理事長	懲役6年	帰国
2017年3月	温泉開発の地質調査で訪中した男性6人	懲役15年、懲役5年6カ月が各1人、4人は不起訴	服役中が1人、5人は帰国
5月	60代男性	懲役5年6カ月	帰国
2018年2月	伊藤忠商事社員の40代男性	懲役3年	帰国
2019年7月	50代男性	懲役12年	服役中
9月	北海道大学教授の40代男性	不起訴（同年11月釈放）	帰国
2021年12月	50代男性	起訴	公判中？
2023年3月	アステラス製薬社員の50代男性	起訴	公判中

注　2024年12月時点。
出所　各種報道より、オウルズコンサルティンググループ作成

現地に駐在している日本人社員の当局による拘束・逮捕が最も懸念されるのは中国だ。中国では、２０１４年に反スパイ法が施行されて以降、日本人がスパイ容疑により逮捕される事例が相次いでいる。最近では、アステラス製薬の中国法人に勤める日本人社員がスパイ容疑で逮捕され、大きく報じられた。同社員は、２０２３年３月に拘束された後、同年10月に逮捕、２０２４年８月に刑法及び反スパイ法違反により起訴された。この間、日本政府は同社員の早期解放を中国政府に求め続けたが、拘束は長期化した。具体的にどのような行為が容疑となったのかも明らかではない。

反スパイ法施行以降、これまでに17名の日本人が拘束・逮捕されている（図表５・８）。うち５名は起訴されることなく釈放

されたが、6名は懲役3～6年の刑に服した後に帰国している。懲役12年を超える実刑となり、服役中の方が3名、服役中に亡くなった方も1名いる。

拘束・逮捕のリスクはさらに高まる

2023年7月に改正反スパイ法が施行され、社員が中国当局に拘束・逮捕されるリスクは一層高まった。例えば、改正前の反スパイ法では、「スパイ行為」として「国家秘密・情報」の窃取やその入手のための買収・脅迫などが規定されていたが、改正法ではこれに「国家の安全と利益に関わる文書、データ、資料、物品」が追加された。中国の「総体的国家安全観」に基づく「国家の安全と利益」という概念は大変広義に解釈されるため、当局による法運用の裁量がより大きくなり、スパイ行為の摘発がさらに増えることを懸念する声が上がっている。在中国日系企業の会員組織である中国日本商会は2024年白書で、「2023年は、改正反スパイ法をはじめとする中国の国家安全に関わる政策動向や、半導体産業等における米国の対中規制厳格化などが、中国の輸出や対中直接投資のリスクと認識され、投資意欲低下につながった」と指摘している。

さらに、2024年7月には、反スパイ法などに基づく執行手続きに関する規定が施行された。同規定では、緊急の場合には、当局責任者の許可を得た上で警察証などを提示すれば、スマートフォンやパソコンを含む電子機器の検査ができることや、検査中に国家安全を脅かす状況が発見された場合には、その場で是正措置を講じられることなどが明確にされた。

日本企業の中には、中国出張用のスマートフォンやパソコンを用意するなどの対策をすでにとっているところや、一部には、社員の中国出張や駐在に慎重になっている企業もみられる。ある企業の中国駐在員は、社内で後任が見つからず、自身の中国駐在が長引いていると嘆いていた。

中国政府は、こうした懸念は誤りだと否定している。中国国家安全部は、反スパイ法の改正によって規定が明確となり、透明性が高まった、通常の商業上の行為がスパイ行為とみなされることはないなど、外国企業の「誤解」を解こうと努めている。しかし、日本人に限らず、多くの外国企業の社員が拘束・逮捕されている現状では、依然として不安が残る。

何をしたら「スパイ」なのか？　ＮＧ行動を避ける

「スパイ行為」の定義は広く、曖昧で、当局の裁量によるところが大きいため、何が「スパイ行為」なのかは明確ではない。そのため、通常の業務上の行為や何気ない会話が「スパイ行為」とみなされるリスクを多くの日本企業が懸念している。

外務省の「海外安全ホームページ」には、中国滞在時の注意事項の一つに「いわゆる『スパイ行為』等」が挙げられ、「様々な行動がスパイ行為とみなされる可能性があり、これらの法律の内容が当局によって不透明かつ予見不可能な形で解釈・運用される可能性もあります」と注意が促されている。また、スパイ行為として摘発された事例として、「軍用飛行場の施設、戦闘機の配置などを違法に何度も撮影し、ネット上で公開した」「中国の国家級湿地保護区と森林等において、検査機器を多数設置し、地理、気象、生物などの機密データを違法に収集した」などが記載されている。

日本企業の中には、社員研修などによって、中国出張・駐在時のＮＧ行動を周知しているところが少なくない。例えば、軍事施設などには近寄らない、写真撮影は控える、政治的話題は避けるといったことだ。

他方で、日本企業の中国現地法人からは、本社の過剰反応がビジネスチャンスを逃すことになりかねないとの不満も聞こえてくる。日本企業の中国ビジネスは、細心の注意を払いつつ、過度な萎縮は避けるという、難しいバランスをとることが求められている。

10大リスク⑨リスクマネジメントのキャパオーバー

部署別対応は限界に

ロシアのウクライナ侵攻に伴う対ロ経済制裁や、米国による対中規制の強化とそれに対する中国の対抗措置など、世界各地で貿易投資、金融取引などへの規制の強化・拡大が続いている。日々新たな規制が導入され、対象となる物資や企業が増え、規制の内容も複雑化している。しかも、これらの規制は、国ごとに異なるばかりか、同じ国でも担当省庁や目的ごとに異なり、一つの企業や製品が複数の規制の対象となっていることも少なくない。このように複数の規制が複雑に入り組み、重層的・断片的に適用される「規制のパッチワーク化」が生じ、企業のコンプライアンス対応はますます難しくなっている。そのため、意図せず規制に違反してしまうリスクが高まっている。

その典型例が米国のリスト規制だ。対ロ制裁などの理由で、米国人との物品・金融取引の禁止や在米資産の凍結の対象となる個人や企業を指定した「特別指定国民（SDN）リスト」や、輸出管理規則（EAR）に基づき、国家安全保障上の懸念があるため輸出を規制する企業・団体を特定した「エンティティー・リスト」、ウイグル強制労働防止法（UFLPA）によって中

図表5・9　米国の主なリスト規制

担当機関	リスト名	リストの概要
商務省 産業安全保障局 （BIS）	取引禁止顧客リスト （DPL）	輸出管理規則（EAR）の悪質・重大な違反をした個人や企業などのリスト。掲載企業との輸出取引は禁止
	未検証エンドユーザーリスト （UVL）	取引の検証が不十分で、最終用途に懸念のある企業などのリスト。掲載企業との取引には所定の手続きが必要
	エンティティー・リスト （EL）	米国の国家安全保障や外交政策に反する外国企業などのリスト。掲載企業への輸出などには当局の許可が必要（原則不許可の場合も）
	軍事エンドユーザー （MEU）リスト	米国の物品や技術などを軍事転用するおそれがある外国企業などのリスト。掲載企業への規制品目の輸出には許可が必要（原則不許可の場合も）
国務省 国際安全保障・ 不拡散局	核拡散防止制裁リスト	核拡散行為に関与する外国人や企業、政府のリスト。掲載企業との輸出入などの取引は禁止
国務省 防衛取引管理局	AECA違反者リスト	武器輸出管理法（AECA）に違反した個人や企業などのリスト。国際武器取引規則（ITAR）に基づき、掲載企業は防衛物品・技術の輸出への直接的または間接的な関与は禁止
財務省 外国資産管理局 （OFAC）	特別指定国民および 資格停止者（SDN）リスト	テロへの関与など国家安全保障への脅威となる個人や企業などのリスト。米国人（米国所在外国企業含む）は掲載企業との取引禁止（非米国人でも二次制裁の対象となる可能性あり）
国土安全保障省 税関・国境取締局 （CBP）	UFLPAエンティティー ・リスト	ウイグル強制労働防止法（UFLPA）に基づき、中国・新疆ウイグル自治区での強制労働に関与する企業などのリスト。掲載企業からの輸入は禁止

出所　米商務省国際貿易局、各省資料より、オウルズコンサルティンググループ作成

国・新疆ウイグル自治区での強制労働への関与を理由に輸入禁止となる事業者を指定した「UFLPAエンティティー・リスト」など、数多くの規制対象リストがある（図表5・9）。

こうしたリストは米国だけでなく、世界各国にある。これらを適切に把握していないと、あるリスト規制に対応するために調達先を変更したら、他のリスト規制に抵触した、といったことが生じかねない。複雑に入り組み、日々更新されるいくつもの規制に各事業部門（1線）やコーポレート（輸出管理・法務）部門（2線）が個別に対応するのはより困難になっている。実際、担当者不足などによりコンプライアンス・リスクマネジメント担当部署がキャパオーバーに陥った企業の悲鳴が聞こえている。米国でも、規制リストの確認を怠ったため、リストが更新されていることに気付かず、輸出許可が必要な製品を許可なく輸出し、法令違反となって罰金を科せられた例がある。

「事業別」「地域別」の縦割り管理がリスクを生む

では、人員を増強すればよいのかというと、それだけでは十分ではない。これらの規制は、時々の地政学・経済安保リスクに対応するために各国政府が導入・強化しているので、地政学・経済安保を巡る情勢や各国の政策を把握し、戦略的に対応することが求められる。例えば、ある日本企業では、輸出は輸出管理部門、投資は法務・コンプライアンス部門、研究開発人材の採用は人事や研究開発部門と各事業部門、調達は資材部、間接部門の物資調達は総務部がそれぞれ担当していた。それぞれの部署が機能し、大きな問題は生じていなかったが、各国の政策や制度を把握し、リスクが顕在化する前に効果的に対応するための方針を立て、実行するには十分でなかったという。

そのためにまず必要となるのが部門間の連携だ。各事業部門、コーポレート部門、あるいは地域別部門がそれぞれ情報を収集し、対応することは、リスクの見落とし（「抜け・漏れ」）や重複による非効率を招き、全社的なガバナンスの欠如にもつながる。実際に、事業部門と法務部の連携不足により、輸出管理法令に違反した事例なども報告されている。

例えば、対ロ制裁やＵＦＬＰＡに代表される人権保護への対応には、川上（研究開発・調達）から川下（販売）までサプライチェーン全体の把握が必要になる。各事業部門・地域別部門が製品や地域ごとに対応するのは非効率だ。各事業・地域別部門から情報を収集して整理し、部門間での共有を図ってリスクの見落としと作業の重複を防ぐコーポレート部門が果たす役割が重要になる。

これは、情報収集のために照会を受ける取引先企業にとっても重要だ。部材の調達に関してサプライヤーに照会が必要となるケースが増えているが、同一企業の複数部署から同じ照会が何度も来るのは迷惑でしかない。反対に、他社からの照会に回答する際も、部署によって異なる回答となっては困る。実際には、部署どころか、担当者によって回答が異なるとの話もよく聞く。社内連携や内部統制が不十分であることが露呈すれば、企業の信用や評判を落とすことにもなりかねない。

こうした状況に対処するには、全社での統一的な対応を可能にする体制やワークフローの構築が不可欠である。そのためには、社内連携の強化にとどまらず、これを統括する専門部署を設けることも検討すべきだ。地政学・経済安保リスクへの対応では、経済合理性に反する方策が必要となる場面も出てくるため、経営トップの判断が不可欠だ。経営トップと現場をつなぎ、その判断を支え、実行を支援する部署があれば、より円滑に対応できるだろう。

日本企業の中でも、コーポレート部門に経済安全保障統括室を設けたり、経営直轄の全社横断的な経済安全保障委員会を設けたりする企業が増えてきている。地政学・経済安保リスクの把握にはインテリジェンス体制の構築や外部専門機関との連携も有益であり、これらを統括する担当者や担当組織も必要となる。そうした体制を整えることによって、各国の規制に対応するコンプライアンスを超え、今後生じ得る地政学・経済安保リスクを管理・回避する、経営判断を要するリスクマネジメントをより適切に実行できるようにすべきだ。

10大リスク⑩「板挟み」のグローバル経営

前門の米国、後門の中国

米中対立が進むにつれて、米国による対中規制の強化と、中国による対抗措置の応酬が続き、両国間の貿易投資上の制約が厳しくなっている。その制約は、両国でビジネスを展開する日本企業に新たなリスクを生み出している。米中間の「板挟み」や、米中いずれを選ぶかの「踏み絵（絵踏み）」と呼ばれるものだ。

先端半導体などの軍事転用が危惧される機微製品・技術に関しては、米国の対中輸出管理が日を追うごとに厳しさを増している。取引が制限される「エンティティー・リスト」に掲載される中国企業も増え続けている。輸出品が一定割合以上で米国の技術を用いている場合など、米国の輸出管理上の「再輸出」に当たる場合は、日本から中国への輸出であってもこれらの規制の対象となる。また、日本自身もG７諸国と協調して対中輸出管理を強化しており、日本企業の対中輸出上の制約は拡大している。

中国は、これらの規制は自由貿易を阻害し、ＷＴＯの理念やルールに反すると強く反発し、対抗措置をとるための法規制を整備した。輸出管理法は、外国が輸出管理規制を乱用して、中国の安全と利益に危害を及ぼした場合には、「対等の措置」をとることができると定めている。

中国には「反外国制裁法」もある。中国の主権や国家安全、中国企業の権益の保護を目的とした法律で、外国が中国の企業などに差別的な規制を課し、中国の内政に干渉した場合には、報復措置をとることができると定めている。また、いかなる企業などもこうした外国による差別的規制措置の実行に協力してはならず、その実行によって損失を受けた中国企業などは措置を実行した企業に損害賠償を請求することができるとも規定している。例えば、日本企業が米国や日本の規制に従って、中国企業との取引を中止した場合には、中国政府から制裁を受けたり、中国企業から損害賠償を請求されたりする可能性があるということだ。中国政府による制裁には、入国禁止や査証取消、在中国資産の差し押さえ、中国企業との取引禁止などがある。

しかし、中国政府の制裁を回避するため、中国企業との取引を続ければ、当然に米国や日本の規制違反が問われることになる。企業は、前門の米国と後門の中国に挟まれた状態となる。

この「板挟み」の状況を逃れようと試みたのが、米半導体大手エヌビディアだ。2022年10月に米政府がAI向け先端半導体に関する対中輸出管理を強化すると、同社は中国向けに販売していたGPU（画像処理半導体）「A100」や「H100」を中国へ輸出することができなくなった。そこで同社は、性能や技術仕様が規制の水準を下回るGPU「A800」や「H800」を開発し、中国向けに販売した。これに対して米政府は、2023年11月に規制をさらに強化し、これらの製品の中国向け輸出も規制対象とした。しかし、同社は、この新たな規制の対象外となる性能・技術仕様のＧＰＵを開発し、対中輸出を続ける姿勢を見せた。同社のこうした対応に輸出管理規制を所管するジーナ・レモンド米商務長官（当時）は、同社が規制水準を下回るＧＰＵを開発するなら、翌日にはそれを規制する、と同社を厳しく非難した。レモンド長官は、規制は収益に大打撃を与えるとの同社の訴えを、短期的収益よりも国家安全保障を守るほうが重要だと一蹴した。

規制対象の製品でも、米商務省に申請して対中輸出を許可された例もあるが、最近では米国の規制強化が進み、例外として輸出許可を得ることが難しくなっている。「板挟み」のリスクは高まり続けている。

国際対立への対応でも避けられない「板挟み」

企業が「板挟み」の状態に置かれるのは、米中間の貿易規制に関してだけではない。人権問題や紛争によって地政学的な対立が鮮明化している時に、自社のスタンスを示すことで、特定地域での事業やレピュテーションに悪影響が及んでしまうこともある。中国・新疆ウイグル自治区での人権侵害を巡る問題への対応はその典型例だ。

欧米諸国や国際社会は、同自治区でウイグル族などの少数民族に対する人権が侵害されていると強く批判している。２０２１年１月には任期満了直前の米トランプ政権が同自治区での少数民族の弾圧を「ジェノサイド（集団虐殺）」と認定した。各国は同自治区産品の輸入を禁止するなどの制裁措置を発動している。こうした動きを受け、欧米諸国の一部企業は同自治区からの原材料の調達を取りやめた。

スウェーデンのアパレル大手へネス・アンド・マウリッツ（H&M）は、同自治区で強制労働などの人権侵害が生じているとの報道を深く憂慮しているとして、今後新疆綿を調達しないことを明らかにした。だが、中国政府は、これらの批判は米国などによる「でっち上げ」で内政干渉だと強く反発し、中国国内で同社に対する不買運動が生じた。オンライン通販サイトで同社製品が検索できなくなり、地図アプリには同社店舗が表示されなくなった。不買運動の対象は、独アディダス、米ナイキなどにも広がった。日本企業でも、新疆産トマトの使用停止を表明したカゴメなどが中国国内では非難を受けた。

他方で、ユニクロ（ファーストリテイリング）や無印良品（良品計画）は、使用している綿に関して強制労働などの人権侵害は確認されていないことを説明したが、新疆綿の不使用に関して明確な姿勢を示さなかったとして日本国内外で批判された。その後、ユニクロ経営陣の自社製品に同自治区産の綿花は使っていないとの発言が報じられると、中国のSNSで同社製品の不買運動の呼びかけが広がった。「カルバン・クライン」などのブランドを展開する米アパレル大手PVHグループは、新疆綿製品を差別的に取り扱ったとして、反外国制裁法などに基づき、「信頼できないエンティティー・リスト」に掲載され、制裁対象となった。

同様のことが、ロシアのウクライナ侵攻後にも起きた。ロシア国内の事業を継続した企業が批判された一方、当局の規制によりロシアからの撤退は容易でなかった。また、パレスチナ自治区ガザでのイスラエルとイスラム組織ハマスの武力衝突では、スターバックスやコカ・コーラ、マクドナルドなど、イスラエル支持とみなされた企業に対する中東やアジアのイスラム圏での不買運動が起きた。他方で、経営者や労働組合によるイスラエル非難が、ユダヤ系団体によるボイコットなどにつながった事例もあった。さらに、対立は企業とユーザー・消費者の間だけではなく、企業内で経営陣と従業員との間でも生じた。米グーグルは、同社のイスラエル政府とのクラウドコンピューティング契約に抗議してデモを展開した従業員28人を業務妨害などの理由で解雇した。

企業として人権侵害などを決して容認せず、自社のサプライチェーンからも排除していく姿勢を示すことは、近年国際ルール形成が加速する「ビジネスと人権」の観点から非常に重要だ(コラム⑥「『ビジネスと人権』の潮流」参照)。対応で後れをとる企業は、今後、欧米などでの事業展開が難しくなる可能性が高い。だが、その対応が引き金となって地政学的対立の最前線に巻き込まれ、特定地域での事業に影響が及んでしまうこともある。その事実から目をそらすことなく正しく認識した上で、こうした「板挟み」の葛藤に自社としてどう立ち向かっていくか、覚悟を持った上での経営判断が求められている。

サプライチェーンのデュアル化という苦肉の策

これらの事例は、対立する当事者のいずれかへの支持を明確にすることが、企業にとってリスクとなり得ることを示している。特に、米国と中国の双方で事業を展開する日本企業にとって、どちらか一方だけを選べというのは難問であり、いずれを選んでも収益の大きな柱の一つを失うことになる。できれば、双方でのビジネスを継続したい。そう考えるのは日本企業だけではない。世界中の企業が同様の悩みを抱えている。

この難問への苦肉の策の一つとして、いくつもの企業が進めているのがサプライチェーンのデュアル化（二重化）である。これは、自社のグローバルなサプライチェーンを、米国を含むサプライチェーンと、中国を中心としたサプライチェーンに切り分け、それぞれ個別に運営するというものだ。日本を含む西側諸国の企業には、サプライチェーンを自国と米国を中心としたものに再編するとともに、中国で研究開発から製造・販売まで「地産地消」を進め、中国から一帯一路沿線国やＢＲＩＣＳ参加国などの市場を狙う、中国中心のサプライチェーンの構築に動き出しているところもある。もちろん、前述のように、特定地域で人権侵害の疑いが濃い場合などはサプライチェーン自体を早急に切り替えるべきだが、そうでない場合はこの手法で「望まぬ二者択一」を避けられるというわけだ。

サプライチェーンのデュアル化を進める日本企業には、取引先からの要望が契機となった事例が少なくない。コロナ禍による中国でのロックダウンで調達が滞ったことで、多くの日本企業は中国から調達するリスクを意識するようになった。続いて米中対立の常態化が明らかとなり、納入する製品の中国での生産を避けてほしいとの要望が取引先から出るようになった。これは、供給が途絶するリスクに加え、中国製部材を使用することで対米輸出に支障が出ることなどを懸念したものだ。こうした取引先には、日本やASEANなどの拠点で生産した製品を納入し、中国拠点では中国国内市場やグローバルサウス諸国向けに生産するというサプライチェーンの再編が進められた。

ただし、サプライチェーンのデュアル化は容易なことではない。中国に代わる生産拠点を見つけることは簡単ではなく、コストもかかる。自社が中国国外に生産拠点を移しても、中国のサプライヤーからの部材の調達が必要だったり、2次、3次の間接的な調達先が中国で生産していたりするケースもある。拠点を中国外へ移す「脱中国」はできても、サプライチェーンの川上から中国製部材を排除する「脱中国依存」が難しいことを痛感している日本企業は多く、これからも重要な課題であり続けるだろう。

図表5・10　ASEAN諸国の日米欧中印に対する信頼度

（問）その国が世界の平和、安全保障、繁栄、ガバナンスに貢献するために「正しいことをする」と信頼していますか？

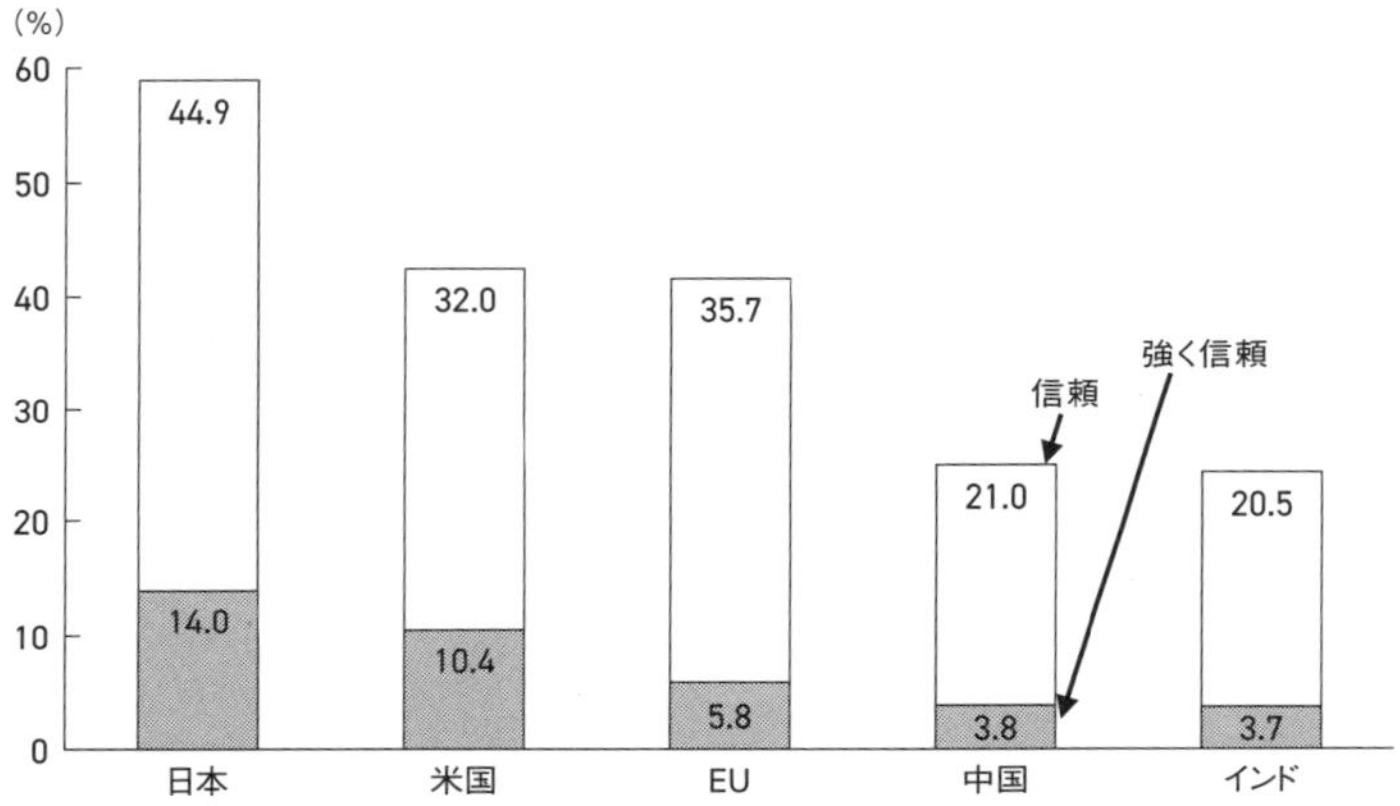

出所　ISEAS – Yusof Ishak Institute, "The State of Southeast Asia 2024 Survey Report"より、オウルズコンサルティンググループ作成

「信頼」が日本企業の強み

米国と中国のどちらか一方だけを選ぶのではなく、情勢を見ながらバランスを取ってビジネスを展開していくことは、日本企業にとってコスト増要因になる一方、強みにもなる。米中の大国間対立に巻き込まれたくないと考えている多くのグローバルサウス諸国では、こうした日本企業の対応が信頼を得ることにつながっているとの指摘がある。

シンガポールのシンクタンクであるISEASユソフ・イシャク研究所が2024年4月に公表したASEAN諸国の有識者への調査では、「信頼できる国」の項目で日本が同調査開始以来6年連続で首位に立った（図表5・10）。

政治的・経済的影響力では米国や中国にもはや及ばないが、「信頼」を得られているというのは日本や日本企業にとって大きな財産だ。特に日本が評価されているのは、「国際法を尊重し擁護する責任あるステークホルダーである」という点だ。今後ASEAN市場では、欧米市場から締め出された中国の製品や企業との競争が一層激しくなるだろう。その際に、法を尊重し、信頼できるとみなされていることは、日本企業にとって競争上有利に働くだろう。これをうまく活用することが、企業にとって重要な戦略となる。

地政学・経済安保が身につくコラム⑥

「ビジネスと人権」の潮流

近年、地政学・経済安保の文脈で「人権」がますます重要なテーマとなっている。第5章でも見たように、近年、ウイグル強制労働防止法をはじめ、欧米を中心として強制労働などの人権侵害への関与を理由とした輸入禁止や輸出規制などの通商措置が強化され、日本企業の事業活動にも無視できない影響を及ぼしている。こうした動きと並行して、国際的にはビジネスにおける人権の尊重を求める議論が加速しており、今後企業は人権への対応をますます迫られることになるだろう。

国際社会でビジネスにおける人権対応の重要性が再認識された契機の一つはやはり中国・新疆ウイグル自治区における強制労働疑惑だろう。加えて、ここ数年のうちにミャンマーでの軍事クーデターやロシアによるウクライナへの軍事侵攻、イスラエル・パレスチナ武装勢力間の衝突など、基本的人権や平和そのものを脅かすような事態が次々と発生する中、現地に拠点を持つ多くの企業も、人権侵害への加担を避けるべく慎重な対応や経営判断を迫られている。

2011年に国連が企業の人権尊重責任を初めて明記した「ビジネスと人権に関する指導原則」（以下、国連指導原則）を策定して以降、欧米を中心に、企業に対して人権デュー・ディリジェンス（事業を通じて及ぼし得る人権への悪影響を特定し、防止・軽減するための取り組み）を義務付ける法律が次々と整備されていることも注目に値する。2010年に米国カリフォルニア州で「サプライチェーン透明化法」が制定されたのを皮切りに、英国、フランス、ドイツなどで相次いで法制化が進んだ。さらに、2024年5月にはEUで環境や人権に関するデュー・ディリジェンスを義務化する「企業持続可能性デュー・ディリジェンス指令（CSDDD）」が成立し、今後は加盟国での法制化が義務付けられる。後れをとっているといわれていた日本政府も2022年9月に「責任あるサプライチェーン等における人権尊重のためのガイドライン」を発表した。

現状、残念ながら日本企業の人権対応は国際的に見て後れをとっていると言わざるを得ない。NGOがグローバル大手企業の人権への取り組み状況を格付けする「企業人権ベンチマーク（CHRB）」では、日本企業の平均スコアは決して高いとはいえない。また、2023年発表の「世界奴隷指標」では、日本は現代奴隷（強制労働や児童労働）によって生産された商品を年間531億ドルも輸入していると推計されている。これはG20中で2位の金額に当たり、日本企業が間接的に強制労働などに関与している可能性が示されている。さらに、2024年時点のジェンダーギャップ指数（男女格差を数値化した指数）でも、日本は世界146カ国中118位と、他のG7諸国を大幅に下回っている。

日本企業には、まず前述の国連指導原則に従い、基本的な人権対応のプロセス、すなわち「人権方針の策定」「人権デュー・ディリジェンス・プロセスの実施」「（生じてしまった負の影響に対する）是正・救済」を推進していくことが求められる。

「人権方針の策定」とは、企業として自社の人権尊重の責任をどのように理解し、取り組んでいくか、また自社従業員や取引先、ビジネスパートナーに何を期待するかなどを「方針」として明記して、表明することだ。「人権デュー・ディリジェンス・プロセスの実施」は、企業が自社やグループ会社、取引先などにおける人権への負の影響を特定・防止・軽減し、取り組みの実効性を評価し、どのように対処したかについて説明・情報開示していくために実施する一連の行為を指す。注意すべきは、人権デュー・ディリジェンスは「単発で終了する調査」ではなく、人権リスクへの対応として企業が恒常的に回していくべきアクションのサイクルだということだ。「是正・救済」は、起きてしまった人権侵害に対する是正・救済を目的に、企業やそのステークホルダーに関わる苦情や紛争に取り組む一連の仕組みを構築することだ。自社従業員だけでなく、サプライヤーや顧客、消費者などからの通報・相談を受け付ける窓口などを整備し、適切に対応していくことが求められる。

今後も欧米を中心として地政学・経済安保関連の法規制の厳格化や通商措置の運用強化が進むことが見込まれる。企業としてはこれら各種の法規制・通商措置に適切に対応していくことが必要であり、そのためにもまずは国連指導原則などにのっとった基本的な人権対応を進めることが重要な出発点となる。

第6章

地政学・経済安保リスクへの部門別対応策

本章ではいよいよ、地政学・経済安保のリスクに対して、企業の各部門がどのように対応すべきか、具体的に見ていく。部門は、「経営企画」「法務・コンプライアンス」「財務・経理」「調達」「研究開発」「製造（設計・生産）」「営業・販売」「広報・ＩＲ」「渉外」「ＩＴ」「人事」の11に分けた。部門ごとに、やるべきことを一覧できるよう、アクションリストにまとめたのでぜひ活用してほしい（各部門の従来の業務の説明は省略し、地政学・経済安保リスクに焦点を絞って対応策をまとめた）。実践の場では多くの場合、部門間で連携した対応が求められるため、自分の所属部門だけでなく、それ以外の部門の対応策にも目を通していただきたい。

部門別対応策①経営企画

経済安保統括部門を経営トップの直轄で据えよ

経済安保への対応では、ルール対応やコンプライアンスの順守という「なにをしなければいけないか」だけではなく、「なにを甘受するか」の決断が常に求められる。究極のケースでは、「法令違反を選択する」ことが必要になる場面もある。例えば、米国の法令に従えば、中国の法令違反となって制裁を受ける「板挟み」の状況がその典型例だ。こうした最終判断を下せるのは経営層に限られる。国際情勢が不透明な中で経営の舵をとるには、経営層が経済安保の重

図表6・1　地政学・経済安保アクションリスト（経営企画）

経営企画		☑
全社横断的な経済安保統括部門の設置		
	事業部門への効果的な進言が可能な役員層による統括	□
経営計画への経済安保視点の導入		
	投資計画プロセスへの経済安保統括部門の中核的参画	□
事業部門への地政学インテリジェンス提供		
	自社に関連する地政学動向の収集（外部コンサル・研究機関との連携）	□
	顧客の地政学対応の事前察知（販売部門との連携）	□
	事業継続性に影響の大きい調達チョークポイントの把握（調達部門との連携）	□
	地政学起因の重要規制（UFLPAなど）への対応の明示（法務部門との連携）	□
	地政学リスク対応の社内ベストプラクティスの共有	□

出所　オウルズコンサルティンググループ作成

要性を理解し、経営トップの直轄で「経済安全保障統括部門」を設置することが不可欠だ。経済安保統括部門のトップは、事業部門への効果的な進言が可能な役員層が適任だろう。部門の専属メンバーは数名規模の企業も多いが、重要なのは、関係する他部門と連携して取り組む体制を整えることだ。

まず、経営戦略の立案を担う経営企画部門と密接に連携し、経営企画部門の中に経済安保の担当を置く。サプライヤーの選定などでは、従来のコストや品質、効率を重視する経営判断に加えて、地政学・経済安保リスクを踏まえて多様化する米国政府の制裁リストに入った企業との取引は、コスト増を伴ったとしても速やかに停止する必要があり、そのための情報提供や判断材料の提示を担うのが、経済安保統括の役割となる。

法務・コンプライアンス部門、広報部門、事業部門などとの連携も欠かせない。例えば、米国のウイグル強制労働防止法（ＵＦＬＰＡ）やコンプライアンスの観点から、中国・新疆ウイグル自治区で生産された部材を使用しないという判断をした場合、中国政府からの反発や中国国内市場での不買運動などが予想される。それを見据えた広報対応や、中国市場向けの製品を他国市場に振り分けるなどの対応も必要だ。

現在、世界中で規制や制裁が増加しており、法務・コンプライアンス部門のリソースが逼迫している企業も少なくない。また、コンプライアンス上の判断のみで完結すべきでない事案は、経済安保統括部門が統括することが求められる。例えば、機微な技術を扱っている、あるいは外国政府にとっての重要産業に属する企業の場合は、他社から出資を受けたり、他社へ出資したりする際、「各国の法令で投資審査の対象に該当する可能性があるか」「政治的な論争に巻き込まれて意思決定プロセスが長期化しないか」などをあらかじめ考慮すべきだ。この判断は事業部門や財務部門のみでは難しく、経済安保統括部門が意思決定に関与する必要がある。

その際には、企業の視点からだけでなく、関係国政府の方針から逸脱していないかも考慮しなければならない。方針や規制などが正式に決まる前であれば、政府への全面的な配慮は必ずしも必要ないが、政府の動向は常に把握しておくべきだ。ここで対応を誤れば要注意企業とみなされ、政府からの支援が必要になった局面で優先順位が下がるリスクもある。

その意味でも、経営の意思決定に経済安保の観点を組み込む組織体制の構築が不可欠となる。

投資・製販・設計に直結するインテリジェンスが必須

経済安保統括部門の重要な役割として、インテリジェンス機能を掲げる企業は多い。だが、地政学的状況の解釈や動向予測までを自社ですべて担う必要はない。日々刻々と変化する情勢分析や予測は、専門性の高い社外のコンサルタントや学術機関、研究機関を活用したほうが効果的な場合もある。

企業に求められるのは、学術的・教養的なインテリジェンスではなく、投資計画・製販調整や製品サービス設計への影響を見極めるインテリジェンスだ。

地政学・経済安保リスクへの対応では、既存の業務プロセスの調整で間に合う場合と、それでは不十分で抜本的な変革が求められる場合があり、この違いを峻別する必要がある。例えば、サプライヤーが特定国に集中していれば、紛争や災害などでその国からの調達が困難になるおそれがある。他国のサプライヤーから調達可能な部材であれば、一定期間の調整で体制を再構築できるだろう。一方、輸出規制などで部材の生産に必要な重要鉱物が一切入手できなくなるケースでは代替が利かないため、その鉱物を使用しない製品の設計を検討する必要がある。

その際、「自社はどうすべきか」を考える前に、「顧客や『顧客の顧客』は何を考えているか」を把握することが極めて重要だ。重要鉱物が入手困難になるケースを例にとると、顧客や

「顧客の顧客」は「高リスクの重要鉱物を使わない部材を開発する」「既存商材をリサイクルする技術を強化する」「重要鉱物を要する商材の優先度を下げて生産を縮小する」「輸出規制の影響を避けるため、資源がある国で生産する」といった複数の選択肢を想定するだろう。自社の事情だけでなく、顧客や「顧客の顧客」の意向を十分に考慮した上で、自社の対応を考えなければならない。

経済安保統括部門が果たすべき役割は、地政学的な動向の把握だけではない。取引先の評価や選定、調達する部材の選定、調達先を変更した際に発生するコスト変化とその対応策など、自社の各部門が事業に必要な判断を下せるだけの情報を提供する役割を担うことも必要だ。

部門別対応策②法務・コンプライアンス

国際情勢に配慮した契約のカスタマイズを

企業のビジネス活動を直接的に規定するのは契約書だ。当然、契約書も、地政学・経済安保リスクに応じた形式や内容に変える必要がある。

近年のように地政学リスクが複雑化する前は、国際条約や国内法令、政府の通達などに従っていれば十分とされていた。しかし、近年の国際情勢の変化を踏まえると、こうした画一的な

図表6・2　地政学・経済安保アクションリスト
（法務・コンプライアンス）

法務・コンプライアンス	☑
地政学リスクを考慮した契約書のカスタマイズ	
地政学リスク起因の不履行対策として「地政学バスケット条項」を設定	□
地政学リスクの高い取引における契約期間の短縮	□
規制リスト該非のリスク低減のため表明保証を活用	□
製品・サービス提供国だけでない関係国コンプライアンスの網羅	□
法務への過度な依存を防ぐ「分権型コンプライアンス」対応	
法務・コンプライアンス担当と事業管理担当の業務、責任範囲の明確化	□
「分権型コンプライアンス」のツールとして参照情報（各国法令など）を整備	□
事業部門ワークフローにおける地政学リスク対応の組み込み	□

出所　オウルズコンサルティンググループ作成

対応だけでは自社を守りきれないおそれがある。

日本企業における地政学・経済安保リスク対応は、旧共産圏諸国への戦略物資・技術の輸出制限を目的に1949年に発足した対共産圏輸出統制委員会（COCOM）に端を発する（94年に解消）。96年に発足したワッセナー・アレンジメント（通常兵器および関連汎用品・技術の輸出管理に関する国際協定）がこれを引き継ぎ、兵器やその関連汎用品・技術に対する輸出管理規制（いわゆる安全保障貿易管理）が企業の対応すべき一般事項を定め、定着している。国内法としては外国為替及び外国貿易法（外為法）がある。

従来の安保関連の輸出管理では、直接の輸出先に着目し、政府の定めた枠組みに従っていれば、個別の企業間契約で特別なリスク回避策を講じなくても大きな問題は生じなかった。

しかし、ステークホルダーの目が厳しくなり、RFID（無線周波数識別）などの技術によって末端までの商流管理が可能となった今、直接の輸出先のさらに先の商流について「関知しない」「知らなかった」では済まされなくなってきている。

企業がとるべき対策としては、製品の売買契約を結ぶ段階で、(売買以降の)サプライチェーンの川下(「顧客の顧客」など)の管理についても契約書に明記しておく必要がある。例えば、川下の供給先に経済安保上の問題のある企業や団体が見つかった場合、その時点で相手方が商流を改善するよう努める条項を盛り込む。問題が起きたとき、販売先の企業が誠実に対応するとの確約を得ることが、自社を守る上でも重要なポイントとなる。

前述のように、企業が地政学リスクと契約履行の板挟みになるケースは、今後ますます増えるだろう。こうしたケースでは、いわゆる「フォース・マジュール条項」を通常通り活用することは難しい。「フォース・マジュール」とはフランス語で不可抗力を指す言葉で、日本語では一般に「不可抗力条項」や「天変地異条項」と呼ばれる。具体的には、地震や洪水、台風などの自然災害や、戦争、暴動、ストライキなどの事象によって債務の履行が不可能になった場合、債務不履行や履行遅滞の責任を負わないことを定める条項を指す。通常、フォース・マジュール条項では、具体的なトリガー事象を事前に契約書へ記載する。しかし、地政学リスクでは想定できる事象が多岐にわたり、トリガー事象を網羅的に記載するのが難しい。何より難しいのは、「役務が果たせないほどの不可抗力は生じていないが、地政学リスクとしてビジネスを止めることが望ましい」という状況が起こり得ることだ。第1章で、ロシアによるウクライナ侵攻後、この条項を適用して、オランダ・ロッテルダムからモスクワへの出荷をサプライヤー側の都合で停止するのは難しく、もし出荷が止まれば「契約違反」とみなされかねないことを指摘した。つまり、従来のフォース・マジュール条項だけでは地政学・経済安保リスクに対応しきれない可能性が高い。

そこで今後は、企業間のフォース・マジュール条項を進化させ、具体的なトリガー事象を事前に定めず、多様な事象に対応し得る「地政学バスケット条項」の導入を検討すべきだ。例えば「前記のほか、国際的な政治的変動、主要国の政策変更、経済制裁、貿易制限など、国際的な事情によりビジネスの前提条件が著しく変更されたと乙が合理的に判断した場合、乙は本契約に基づくサービス提供を一時的に停止する権利を有する」といった条項を入れておく。

また、取引先の所在国などを踏まえた契約期間の柔軟な設定も一段と重要になる。例えば、カントリーリスクが低い友好国の企業とは、価格が高くても長期契約で安定供給を確保する。一方、カントリーリスクが高い国の企業とは、短期契約を結んでリスクに備える。

さらに、M&Aで活用される「表明保証」を、通常の売買契約に取り入れるのも一案だ。M&Aにおける表明保証とは、契約目的物などの内容について、特定の時点で真実かつ正確であると表明し、その内容を保証する仕組みを指す。通常は、見つかっていない偶発債務の不存在の保証や、デュー・ディリジェンスで開示された情報に虚偽がないことを示す目的で利用されている。

これを地政学リスク対応に当てはめると、例えば、契約締結時点で取引先が米国輸出管理規制のエンティティー・リストに掲載されていないことを表明保証で確約させ、契約後に相手方がエンティティー・リストに加えられた場合にも自社がリスクを負わないよう免責事項を設ける、などが考えられる。

これからの「守り」には、コンプライアンス対応だけでなく、契約条項を工夫して、あらかじめ想定されるリスクを回避するなどの予防策が欠かせない。

一つの事案でも複数の国の法令順守の責務

日本では経済安全保障推進法が成立し、電気、ガス、金融、電気通信などの基幹インフラを扱う特定社会基盤事業者に「構成設備」（特定重要設備の一部を構成し、特定妨害行為に用いられるおそれのある設備）を納入する場合、事前審査の届け出が必要になった（図表5・5参照）。例えば、中国企業から技術移転を受けた東南アジア系企業と協業し、その商材を特定社会基盤事業者に納入することを計画している日本企業があるとする。中国企業との協業は避け、東南アジア系企業との協業という形をとっているが、事前審査の届け出をした段階で、中国企業との関係が問われる可能性が高い。最悪の場合、特定社会基盤事業者への納入自体が認められなくなる。

また、納入先が日本国内でも、日本の法令だけでなく、中国や米国の法令に抵触しないか確認する必要がある。先の事例では、中国企業から東南アジア系企業へ技術移転する際、中国の輸出管理法をクリアしなければならない。中国の輸出管理法は、「中国国内から国外へ貿易、投資、経済技術協力などを通じて技術を移転する行為」を輸出とみなし、「特許権の移転、特許出願権の移転、特許実施許諾、ノウハウの移転、技術サービス及びその他の方式の技術移転」を規制対象に含む（技術輸出入管理条例）。これに抵触すると東南アジア系企業に技術を移転できなくなる。たとえ輸出管理法をクリアしても、次のハードルとして、データの移転がある。中国には「データ3法」と呼ばれる法令があり、個人情報や重要データを国外に持ち出すことを制限している。さらに、外国企業に資本を移転する場合、中国の独占禁止法にも留意しなければならない。国家の安全保障に関わると判断されれば審査対象となる。

加えて、米国の法令も無視できない。このケースでは、東南アジア系企業が「中国企業」とみなされれば、米国企業から製品や技術の提供を受けられなくなるリスクがある。

もし、これらの法令をクリアできなければ計画が総崩れとなり、日本の特定社会基盤事業者への納入が止まり、取引額の大きい重要顧客を失ってしまう。

これまでは納入先国の法令を順守すれば足りていたが、現在は、複数国の法令を同時に考慮しなければならない。

■分権型コンプライアンスの構築を

地政学リスクの高まりによって、法務・コンプライアンス部門が対処すべき範囲は近年急速に拡大している。米国輸出管理規則のエンティティー・リスト、米国財務省外国資産管理室（OFAC）のSDNリスト、日本の外為法の対象品目など、各種の規制対象が、日々、つぎはぎのパッチワークのように変化している。ほとんどの国で、予見可能かつ体系だった規制にはなっていない。規制当局も、新たな人権侵害や技術流出などの問題が起こるたびに、それに対処しようと規制リストを更新する。各国・地域の法体系も統一されていないため、全体像を把握しきれないまま規制が増殖している。熟練の法務・コンプライアンス担当者でも対応には限度があり、人員を増やしても、急増する規制に追いつけるかはおぼつかない。

法務・コンプライアンス部門が、各部門から個別に寄せられる問い合わせへの対応に忙殺されているのであれば、パンクする前に対策を講じる必要がある。

私がクライアント企業に勧めているのは、「分権型コンプライアンス」の構築だ。これは、地政学・経済安保対応の業務量と責任を各事業部門に分散する仕組みであり、全社横断的に統制を確保しつつ、部門単位でコンプライアンス対応を完結できる体制を目指すものだ。「分権型コンプライアンス」の実現には、部門横断的に使用できるツールの導入が不可欠だ。

ツール上で法務・コンプライアンス部門が参照情報を常に更新して最新状態を保ち、貿易規制に関する各種リストなどが改訂された際も、各部門がこのツール上の情報を参照先として活用することを義務付ける。権限や責任に関しても、本社でリスクを統括する法務・コンプライアンス部門と事業部門の管理担当との間で明確化し、本社リスク統括がツールで参照する各国法令などの情報を随時更新し、事業部門の管理担当は現場運用を担う形で役割分担する（図表6・3）。すべてのルール・規制をクリアできていることを自動判定するデジタルツールの構築は容易ではないが、チェックリストやワークフローを定めておくといいだろう。

例えば、「製品に○○が含まれる場合、法務・コンプライアンス部門が提示する△△のリスト該非を確認したことを示すチェックボックスに入力がなければ、量産プロセスへの承認が下りない」といったワークフローをつくっておく。

また、「取引先がエンティティー・リストに掲載されているか」という質問に対して「はい」「いいえ」のいずれかを選択するだけだと、担当者が深く考えずにチェックを入れてしまうかもしれない。一方で、規制リストへの掲載が何千社にも及ぶ場合、間接的な取引先を含めてすべてのリストに照らして該当していないことを調べるのは容易ではない。そこで、取引先の階層別に取引品目のリスク程度や取引金額などの要件を設定して、コンプライアンス精査のための重点的な調達一覧をもとに全数チェックする仕組みを導入するのが現実的だろう。更新された規制リストのデータベースをもとにＡＩを活用して、無数の間接取引先のリスク可能性を絞

図表6·3　中央集権型から分権型コンプライアンスへ

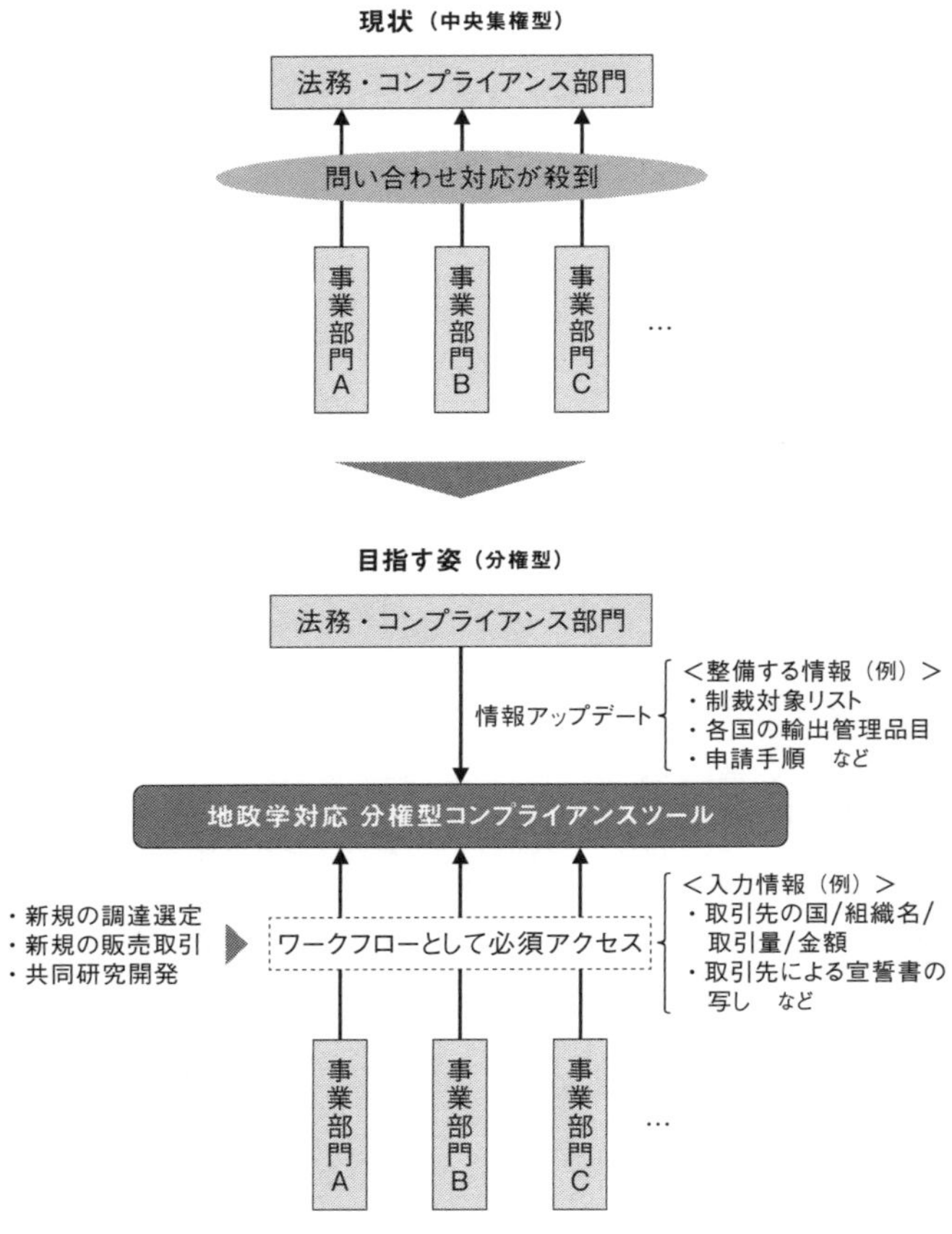

出所　オウルズコンサルティンググループ作成

り込むソリューションも近年は進化しつつある。ワークフローでプロセスを進める要件としては、必要書類について「書類を用意しているか」ではなく、実際に書類を添付・アップロードさせる仕組みにしなければ機能しにくい。

部門別対応策③財務・経理

変動費へのシフトと資金の現地調達

財務・経理部門の役割は採算性やコスト削減を追求するだけにとどまらない。予見可能性が低下している今、変化への耐性を高めるための体制構築が求められている。その具体的な方策の一つが「固定費から変動費」へのシフトだ。新たな工場を建設しない、むやみに雇用を拡大しないといった方針のもと、アウトソースを活用して変動費を拡大することも積極的に検討すべきだ。たとえ変動費率が増加しても、紛争勃発により工場が稼働できなくなる、予期せぬ規制強化で調達先や販売先の変更を強いられ製品ラインアップを変更せざるを得なくなる、といった事態が発生する可能性などを考慮すると、リスク管理の観点から合理的な施策となるだろう。ただし、変動費へのシフトによって損益分岐点が変われば、当然、事業計画にも柔軟な見直しが求められる。

図表6・4　地政学・経済安保アクションリスト（財務・経理）

財務・経理	☑
国際情勢に合わせたコスト戦略と財務戦略の策定	
「固定費回避」「アセットライト」志向の事業計画の策定	☐
内製化・外注の最適化のための投資ルール策定と全社ガバナンスの強化	☐
進出先における撤退コストや接収リスクの事前算定とシナリオプランニング	☐
進出先国における資金の現地調達と資金回収の方策の検討	☐
M&Aデュー・ディリジェンスにおける経済安保項目の導入	
事業地域の分散度合いを考慮した企業価値の評価	☐
事業計画の精査における「経済制裁や輸出管理対象との取引」確認	☐
研究開発投資の精査における社内外担当研究員のバックグラウンド確認	☐
経営陣のアセスメントにおけるセキュリティー・クリアランスの視点の追加	☐

出所　オウルズコンサルティンググループ作成

設備投資に伴う減価償却（固定費）が少ない「アセットライト」と呼ばれる戦略を採用するには、事業部門と間接部門の双方の対応が必要だ。事業部門では、工場の新設など設備投資による増産ではなく、生産委託によって増産分を賄う必要がある。間接部門では、事業拡大に伴うバックオフィスの増強に対して、新規の雇用ではなく、地政学リスクへの対応に備えて機動的な外部サービスを使うなど、BPO（ビジネス・プロセス・アウトソーシング）の積極的な活用を検討すべきだ。

投資判断においては、内製化・外注の構成を地域別に最適化するポリシーと審議ルールを策定し、経営企画部門や事業企画部門と連携しながら、財務・経理部門が中心となって全社的なガバナンスを強化する必要がある。優良なアウトソース先を見つける目利き力も欠かせない。

進出先国における撤退コストや接収リスクを事前

に見積もり、最悪のシナリオを想定して備えることも必要だ。紛争発生時などに即時撤退するケースや、在庫の積み増しや稼働率を意図的に低下させた場合のシミュレーションや行動計画の検討も求められる。キャッシュフローマネジメントを徹底すると、在庫を極力持たないことが推奨されるが、地政学リスクから見れば不適切な場合もある。財務・経理部門がコスト削減一辺倒ではなくリスク対応の視点を持って柔軟に対応することが重要だ。

資金調達の面でも、従来とは異なるアプローチが選択肢となる。海外に拠点を持っている場合、それまで疎遠だった現地の金融機関からの資金調達を強化する必要が出てくるケースもあるだろう。中国を含む主要国の中には、国外との自由な資金移動が難しい国が少なくない。そのため、本社と現地拠点との資金移動をなるべく抑える対策が重要になる。一方、懸念国で資金を調達した場合には、必要なタイミングで資金を引き出せなかったり、最悪の場合には口座が凍結されたりするリスクもある。できるだけ滞りなく資金を回収し、懸念国に資金が長期間滞留しないよう管理することが欠かせない。

M&Aのデュー・ディリジェンスに経済安保の視点を

M&Aの意思決定時には、投資先の財務状況や資金調達能力の精査など、財務・経理部門が担うデュー・ディリジェンスの役割は大きい。それに加えて、最近では地政学リスクと経済安保対応が不可欠になっている。これらのリスクへの対応は事業継続性や法的リスクにも直結するため、事業の採算性を見るだけでなく、さらに詳細な検討が求められる。

まず、買収先（または投資先）企業の事業が特定の国や地域に依存している場合、国際情勢の変化によって直接的な影響を受ける可能性が高い。リスク軽減の観点からは事業の地理的分散が重要な評価ポイントとなる。仮に、買収先の企業が、地政学的な要因によって原材料などの調達先を変更せざるを得なくなった場合、コスト増になる可能性がある。こうしたリスクを考慮した上で事業価値を算定することが、現実に即した買収価格設定につながる。また、買収先企業のビジネスに、各国政府の経済制裁や輸出管理規制の対象となる取引先や事業が含まれていないか、確認が必要だ。特に、ハイテク分野やデュアルユース技術（軍民両用の用途で活用される技術）を扱う企業は、現在の商流の変更を強いられるケースもあるため、精緻なデュー・ディリジェンスが必要だ。

経済安保の観点からは、買収先企業と研究開発を共同で取り組んでいる相手先企業や、買収先企業内の主要な研究開発メンバーの経歴も重要な評価項目になる。例えば、中国など懸念国企業と研究開発で連携がある場合、米国の政府調達で入札資格を失ったり、日本の経済安全保障推進法に基づく特定社会基盤事業者への納入が難しくなったりするリスクが生じる。さらに、補助金の適用条件に抵触して、従来受けられていた補助金を失うおそれもある。こうしたリスクを未然に回避するには、デュー・ディリジェンスのチェック項目を拡充する必要がある。

M&Aで経営陣を評価する際は、従来のスキルや経験、リーダーシップに加え、セキュリティー・クリアランスの観点からも適性を精査する必要がある。具体的には、経営陣の出身国や過去の職務履歴、取引先や関連団体との関係を調査する。特に、国外の軍事関連企業や政府機関での勤務経験のある幹部がいる場合、その人物を通じて自社の機密情報が漏洩するリスクについて調査・確認すべきだ。国家安全保障の観点で、買収先の経営陣が適格かどうかを検証することで、買収後のリスクを最小限に抑えられる。

部門別対応策④調達

ジャスト・イン・タイムからジャスト・イン・ケースへ

調達部門に求められるのは、長年のサプライチェーン管理の哲学だった「ジャスト・イン・タイム」から「ジャスト・イン・ケース」へのシフトだ。

ジャスト・イン・タイムのサプライチェーン管理では、サプライヤー選定や在庫管理の際にコストを最優先し、需要の変動への素早い対応を可能にする短期かつ柔軟な契約を重視してきた。安価な労働力を求めて生産拠点を移転し、注文を集約することで規模の経済を最大化し、キャッシュフローを改善するというのが、旧来のやり方だ。しかし、新型コロナウイルスの感

図表6・5　地政学・経済安保アクションリスト（調達）

調達		☑
適切な冗長性を前提とした経済安保対応の調達戦略へのシフト		□
サプライチェーン上のチョークポイント分析		
	チョークポイント分析対象の選定 （選定例：「調達量」「事業上の重要性」「政策上の重要性」）	□
	チョークポイントの特定 （分析軸：「特定国・サプライヤーへの依存状態」「調達途絶リスク有無」）	□
経済安保視点を加えた包括的なサプライヤー評価		
	サプライヤーのカテゴリー設定（取り扱い商材別の分類）	□
	カテゴリーごとのサプライヤーランク設定（例：「最重要」「重要」「認定」「集約」）	□
	サプライヤー評価基準への経済安保項目の追加 （例：経済安保施策への協力度）	□
地政学リスク対応としてのサプライヤー多様化マネジメント		
	地理的多様化による可用性確保と関税変動リスク分散	□
	重要品目のサプライヤーの多元化と汎用品サプライヤーの集約	□
	代替サプライヤーの確保に向けた事前評価	□
重要品目の安全在庫の積み増しを前提としたキャッシュフローマネジメント （財務・経理との連携）		□

出所　オウルズコンサルティンググループ作成

染拡大による経済の混乱を受けて、ジャスト・イン・タイム生産方式の弱点が浮き彫りになった。

　コロナ禍で特に大きな影響を受けたのが日本の自動車メーカーだ。世界的な半導体不足と、海外で製造する部品の調達が停滞し、各メーカーは大幅な減産を余儀なくされた。部品調達の危機を招いたのは、ジャスト・イン・タイムに過度に依存していたことが一因とされている。

　しかし、兆候はその前からあった。２０１１年７月から12月にかけて起きたタイでの洪水では、ハードディスクドライブや自動車部品などのサプライチェーンが断絶した。タイに生産拠点と関連部品のサプライチェーンが集中していたため、日本企業の事業活動にも深刻な影響が及んだ。また、ロシアによるウクライナ侵攻が起こった際、現地に拠点を持っていなくても、企業は原材料の調達や物流ルートの切り替えなどの対応に追われ、サプライチェーンに大きな混乱が生じた。

この数年、地政学・経済安保リスクは高まりを見せており、ジャスト・イン・タイム型のサプライチェーンを見直す必要性が高まっている。国家の安全保障に関わる産業や技術の範囲を拡大する国が増え、米国のように自国第一主義を掲げ、国境をまたぐ自由な商取引や資本の流れを阻害する政策を講じる国も出てきた。関税の引き上げや輸出規制などが横行すれば、目の前の「カイゼン」では到底対応しきれず、サプライチェーンの根本的なアップデートが待ったなしとなっている。実際、一部の企業はすでに対策を講じている。２０２４年5月23日の日本経済新聞の報道によると、米テスラは一部のサプライヤーに対し、中国と台湾以外での部品生産を要請している。米中対立の深刻化や、台湾有事などの地政学リスクへの対応であることは明らかだ。中国以外で販売されるＥＶに搭載される、プリント基板やディスプレー、電子制御ユニットなどのサプライヤーが要請を受けた。

これまでのサプライチェーン管理では、在庫コストを最小化すること、つまり、

$$\text{経済的発注量} = \sqrt{\frac{2 \times \text{1回当たりの発注費用} \times \text{年間必要量}}{\text{年間在庫保管費用}}}$$

を実現することが命題とされてきたが、それが最適解ではないことは、すでに述べた通りだ。発注量は「需要予測量－現在在庫量－発注残＋安全在庫」で求められるが、ジャスト・イン・ケース型の調達に移行する際には「安全在庫」の概念を見直す必要がある。在庫を多く持つほどコスト増になるが、不測の事態に備えた重要部品・製品の在庫確保も欠かせない。自社のサプライチェーンの特性を踏まえ、コストと不測の事態に備える回復力のバランスを見極めることが、最も重要なポイントだ。

移行の際には、既存の部品について代替品の可能性も検討する。設計部門や品質評価部門から「代替品はない」と言われるかもしれないが、特に重要な製品の部品に関しては、調達先を複数確保すべきだ。製品によっては設計の標準化も有効な対策になる。フォルクスワーゲンやＢＭＷは、地域ごとに必要な量を生産できるよう、異なるモデルやブランドの自動車でも共通のコンポーネントを使う標準化を進めている。調達先の多様化や設計の標準化を進めるには、設計部門や品質評価部門との連携が不可欠だ。

サプライチェーンのチョークポイントを特定せよ

地政学リスクに備えるためには、自社のサプライチェーンにおけるチョークポイントの特定が鍵となる。ここではステップ①「分析対象の選定」とステップ②「チョークポイント特定分析」に分けて考えていこう（図表6・6）。

ステップ①「分析対象の選定」では、重要な調達品目が「自社の主要調達品目」「政府の重要物資」「事業部視点のキーコンポーネント」のいずれかに当てはまるかを確認する。自社の「主要調達品目」は、在庫ＡＢＣ分析で「Ａランク」に分類される品目が該当する。

ＡＢＣ分析とは、在庫の金額や売り上げなどの指標をもとに管理対象をＡ・Ｂ・Ｃの三つのグループに振り分ける手法で、取引金額が最も大きいＡランク品目は欠品が許されない。したがって、チョークポイントの分析対象として優先的に扱う必要がある。「政府の重要物資」は、日本の場合、経済安全保障推進法で指定された半導体、蓄電池、重要鉱物などの「特定重要物資」が該当する。こうした物資は産業や経済活動の基盤を支えるもので、供給が断たれると国民生活や経済に深刻な影響を与えるリスクが高い。「事業部視点のキーコンポーネント」は、自社の競争力を支える要素となる部材で、調達の代替が難しいかどうか、事業へ与えるインパクトが大きいかどうかなどを基準に判断する。

ステップ②の「チョークポイント特定分析」では、ステップ①で選ばれた項目について、「依存状態にあるか」「調達途絶リスクがあるか」の二つの視点から評価する。調達依存度分析の典型的な手法は、輸入相手国の集中度がわかる指標「ハーフィンダール・ハーシュマン指数（ＨＨＩ）」を用いて、「特定サプライヤー」や「特定国」への依存度を把握するやり方だ。例えば、「ＨＨＩが50を超える品目は調達依存状態とみなす」といった基準を設定し、超えている

図表6・6　サプライチェーンにおけるチョークポイントの特定

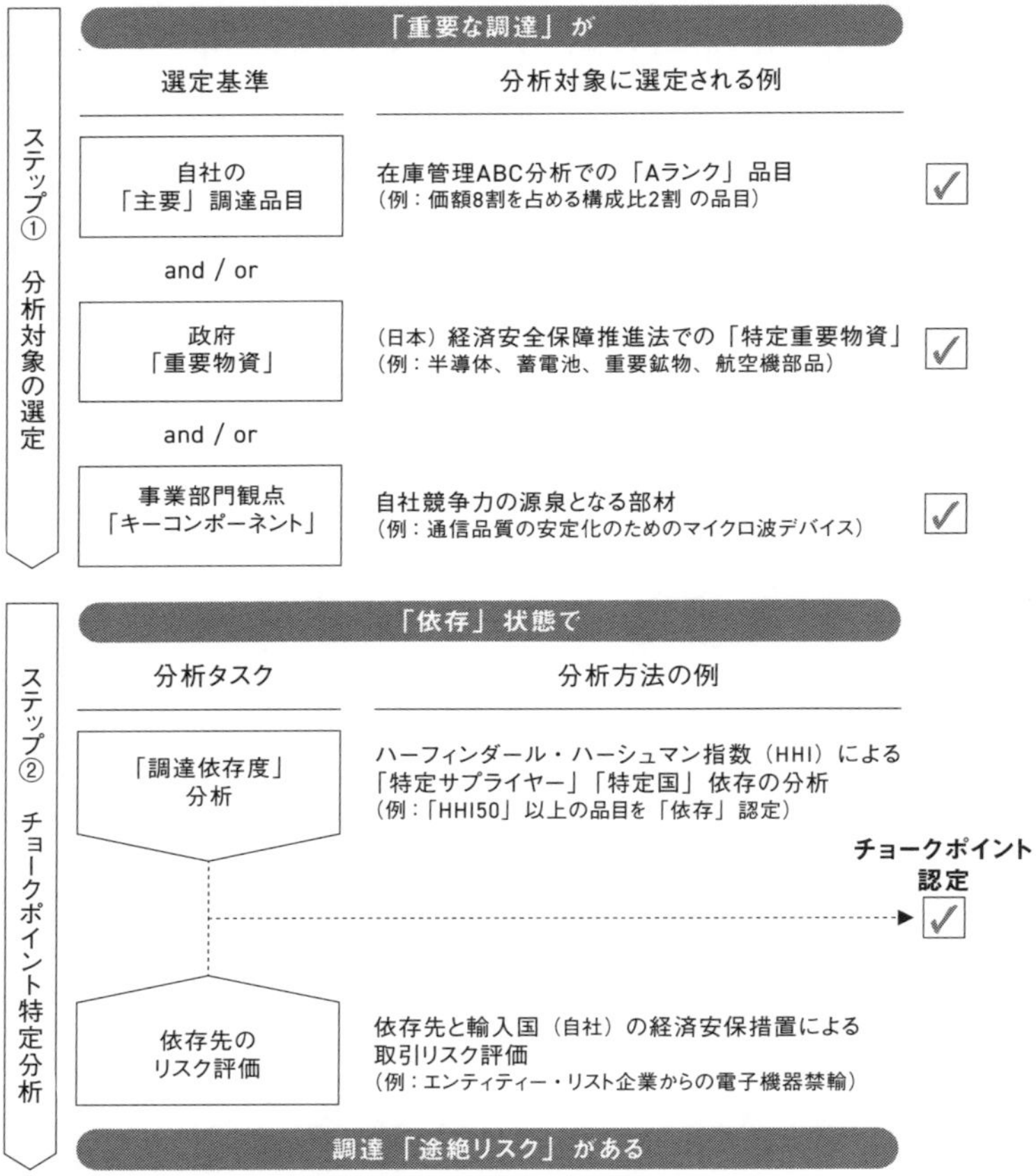

出所　オウルズコンサルティンググループ作成

かどうかを判断する。次の「依存先のリスク評価」では、調達先と輸入国（自社が所在する国）の間で適用される経済安保措置による取引リスクを見極める。例えば、米国拠点の場合、米国のエンティティー・リストに掲載された企業からの調達があれば「調達途絶リスクがある」と判断する。

この二つのステップによって、「重要な調達」が特定のサプライヤーや国に依存し、かつ調達途絶リスクがあると評価される場合、その調達先をサプライチェーン上のチョークポイントと認定する。

チョークポイントに認定した調達先に対しては、原材料・部品などを調達する国で起こり得るリスクを想定しながら、調達方針を再検討する。例えば、特定部品のサプライヤーが生産停止し、代替調達が難しい可能性があるなら、部品の共通化による供給量の確保、サプライヤーの分散、あるいは内製化などの対策が考えられる。調達先の多様化については後述する。

特に重要な品目に関して在庫不足が起こるリスクがある場合は、前述のように、有事を想定して厚めに確保するなど、戦略的な在庫管理を検討すべきだ。さらに、紛争などによって物流網が寸断される可能性を考慮し、代替物流網を構築することも重要だ。

サプライヤー評価基準に「経済安保」項目を加える

地政学・経済安保リスクを踏まえてサプライヤーを管理するには、評価基準そのものをアップデートする必要がある。

近年では、自然災害や半導体不足などによる市場逼迫リスクへの対応、さらに気候変動や人権問題といったサステナビリティの視点が求められ、QCD（品質、コスト、納期）だけでなく、社会的責任を果たしつつ、不確実性が高い環境でも強靭な安定供給を実現できるかが問われるようになってきた。地政学リスクが高まっている今、経済安保の観点もサプライヤー評価基準に取り入れるべきだ。

サプライヤー管理のプロセスは、まずサプライヤー戦略や調達要件などを設定し、実際の調達に対してそのパフォーマンスを基準に照らして評価し、取引を維持したり、サプライヤーを変更したりする。ここでいうサプライヤー戦略とは、サプライヤーを選定・管理して供給関係を最適化するための基本方針を指す。また、サプライヤーの評価では、現場評価者の恣意的な判断を防ぐために、明確で透明性の高い評価基準を用意する必要がある。

評価基準について順を追って説明する。まず、製品やサービスの特性に基づきサプライヤーをカテゴリー分けする（例：原材料、部品、サービスなど）。次に、カテゴリーごとに4段階程度

（最重要、重要、認定、集約）のサプライヤーのランクを定義し、そのランク別に評価基準を設定する。

■サプライヤーランクの定義例

- **最重要サプライヤー**……長期的な取引を前提に協力関係を構築し、開発段階から関与してもらうサプライヤー
- **重要サプライヤー**……最重要サプライヤーに次いで協力関係を構築するサプライヤー
- **認定サプライヤー**……取引開始時の評価を通過し、いつでも取引可能なサプライヤー
- **集約サプライヤー**……将来的に取引の縮小や停止を検討するサプライヤー

このランク定義を踏まえ、経済安保の観点を含めたサプライヤー評価基準を設定する。例えば、「①重要原材料・部材を供給している」「②代替が難しい」「③取引金額が大きい」を基準とし、①〜③のうち二つ以上に当てはまる取引先を「最重要サプライヤー」、一つだけ該当する取引先を「重要サプライヤー」と定義する。

これに加え、地政学リスクを踏まえたサプライヤー管理では、品質やコスト、納期、技術力、財務状況など従来の基準に加え、サプライヤーがどれだけ協力的かという点も評価基準に含める。具体的には、サプライヤーの情報開示の度合いや営業姿勢、商品開発体制など様々な視点

から評価する。地政学リスクが顕在化した際には、現地の動向把握や事業継続に向けた対応策の検討など、サプライヤーとの緊密なコミュニケーションが欠かせない。有事の際にどの程度親身に連携してくれるか、特に、主要調達品目や競争力の源泉となる部材のサプライヤーに関しては、こうした協力度の評価が極めて重要だ。

有事の際、代替不能な部品の供給が停止することがないように、サプライヤーとの間で人的交流や資本提携などの関係構築を図ったり、現場を直接視察して情報を収集したりする努力も欠かせない。サプライヤー自身の競争力だけでなく、サプライヤーから見た自社の評価（協力度）を上げることも、結果的に両社の協力関係の強化につながる。このような複合的な視点で経済安保を意識したサプライヤー・マネジメントに取り組んでほしい。

「サプライヤー多様化」は単なるロングテール化ではない

地政学・経済安保リスクへの対応を考える上で、サプライヤーを多様化することは事業の持続可能性を確保するための重要な戦略となる。ただし、ここでいう多様化は、単にサプライヤーの数を増やすことではない。

サプライヤーの数を増やして調達先を分散し、取引企業の総数が増えた状態は「ロングテール化」（取引額の多い順に並べてグラフ化したとき、グラフの後半が尻尾（テール）のように見える）と呼ばれる。

「調達先が多い＝リスク分散」と思われがちだが、それだけでは最適な対応策とはいえない。

まず、地域集中のリスクがある。いくらサプライヤー数が多くても、地理的な分散がなければ、サプライチェーン全体が一度に大きな影響を受ける可能性がある。

また、多数のサプライヤーを管理すると、契約条件や品質基準、納期管理などが複雑化し、管理コストが増大するというマイナス面もある。その場合、供給途絶が生じた場合に、迅速な対応が難しくなる。さらに、サプライヤーが異なる地域に分散していても、同じ輸送ルートや原材料の供給元に依存していたら、分散したことにはならない。つまり、単純にサプライヤーの数を増やすだけでは、有効な対応策にはならない。

目指すべきは、地理的に分散する「①地理的多様化」、同等サプライヤーを複数確保する「②サプライヤーの多元化」、そして「③代替サプライヤーの確保」の三つだ。取引品目についてABC分析をして、最重要のAグループに分類される品目が少数のサプライヤーに依存しているなら、早急にこの三つの対策を講じる必要がある。

①地理的多様化

サプライヤーを異なる地域や国に分散させることで、政治的不安定化や紛争など、特定の地域で起こる地政学・経済安保リスクを軽減できる。例えば、Aグループの品目が特定の国に依存していると、調達先国の輸出規制や生産国の関税ルールが変化した場合に大きな打撃を受けるが、他の地域からの調達ルートを確保しておけばそのリスクを回避できる。

②サプライヤーの多元化

同じ地域内で調達する場合に有効な手段だ。同等の複数のサプライヤーと契約を結ぶことで、特定のサプライヤーへの過度の依存を防ぐ。例えば、一つのサプライヤーが経営破綻や製造能力の問題で供給を止めざるを得なくなった場合でも、別のサプライヤーから調達を継続できる選択肢を保持しておく。1社に調達を集約すればコストダウンが期待できるが、依存リスクは高まる。

③代替サプライヤーの確保

既存の調達先の代替になり得る潜在取引先の事前評価も欠かせない。常に複数の代替サプライヤーをリストアップし、必要に応じて速やかに切り替えられる体制を整えておく必要がある。万一、主要サプライヤーにトラブルが発生しても代替サプライヤーへ移行できれば、事業の中断を防げる。

一方、ABC分析でCグループに分類される品目は、調達戦略上の重要度が低いことから、

「ロングテール化」はコストアップなどデメリットのほうが大きいので、取引先を絞り込む必要がある。特に、同一地域内に多数のサプライヤーがある場合、数を絞り込んで調達効率を高めるべきだ。

調達が経営のコントロールタワーになる時代に変化

グローバルな経済活動が前提となった現在、調達部門と設計部門の役割分担が再定義されつつある。従来多くの企業では、設計部門が製品開発を主導し、調達部門はその設計に基づいて必要な資材を確保するという役割を担ってきた。しかし、地政学リスクの増大や供給網の不安定性が高まる中で、調達部門が経営のコントロールタワーとしての役割を果たす時代へと変化している。

例えば、輸出規制などが原因で重要なハードウエアであるマイコン（マイクロコントローラーユニット）の調達が難しい場合に、ＦＰＧＡ（製造後に購入者が構成を設定できる集積回路）を活用したソフトウエアによる機能充足を目指す設計変更のケースが想定される。平時には商品企画部門や設計部門から調達部門に指示が送られるプロセスが主流でも、地政学リスクに際しては調達部門が経済安保対応の観点での設計変更を起案することになる。このようなケースでの設計変更は、従来の関係性から逆転し、調達部門が設計部門をリードする必要がある。

また、サプライヤーとの接点を通じて得られる材料価格、供給リスク、技術動向などの市場の重要な情報を経営に提供し、経営上のリスクを減らすことも、調達部門の重要な役割だ。例えば、原材料価格の上昇が見込まれる場合は価格固定契約を提案する、供給途絶のリスクがある場合は代替サプライヤーを確保する、などだ。

サプライヤーとの強固な信頼関係を築くことで、経営に負のインパクトを与える情報を早期に入手し、対応を講じるなど、今後、調達部門の重要性は高まっていくはずだ。

原材料価格の高騰や関税、輸出規制、物流の混乱といった地政学リスクの最新情報は、調達部門が真っ先に入手することが多い。経営企画部門や経済安保統括部門が外部から情報を得るのは、政府機関やシンクタンクが分析した後だ。調達部門に期待される役割は、資材供給の管理部門から、企業の経営戦略を支えるコントロールタワーへと変化することだ。

部門別対応策⑤研究開発

「重要技術」の特定から始めよ

地政学リスク・経済安保対応の重要事項の一つが技術流出への対応だ。企業の幹部と話をしていても、特に海外拠点や販売先、サービス提供先における技術流出への懸念が大きいことが

図表6・7　地政学・経済安保アクションリスト（研究開発）

研究開発		☑
技術流出対策の前提となる「重要技術」の特定		
	主要国政府が定める経済安保「重要技術」の把握	□
	自社の技術・知財分類と政府「重要技術」分類の突合管理	□
多方面からの情報漏洩を想定した重要技術のセキュリティー対策		
	ソフト対策（情報管理規程の整備，情報アクセス制御など）	□
	ハード堅牢性確保（データセンターなどの重要拠点の警備など）	□
	退職者による技術漏洩に対するペナルティーの設定・明示	□
	研究開発パートナーのバックグラウンドチェック	□
データ保護に関する法規制を踏まえた研究拠点の立地検討		
	各国のデータ関連規制やプラットフォーム業界動向の把握	□
	規制・標準によるデータ接続性への影響の考慮	□
	データ分断リスクに際しての研究開発拠点の分散検討	□
経済安保を契機とした開発テーマの模索		□

出所　オウルズコンサルティンググループ作成

伝わってくる。対策の第一歩は、「何が『重要技術』なのか」を特定することだ。自社が保有する技術やノウハウ（製法、図面、金型、原材料、製造工程、製造設備、その他技術データ）のうち、地政学・経済安保リスクの視点から「重要技術」を正しく認識することから着手する。

その際に留意すべきは、自社が重要と捉える技術と、政府が重要と捉える技術が必ずしも一致しない可能性があることだ。企業にしてみれば「なぜ、政府の考えを取り入れる必要があるのか」と思うかもしれない。だが、最近では、重要技術の流出により、その企業に損失が生じるだけでなく、その企業が属する産業全体に損害が及ぶことも十分に考えられる。

日本が強みを持つ半導体製造に必要な素

材や工作機械の技術情報、化学兵器になり得る原材料の情報、ハッキングに応用可能な技術などの管理が不十分だと、一企業を超えて産業や国全体に迷惑をかけることになり、政府からは「経済安保の感度が低い要注意企業」とみなされるおそれがある。

こういった事態を避けるためには、日本政府だけでなく、米国、欧州や中国などの主要国政府が重点を置く技術について把握しておくことが欠かせない。つまり、外国から狙われやすい技術を知るということだ。

企業で各種の技術を主体的に取り扱うのは研究開発部門であることが多い。しかし、経済安保上の重要技術の特定に当たって、政府の政策と共同歩調をとるためには、経済安保統括部門と連携し、地政学的な状況の変化に機敏に対応できる体制を構築する必要がある。

なお、日本政府も「重要技術」の判別が容易ではないと考えており、企業からの情報提供や共同歩調に向けた取り組みは大いに歓迎されるだろう。

狙われている前提でのセキュリティー対策を

自社内で「重要技術」を特定したら、次の段階はそれを守り抜く対策を打つ。その際には、「常に狙われている」前提で臨むことが大事だ。

ソフト面では、重要な技術情報やノウハウを機密扱いとし、ＩＴ部門とも連携しながらアクセス権の制限やアクセス履歴のトレース、暗号化などを進める。「万策を尽くす」という意味では、現場の小さな工夫も必要だ。例えば、研究開発部門における内部の対策として、開発中の技術に、「まぐろ」「さば」のような全く無関係の名前を付ける企業もある。ローテクだが漏洩しても解読しにくいようにする工夫の一つだ。ハード面では、技術開発施設やデータセンターに対し、他の施設よりも堅牢なセキュリティー対策を実施する。特殊な鍵や監視カメラの設置、厳格な入退室管理、データアクセス制限などだ。

人材の流動性が高い現在、退職者からの技術漏洩にも注意が必要だ。情報やノウハウの持ち出しをソフト面・ハード面で制限し、退職時の秘密保持誓約書の提出や、退職後に重要情報を漏洩した際のペナルティー（退職金の返納、訴訟要件としての明記など）の設定など、人事部門や法務部門とも連携した上で制度面での対策を整備する。

また、廃棄する製造設備などから重要技術が漏洩する可能性も忘れてはならない。中古設備は中国や東南アジアに流れることが多い。廃棄物処理業者に渡す前に、重要技術が含まれていないかを入念にチェックするための体制と仕組みを整える。

共同研究開発のパートナーを選ぶ際にも、特に、外国企業が候補になっている場合には、重要技術やノウハウの漏洩に注意が必要だ。共同で使用するクラウドや受信したファイルを経由して、社内システムにバックドアを仕掛けられるおそれがある。日本政府は大学に研究資金を援助する際の要件として、研究者の職歴の情報公開や透明性の確保などを義務付けることを検討している。研究開発のパートナー選びでは、協業相手の技術力に注目するだけでなく、経済安保上のリスクについても早めに経済安保統括部門や法務部門と協議しておくべきだ。

いずれの場合も、制度や仕組みをつくるだけでなく、実際に機能させることが肝要だ。厳格な基準を一律に導入すると業務の妨げになり、有名無実化してしまうこともあり得る。技術を重要度の等級に分類して保護の優先順位をつけ、優先度に応じて基準を柔軟に変えていくことが現実的な対応だ。

地政学による新たな技術開発ニーズもある

地政学的要因は「リスク」と捉えられがちだが、前向きなイノベーションの開発につなげる余地があることもぜひ認識してほしい。

まず注目したいのが、国内内製化の動きに伴う研究開発需要のシフトだ。この数年、各国が重要鉱物の輸出制限を相次いで導入している。中国は2023年に、ガリウム、ゲルマニウム関連製品を輸出管理対象にしたのを皮切りに、グラファイト（黒鉛）やアンチモンも対象に加えた。ＥＶ用のリチウムイオン蓄電池は、これらの影響を最も受けやすい。そのため、これらの物質を極力使わない代替の技術開発が活発化している。繰り返し充放電が可能な蓄電デバイスであるキャパシタや全固体電池などは、その例だ。2019年に日本政府が韓国に対して、半導体製造用フッ化水素の輸出管理を厳格化した際には、韓国は日本からの輸入に頼らずに済むよう、急ピッチで国産化の体制を整えた。中国だけでなく、南米やインドネシアなどでも重要資源の輸出管理や産業の国有化が進んでいる。研究開発部門にとって、こうした動向は、代替の技術開発の絶好のチャンスといえる。

二つ目は、変化するルールへの対応を可能にする「イネーブラー」として、研究開発が果たす役割だ。ここ数年、そして今後も、欧州を中心に環境問題や人権問題に関連する規制が相次いで導入される。例えば、ＰＦＡＳに対する規制もその一例だ。ＰＦＡＳは1万種ほどある有機フッ素化合物の総称で、フライパンなどの日用品から工業製品まで幅広く使用される。環境中に残留し（難分解性）、人体にも悪影響を及ぼす可能性（高蓄積性）があることから、使用・製造の禁止に向けた議論が進んでいる。

こうした動向を逆手にとり、「ＰＦＡＳフリー」製品の開発を主導することも考えられる。このほかにも、欧州が導入したバッテリー規則では、ＥＶ用や産業用バッテリーに対し、原材料やライフサイクル全体のカーボンフットプリントなど、従来不要だった情報の開示が求められている。これらのルール対応を可能にするトレーサビリティー技術に対しては、今後の需要が拡大するだろう。

このように、研究開発部門は、ルールへの対応を実現する「イネーブラー」としての需要にも目を向け、技術開発の対象分野を選定すべきだ。従来、研究開発の成果はディスカウントキャッシュフロー法（DCF法）などで、将来の利益を数値化して評価してきたが、今後は地政学リスクや経済安保との親和性など、定性的な評価も組み入れる必要がある。例えば、研究開発の成果によって将来的な地政学リスクを低減できるか、新材料の開発によって特定の重要物資やサプライヤーへの高い依存度から脱することができるか、といった視点が挙げられる。

三つ目は、「自社ですべてを抱え込まない」戦略的リーダーシップだ。特に最先端技術については、すべてを内製化するのではなく外部技術の活用や共同開発も視野に入れる。競争が激しく、各国のルールも未整備な生成AI分野はその典型例だろう。自社が莫大な資金を投入して先陣を切るべき分野かどうかを見極めることが肝要となる。米アップルもAI開発競争では外部組織とも連携し、既存技術を自社製品のプラットフォームに組み込み、独自の顧客価値を高める戦略に注力している。この発想が、地政学リスクを低減できることもあるだろう。

研究開発の対象分野を検討する際は、すべて自前で開発するのではなく、官民の共同開発プログラムや政府補助金の活用も検討すべきだ。日本の経済安保重要技術育成プログラム（通称：Kプロ）は、バイオ技術、人工知能・機械学習技術、先端コンピューティング技術、マイクロプロセッサ・半導体技術、データ科学・分析・蓄積・運用技術、先端エンジニアリング・製造技術、先端材料科学などへ研究開発資金の支援を想定している。

地政学リスクをイノベーション加速の好機とするためには、企業が自社開発と外部技術の活用を柔軟に使い分け、官民連携や政府補助金の活用も視野に入れつつ、経済安保との親和性を含めた多面的な評価手法を導入することが鍵となる。

研究開発拠点は複数化せざるを得ない

欧州の一般データ保護規則（ＧＤＰＲ）の施行を皮切りに、ここ数年、データの越境移転や取得国・地域内でのローカライゼーションを求めるルールが世界各国で導入されている。創薬に必要なゲノムデータや機微技術のデータなどは、国境を越えた自由な移転が難しくなれば、研究開発部門にも影響が及ぶ。

データ移転に関しては各国でルールが統一されておらず、データの持ち出しを制限する範囲も国によって異なる。そのため、研究開発拠点を選定する際には、その国や地域のデータ関連規制を必ず事前に確認すべきだ。持ち出し自体は認められていても、当局の審査に時間を要したり、機密性の低いデータにするための加工が求められたりするケースもある。従来、研究開発拠点の立地は、生産拠点の近く、あるいはエンジニアの技術力や電力・水・物流などのインフラの整備状況を中心に考慮されてきた。しかし、ビジネスに多くのデータが必要な現在、国境を越えるデータ移転が制限され、研究開発拠点を複数に分散せざるを得ない状況が生じつつある。米国のビッグテックが東南アジアに相次いでデータセンターを開設しているのも、その一例だ。

前章で述べたように、米中対立を背景に、米国と中国で、オペレーティングシステム（ＯＳ）が分断される動きもある。例えば、中国の通信機器大手の華為技術（ファーウェイ）は、独自のスマートフォンＯＳを開発し、グーグルのＯＳと決別しようとしている。それぞれに対応するソフトウエアやアプリが必要となるため、アプリの開発などで双方へ対応する場合は二重の投資が求められる。

部門別対応策⑥製造（設計・生産）

「エコデザイン」の次は「経済安保デザイン」

環境問題の深刻化や規制の強化、さらに消費者の環境意識の向上などを背景に、環境に配慮したエコデザインは設計業務において不可欠な要素となった。では、設計業務が今後、新たに取り入れるべき視点は何か。その答えは「経済安保デザイン」だ。

米中対立の激化や台湾有事の可能性の高まりなどの地政学的な緊張が高まる今、企業は不測の事態に備える必要がある。設計部門も例外ではない。経済安保の視点から設計を考える際には、部品点数の削減、部品の汎用化・共通化、資源の再利用の促進が鍵になる。ある部品を共通化し、世界各地で調達できる体制を整えておけば、紛争などのトラブルで特定の国からの供給が途絶しても、他の国から調達できる。市場や地域によって異なっていた製造プロセスを標準化することは、経済安保対策に直結するのだ。

部品や設計の共通化の基本となるのが「モジュール化」だ。製品設計は、「モジュラー（組み合わせ）型」と「インテグラル（すり合わせ）型」の二つに分けることができる（図表6・8）。

すり合わせ型とは、調整や試行錯誤を繰り返して高性能・高品質な製品をつくる開発スタイルで、隣り合う部品同士（例えば、エンジンとトランスミッション）や、前後の工程間（例えば、設計と生産技術）ですり合わせをする。日本の製造業は、このプロセスによって高性能・高品質な製品を生み出してきた。典型的な例が自動車（部品）だ。しかし、すり合わせ型は個別対応が前提となり、特注部品が必要になるため、現代のスピードが求められるビジネス環境には不向きだ。そこで、モジュール化を進め、異なる製品でも共通部品を組み合わせて使えるようにすることで、設計や生産を効率化できる。具体的には、製品の設計や製造プロセスを独立したモジュール（部品やコンポーネント）に分割し、それぞれを独立して設計・製造・組み立てが可能にする。こうしたモジュール化は、供給途絶への備えにもなる。

トヨタのＴＮＧＡ、ルノー・日産のＣＭＦ、ＢＭＷのＣＬＡＲなど、多くの自動車メーカーがこの10年ほどで設計・製造のモジュール化を進めてきたが、その先駆けとなったのが、フォルクスワーゲンが２０１２年に発表した「ＭＱＢ（横置きエンジン用モジュールマトリックス）」だ。ＭＱＢは、ブランドや車格を超えて「設計のコンセプト」と「モジュール（部品のかたまり）」

図表6・8　製品設計・製造における
インテグラル型とモジュラー型

インテグラル（すり合わせ）型

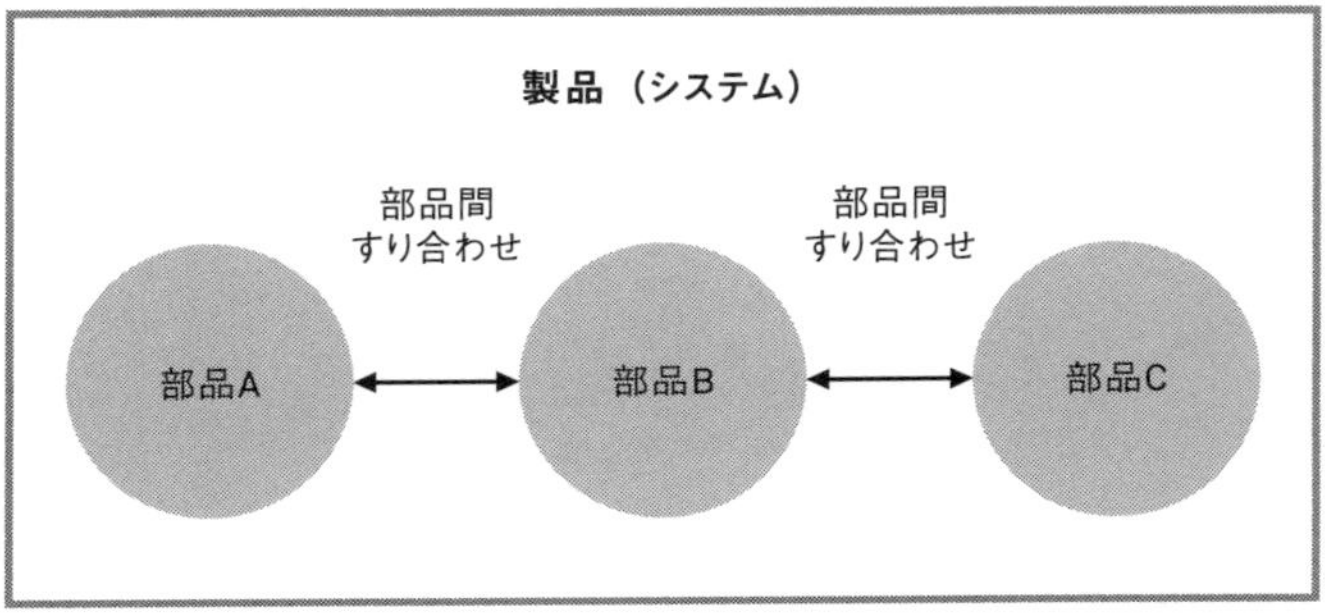

・部品は複雑なすり合わせの結果、つくられている。構造や部品が相互に依存
・全体が一体となって設計されるため、部品の変更が全体へ大きく影響する場合がある

モジュラー（組み合わせ）型

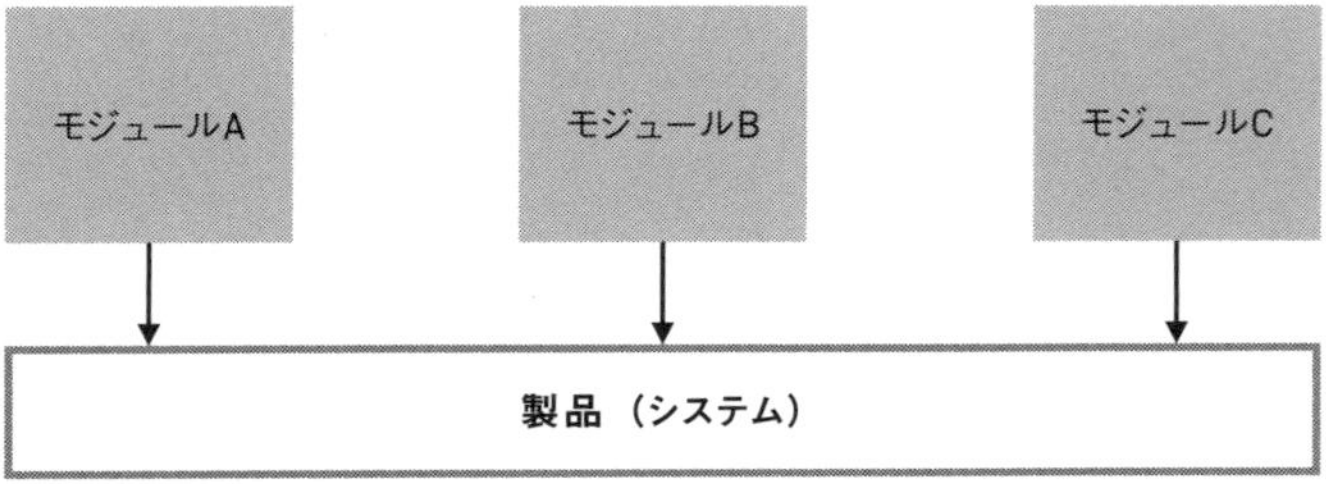

・それぞれ独立したモジュールとして設計・製造
・各モジュールは単独で設計変更やアップグレードが可能な場合が多い

出所　オウルズコンサルティンググループ作成

図表6・9　地政学・経済安保アクションリスト（製造）

製造（設計・生産）	☑
地政学リスクを前提とした製販計画の策定（稼働率調整・在庫計画）	□
経済安保を考慮した製品デザインに基づく生産戦略検討	
地政学リスクを適切に切り分けるためのモジュール設計	□
部材の互換性を向上させるための製品設計における標準化	□
外部の電子機器受託生産（EMS）活用などのアセットライト化	□
地政学リスク対応のための生産部門の管理指標設定（経営企画部門との連携）	
コストダウン偏重からリスク考慮型への目標設定の最適化	□
グローバル展開における現地調達率の向上	
現地調達率の目標設定を前提としたコスト計画	□
現地サプライヤーの育成による品質安定の追求	□

出所　オウルズコンサルティンググループ作成

を共用する取り組みで、エンジン、トランスミッション、シャシー（車台）など主要部品を共通化する。車種区分を越えた部品・技術の共通化によって、生産コストと車両価格を抑えることが狙いだ。ＭＱＢを導入した結果、異なる車種を同じ生産ラインで組み立てることが可能になり、生産プロセスの標準化と柔軟性が実現した。モジュール化が進むことで、供給が途絶した際にも生産拠点間で調整しやすく、迅速な対応が可能になる。

　また、製品設計におけるモジュール化と標準化は密接な関係にある。モジュール化された設計では、各モジュールが独立して機能する必要があるため、モジュール間での標準化が求められる。設計の標準化と互換性が向上すると、複数のサプライヤーから調達が可能となり、結果として特定のサプライヤーに依存しない状況をつくり出すことにつながる。

　さらに、モジュール化された設計は、特定のモジユールを簡単に交換またはアップグレードできるので、開発にかかるコストや時間の削減を図れる。

経済安保の視点で設計戦略を練るには、市場の需要や供給が急変する可能性を見越し、外部リソースの活用、すなわち固定費を変動費に切り替える選択肢も検討すべきだ。地政学リスクが高まると、特定の地域や国での事業が不安定になったり、突発的な経済混乱により需要が急減したりすることがある。変動費の比率を高めておけば、需要が落ち込んだ際にコストを調整しやすく、財務リスクを抑えられる。

外部リソース活用の代表例は、電子機器受託生産（ＥＭＳ）だ。ＥＭＳは電子機器の設計から製造、組み立て、検査まで一括で請け負う包括的なサービスで、地政学リスクへの対策としても有効だ。多くのＥＭＳ企業は複数の地域に製造拠点を持つため、企業側はこれらの拠点やサプライヤーを地理的に分散でき、市場動向や需要変動にも柔軟に対応しやすくなる。さらに、サプライチェーン全体の柔軟性が高まるため、ある地域で供給停止や需要急変が起きた場合にも、他の拠点で生産調整が可能になる。結果として、特定の地域やサプライヤーに過度に依存せず、安定した供給体制を築きやすくなるわけだ。

地政学リスクを踏まえた設計を検討するには、調達部門との連携が不可欠だ。例えば、特定国からの原材料の供給が難しくなる可能性がある場合、設計部門と調達部門で情報を共有すれば、早期に対策を立てられる。設計変更により他のサプライヤーから代替の部品を入手するルートを確保しておけば、供給リスクの分散と製造の継続が見込める。

その際に重要なのは、型式認証の再取得が必要ない範囲での設計変更にとどめることだ。設計変更によりコスト増や品質調整が必要になる可能性はあるが、型式認証が必要な部材や素材まで変えると、出荷停止などのリスクが生じるかもしれない。そのためにも、「どこまでが型式認証不要の変更なのか」「どの部材で調達リスクを考慮すべきか」を幅広い視点で検討しておくことが欠かせない。

工場長が「抵抗勢力」にならないようにする

製造業では、工場長や生産管理部門が「工場稼働率の最大化」や「歩留まりの向上」を最優先するのが一般的だ。けれども、効率性を追い求めるあまり、経済安保の視点が軽視される可能性もある。

工場長や生産管理部門が経済安保対策に抵抗を感じる理由の一つに、「コストが上がる」という懸念がある。確かに、新たな供給元の確保やサプライチェーンの見直しは、短期的にコスト増の要因となる。また、調達先を変更すれば、「品質評価のやり直しが面倒」という声が生産部門から上がることもあるだろう。こうした状況を避けるには、経営陣が生産部門の目標設定を見直す必要がある。単に「稼働率の最大化」「歩留まりの向上」を追求するのではなく、供給の安定やリスク管理など、経済安保の視点も目標やKPIに盛り込む。自分の業績評価に直結する目標に「経済安保対応」を組み込めば、工場長は「抵抗勢力」から、心強い味方に変わってくれるだろう。

「部門別対応策④調達」でも述べたが、供給の安定性を高めるには、複数の調達先を確保することも重要だ。冗長性を持たせることで、工場の稼働率を維持しながら製品の品質を保ち、安定した生産活動を続けることが可能となる。地政学リスクが高まったときに緊急でサプライチェーンを見直す事態が起こると、高額なコストが発生しかねない。しかし、あらかじめ調達先を多様化し、リスク分散を進めておけば、結果的にコストを抑えることにつながる。生産現場が経済安保対応に協力することは、企業の競争力を高める上で欠かせない。

■「現地調達率の向上」勝負は日本企業の土俵

現地調達率を高めることは、日本企業がグローバル市場で競争力を維持・拡大する上で欠かせない戦略だ。これまでも、特に、ASEAN諸国では、現地調達を増やしてコスト削減やサプライチェーンの安定化を図り、地域経済とのつながりを深めてきた。こうした現地調達の推進は、設計部門にとっても重要なテーマだ。

現地のサプライヤーを育成し、信頼できるパートナーとして協業することで、その地域でのサプライチェーンの安定性を高め、現地調達率を向上させることができる。日本企業は、ＡＳＥＡＮへの製造業進出を通じて途上国・新興国を支援してきた実績があり、現地調達率の向上は日本のお家芸ともいえる。

ＡＳＥＡＮでの裾野産業育成は、１９９０年代までさかのぼる。日本政府の開発協力によるインフラ整備に加え、日本の製造業は低コストの労働力を求めてＡＳＥＡＮに生産拠点を移し、日本の本社が高度な技術・知識を要する主要部品を輸出し、ＡＳＥＡＮ側が労働集約型の組立工程を担うという垂直的な生産分業が進んだ。こうした製造拠点づくりがＡＳＥＡＮの経済成長を後押しし、その要となったのが、日系企業による現地企業・人材の育成だった。その結果、域内への投資と人的資本の向上がＡＳＥＡＮの成長エンジンとなり、サプライチェーンを強化し、現地調達率を高めることにつながった。

現地調達を進める際には、サプライヤーを複数確保し、一つの供給元に過度に依存しない体制を整えることが重要だ。サプライヤーの多様化は歩留まりが下がるリスクもあるため、並行して製造プロセスの標準化や品質管理の強化を進め、柔軟な生産体制と品質維持を両立させる必要がある。

また、立地国政府からの補助金の活用も要検討だ。補助金は現地での生産コストを抑え、競争力を高める手助けになる。ただし、米国の補助金を受ける場合は「ガードレール条項」に注意が必要だ。懸念国（中国など）との協業などがあると、米国の補助金対象から外される可能性がある（第5章参照）。

製造・設計部門は、これまで述べてきたような地政学的な視点を取り入れることで、企業全体の戦略的な意思決定に貢献し、長期的なビジネスの成功を支える存在になることができる。

部門別対応策⑦営業・販売

川下に潜む「販売後のリスク」に備えよ

サプライチェーン管理の地政学リスクといえば、原材料を調達する「川上」に注目しがちだが、「川下」のプロセス（製品・サービスの販売以降の部分）も、年を追うにつれて重要度が増している。

川下の地政学・経済安保リスクの管理に関連する国際的な枠組みとして、「ワッセナー・アレンジメント」がある。地域紛争を防ぐ目的で、通常兵器や関連汎用品・技術の輸出を管理するための仕組みだが、参加国のロシアがウクライナに侵攻してからは機能不全に陥っており、米商務省を中心に新たな多国間輸出管理体制の模索が進んでいる。

そうした中、監視技術など人権侵害に使われるおそれのある技術の拡散防止を目的に、「輸出管理と人権イニシアティブ（ＥＣＨＲＩ）」が２０２１年に立ち上げられた。23年には同イニ

図表6・10　地政学・経済安保アクションリスト（営業・販売）

営業・販売	☑
販売先における軍事利用等の可能性に関するデュー・ディリジェンスの実施	
販売時のデュアルユース観点での懸念確認の仕組み導入	☐
契約締結の際の表明保証の取り付け	☐
製品使用・廃棄状況の把握を目的としたサーキュラーエコノミー型の販売モデル構築	
リースやサブスクリプション型のサービスモデルによるトレーサビリティー向上	☐
ユーザー廃棄ガイドライン提供および回収・リサイクルプログラム展開	☐
静脈産業と連携したリサイクルルートの確立による希少資源回収	☐

出所　オウルズコンサルティンググループ作成

シアティブのもと、「行動規範（Code of Conduct）」が公表され、日本を含む25カ国がこれを支持した。この規範は、深刻な人権侵害を助長するおそれがある物品やソフトウエア、技術の輸出管理を強化するための政治的コミットメントを示す自主的なものだ。具体的には、軍民両用品目の輸出管理で人権侵害に利用される可能性を考慮することや、自国の民間企業に人権デュー・ディリジェンスを促すことなどが盛り込まれている。

もはや、企業は「売った後のことは知りません」と責任逃れをすることが許されない時代になっている。2023年、日本ウイグル協会と人権NGOヒューマンライツ・ナウが、中国の監視カメラ大手のハイクビジョン（杭州海康威視数字技術）製の監視カメラを分解して調査したところ、日本メーカー7社の部品が使われていたと発表した。ハイクビジョンは2019年、「中国・新疆ウイグル自治区での人権侵害」への関与を理由に、米国の輸出管理対象としてエンティティー・リストに追加されていた。同協会は日本企業7社に質問状を送付し、回答を求めたが、「6社から回答を得たものの、販売代理店を通じて取引関係があることを確認したという1社を除き、きちんとした調査を実施したとは思えない回答内容にとどまった」という。軍事利用される可能性のある民生品の輸出管理・規制は欧米を中心に強化されており、販売後は無関係と居直ることはできなくなっている。

では、企業はどのように対応するべきか。通常、販売先は「お客様」であり、サプライヤーとは力関係が大きく異なる。サプライヤーと全く同じ方法で管理することは難しいが、それでも販売先企業に対して軍事利用の可能性などのデュー・ディリジェンスを実施することは必要だ。例えば、自社製品の販売時に、人権の観点で問題がないかチェックするプロセスを設ける。具体的には、自社製品・サービスが個人情報に関連する技術を含むか、どのような目的で使用されるか、顧客の所有形態はどのようなものか、販売先の国にどの程度リスクがあるかなどの観点で評価し、販売を承認するかどうかを決定する。

川下のデュー・ディリジェンスを完全に実施するのは難しいため、法務部と連携した対応が欠かせない。例えば、販売先との契約締結時に、契約書の中に「販売品の用途にリスクが生じる際は誠実に協議する」という趣旨の文言を入れることや、契約期間を長期ではなく短期に設定する方法がある。長期契約の場合、その間に地政学的な事象が発生しても、供給義務が残るおそれがある。

また、「部門別対応策②法務・コンプライアンス」で述べたように、取引先との契約時に表明保証を取り付けることも有効だ。表明保証とは、契約締結時や譲渡時点で一定の事項が真実かつ正確であると表明・保証するもので、違反があれば損害賠償や保証を請求できる。製品を当初予定の用途で使うことを販売先に保証させることは、リスク管理の一つの手立てになる。

すべての販売先の状況を正確に把握するのは難しいが、もし知らないうちに自社製品・サービスが紛争や弾圧などに使われていた場合、「リスクの把握に努めていない企業」と「自社の影響力を活かしてマイナスの影響を防ごうとした企業」とでは、ステークホルダーの評価は大きく違ってくる。製品・サービスの販売後にも地政学・経済安保リスクや人権リスクがあり、販売した企業が責任を問われるかもしれないとの前提で、対応を見直す必要がある。

経済安保を見据えたサーキュラーモデルを検討せよ

地政学・経済安保リスクに対して「〇〇をしない」という消極的な策だけを検討していては競争力強化にもつながらず、関係者は気が滅入ってしまう。そこで、視点をがらりと変えて、社会課題解決とのシナジーを持たせながら経済安保リスクへの対応を実現できる「サーキュラーエコノミー（循環型経済）モデル」を考えてみよう。

サーキュラーエコノミーとは、製品のライフサイクル全体を考慮し、資源を有効に活用しながら廃棄物を減らす循環型の経済システムのことを指す。なぜ、地政学・経済安保の観点でもサーキュラーエコノミーの注目度が高まっているのだろうか。

資源自給率が低い日本では、つくり出した製品をリサイクルやリユースなどで循環させることによって資源を安定的に確保することが重要だ。日本政府は、まさにこの観点から、サーキュラーエコノミーを重要な国家戦略に据えている。競争力のある資源や技術が、海外に流出してしまうリスクを避けることもこの視点に含まれる。サーキュラーエコノミーを実践するには、これまでのビジネスモデルを大きく転換させる必要があり、その際、営業・販売部門が中心的な役割を担う。

まず、自社が販売した製品がどのように使われ、最終的にどう処分されているかを把握するトレーサビリティー（追跡可能性）が重要だ。残念ながら、ほとんどのB2Cメーカーは、製品の最終的な所有者や使用状況、廃棄の状況を把握できていない。これは、大きなリスクにつながりかねない。

B2Bの製品であっても例えばそれが部品で、納品先の完成品メーカーがエンドユーザーに販売していたら、販売後の状況を把握することは難しい。「顧客の顧客」などを通じて、意図しない形で海外に技術が流出するおそれもある。

営業部門は顧客との接点を生かし、製品の使用状況や廃棄状況を把握してライフサイクル全体の管理に努めるべきだ。すべてのメーカーが実行できるわけではないが、従来の売り切り型から、リースやサブスクリプション型のサービスにビジネスモデルを転換する方法もある。その場合、製品の所有権を自社側が保ち続けられるため、使用後の修理・メンテナンス、不適切な使用の防止、使用後の回収・リサイクルが可能になる。

B2C製品でも、例えば、ウエアラブルデバイスや電動歯ブラシなどとスマホアプリとのペアリングを伴う電子機器をそのまま捨てると、ペアリングの個人情報や関連データが第三者に漏れるおそれがある。ペアリング情報が流出すると、同じ製品群が使うネットワークへの不正アクセスにつながりかねず、さらに、不正アクセスで流出した情報が競合企業や敵対的勢力に渡った場合、製品の技術やセキュリティー設計が模倣され、市場での競争力が低下する可能性もある。

この場合の対策としては、デバイスの廃棄時にペアリング情報を自動消去する機能を組み込むことが考えられる。併せて、量販店などを通じて販売する製品向けの廃棄ガイドラインや回収・リサイクルプログラムを用意し、廃棄プロセス全体を管理する方法もある。こうした取り組みを実行するには、販売先との関係が深い営業部門の役割が大きい。

さらに、希少資源を無駄にせず、分解・抽出・リサイクルを通じて再利用する取り組みも欠かせない。天然資源に乏しい日本では、品質と量の両面でリサイクル材を確保することが、海外への原材料の依存リスクを減らし、資源枯渇や価格高騰への備えを強化することにつながる。静脈産業との連携も視野に入れ、使用済みの自社製品を回収する仕組みを構築し、再利用可能な資源を取り出し、静脈系の企業とも連携し、彼らの知恵と技術を借りながら、マテリアルリサイクル（廃棄物を新しい製品の原料にする）やケミカルリサイクル（廃棄物を化学的に分解し原材料として使う）で再利用するなどの対策を実行すべきだ。

部門別対応策⑧広報・ＩＲ

「地政学リスク対策」は投資家利益にもつながる

投資家にとって、地政学・経済安保リスクの高まりは、投資環境に影響を与える重要テーマとなった。世界最大の資産運用会社ブラックロックは、２０２３年の世界の成長と市場に影響を与える最も重要なトレンドのリストに「地政学的分裂」を追加し、新技術、世界の人口動態の変化、気候変動と同等に位置付けた。マーケットメイカーのオプティバーが公表した２０２４年の金融市場の「トップテールリスク」リストを見ると、半分以上は地政学に焦点が当たっていた。多くの投資家にとって地政学・経済安保リスクは最大の関心事となっている。

PwC Japanグループによると、有価証券報告書の「事業リスク」に「地政学」を明記する企業の割合は、ロシアによるウクライナ侵攻を機に急増し、２０２３年度には売上高５０００億円以上の企業の42％が言及している。同時に「サプライチェーン」についても記載する企業が増加しており、同規模の企業では65％に達した。何らかの地政学的イベントが起きた際の経

図表6・11　地政学・経済安保アクションリスト（広報・IR）

広報・IR	☑
地政学・経済安保リスクに対するステークホルダーからの理解獲得	
地政学リスク対応強化による業績・企業価値への影響の説明	□
地政学リスクや不確実性、経済安保対応コストに関する適切な開示	□
リスクシナリオ別の業績影響に関する投資家・アナリストとの積極対話	□
海外機関投資家に向けた英語での情報開示・コミュニケーション	□
地政学リスクに耐性ある「マルチ・ナショナル・カンパニー」としての価値訴求	□

出所　オウルズコンサルティンググループ作成

済活動の停滞や原材料・エネルギーコストの高騰、調達ルートの遮断、製造・在庫面に対して、懸念を抱いている企業は少なくない。地政学・経済安保リスクに関する投資家と企業のコミュニケーションは今後ますます重要度を増していく。

地政学・経済安保リスクへの対応は、短期的には企業にコスト増をもたらすが、長期的に見れば、企業の持続可能な成長とリスク管理強化を通じて株主価値を向上させる。つまり、地政学・経済安保リスクに備えることで将来の市場シェアや収益の減少を防ぎ、安定した成長基盤を確保できるということだ。投資家の利益にも貢献することをわかりやすく伝えられるかどうか、広報・ＩＲの腕の見せどころだ。

例えば、調達ルートの見直しや安全在庫の積み増しなどの対策を講じれば、短期的にはコストが上がるが、事業全体の中・長期的なリスク顕在化に伴うコスト増を回避する狙いがあることを明確に示すことが重要になる。コストアップの理由を投資家に理解してもらうには、経営者自身が率先して説明し、情報を開示する姿勢が不可欠だ。

同時に、地政学・経済安保リスクや「不確実性」を適切に開示し、企業への信頼を維持することも重要になる。年次報告書や四半期報告書では、サプライチェーンリスクなど具体的なリスク情報や管理の現状・対応策を丁寧に報告し、透明性を高める努力をすべきだ。

また、ステークホルダーとのエンゲージメントでは、投資家やアナリストなど幅広いステークホルダーとミーティングを重ね、カンファレンスなどを通じて地政学リスクへの取り組みや成果を共有し、経済安保に関する懸念や要望について理解を求め、フィードバックを得る。その上で、それらを自社の戦略に反映する素地を整える。

また、影響力を増している海外機関投資家に対して、英語も含めたグローバル対応を充実させる必要がある。東京証券取引所の調査では、72％の海外投資家が日本企業の英文開示に不満を抱えている。海外投資家からは「英語でリアルタイムの質の高い情報を得にくい」「英語で未開示の情報を日本語だけで公表する企業がまだ多く、情報量が不足している」という声が多い。また、9割以上の海外投資家が、決算短信やＩＲ説明会資料、有価証券報告書の英文情報を必要としている。

海外投資家の地政学・経済安保リスクへの関心は極めて高く、自社が置かれている環境や事業の見通しを的確に伝えるためには、十分な情報量とわかりやすい説明が不可欠だ。少し前までアジアでの投資先の中心は中国だったが、地政学リスクの高まりや中国の景気減速などを背景に、世界の投資マネーは日本に流れ込もうとしている。海外投資家への情報開示が不十分だと、その好機を逃してしまいかねない。グローバル市場でのプレゼンスを維持し、信頼を得るためには、日本と海外の認識ギャップを理解した上で、海外投資家が求める情報を積極的に提供すべきだ。

投資家とのコミュニケーションの際には、いくつか留意してほしいことがある。どんなリスクも最小化できればそれに越したことはないが、地政学・経済安保の領域では、リスクを完全に排除するのは現実的ではない。むしろ、そのリスクにどのように対応し、どのような打ち手を講じているのかを明確に語ることが求められる。投資家目線でいえば、企業がリスクを隠しているよりも、オープンにして対策を明示してくれたほうが、より信頼できる。経営陣や広報・IR部門は、それを踏まえて、企業の持続的成長と地政学・経済安保リスクへの対応の必要性、すなわち短期的なコスト増加も含めて正直に伝えながら、長期的に投資家の利益につながるメッセージを一貫して発信してほしい。

「マルチ・ナショナル・カンパニー」の立場を確立する

広報部門は、地政学・経済安保リスク対応を考えるとき、「国際社会において自社はどのような存在か」を伝えることも意識すべきだ。ポイントは二つある。一つ目は、いわゆる「マルチ・ナショナル・カンパニー」としての立ち位置づくりだ。

読者の中には、グローバルに事業展開している企業に所属している方もいると思うが、地政学・経済安保の観点で見れば、「グローバルカンパニー」という位置付けは存在しない。どんな企業も「〇〇国の企業」という顔（場合によっては複数の顔）を持ちながらグローバルに事業を展開している。そのことをまず認識すべきだ。例えば、スポーツ用品のアディダスはドイツ企業、保険・金融のアクサはフランス企業という事実を知らない人は意外に多い。東南アジア各国では、味の素の製品が家庭に普及しているが、現地では味の素を地元企業だと思っている人も少なくない。

これは単なる豆知識ではなく、今後は、戦略的に複数の国の企業としての顔を持つことが必要になる。「現地の消費者から深く愛される企業」を目指す発想が重要だ。

この戦略の事例として古くから有名なのは、インドネシアで長く愛されてきた多目的車「キジャン」だろう。「キジャン」は1977年にトヨタがインドネシアで発売した。当時、インドネシア政府は低価格で誰もが買える車を求めており、トヨタも新興国向けに安価で多用途の車の必要性を認識していた。両者の思惑が一致し、「キジャン」が誕生した。

「キジャン」はインドネシア語でホエジカを意味し、2004年に、後継モデルの「イノーバ」が発売された。整備が行き届いていない道路や過積載にも耐えられるタフさから、発売当時から高い人気を集め、発売から50年近くたった今でも愛用者は多い。インドネシアでは、ジョコ・ウィドド前大統領が大統領就任前から乗っていたことでも知られている。

「キジャン」を国内ブランドだと思い込んでいる。仮に日本とインドネシアの関係が悪化して日本ブランドが排斥されるような事態になったとしても、「キジャン」ほど深く浸透し、愛されている車はその対象になりにくいだろう。

ポイントの二つ目は、「現地の政府からも自国企業と同様に扱われる企業になる」ことだ。ドイツのフォルクスワーゲンは、中国で長年、上海汽車と第一汽車を合弁パートナーとして活動してきた。中国フォルクスワーゲンの従業員数は９万人に上り、中国に進出する欧州企業としては最大の雇用主となっている。同社のウェブサイトに「中国での戦略的地位を強化する」と明記するなど、中国との関係を重視していることを長年アピールしてきた。詳細は定かではないが、複数のメディアが、フォルクスワーゲンは中国で優遇措置を受けていたと報じている。２０２４年にＥＵが中国製のＥＶに対して関税賦課を検討した際も、ドイツ自動車工業会（ＶＤＡ）は反対の立場を表明した。その後、中国経済の景気後退の影響で、同社は中国での人員削減や一部工場閉鎖に着手しているが、長年、「中国」の顔を持ってきたことは確かだ。

各国にある拠点を単に生産・販売機能として見るだけでなく、「現地で国の顔になれるか」「現地の官民に与えているブランドイメージはどうか」といった観点で俯瞰《ふかん》する必要がある。もちろん「国の顔」の数を無尽蔵に増やすことはできない。各国における企業ブランドのポートフォリオを全社的に把握し、バランスの取れたマルチナショナル戦略を構築することが、地政学・経済安保時代の広報部門の役割だ。

部門別対応策⑨渉外

「例外としてＯＫです」を勝ち取れ

企業活動において、国の規制や政策がビジネスに与える影響は非常に大きい。企業の実態に合わない過度な規制は、事業の効率や競争力を低下させる。こうした状況を未然に防ぎ、利益を守るためには、政府や行政機関との関係強化やロビイング活動が欠かせない。その役割を担うのが、渉外部門だ。まず、政府が制定しようとする新しい規制や法律が企業活動に与える影響を正確に把握する。製品特性や技術面に関する対応を求められることも多く、事業部との連携も欠かせない。特に、企業のビジネスモデルや産業特性に合わない規制が導入される際には、その規制が企業にもたらす不利益や、それによって国益にも反することを具体的なデータや事例を通じて政府に説明し、過度な規制を防ぐため、様々な方法で働きかける必要がある。これには、パブリック・コメントなどの制度にのっとった働きかけとともに、水面下のロビイングが含まれる。

制度にのっとった働きかけとして注目すべきは、米国の輸入関税だ。トランプ政権が１９７４年通商法３０１条に基づいて課した対中輸入関税には、適用除外申請のプロセスがある。

図表6・12　地政学・経済安保アクションリスト（渉外）

渉外	☑
経済安保対応における自社の不利益を排除するロビイング実施	
平時からの行政・議員との適切なネットワーク構築	☐
政策動向の把握と自社ビジネスに与える影響の分析（経済安保統括部門との連携）	☐
不利益な法令の適用除外申請や有利な法令の適用申請とロビイング	☐
地政学リスクの悪影響を回避するための世論形成	
海外での影響力を強化するための現地の業界団体への加入	☐
現地の政府・企業・メディアとの継続的な対話の実施	☐
自社の立場やリスクに関する情報開示と一貫したメッセージの発信	☐

出所　オウルズコンサルティンググループ作成

「ハイスペックな製品であり、米国内で生産ができず、輸入関税を賦課するとむしろ米国の事業者にとってのコスト負担が増加して悪影響が生じる」といった理由で適用除外をリクエストすることが可能だ。中国から米国に輸出している日系企業も適用除外を申請した。リクエストを受け取った当局の裁量によって勝者と敗者が出るとの懸念の声もあったが、企業側はこのプロセスを最大限に活用する必要がある。

また、規制の影響を軽減する「ルールテイカー」としての活動だけでなく、積極的に新たなルールや政策をつくり出す「ルールメイカー」側に回るための活動も渉外部門の重要任務だ。経済安保という新しい分野では、政府も試行錯誤しながら政策を決めている面があり、企業側からの提案や要望が受け入れられる余地がある。米国の通商法のように適用除外の申請プロセスが公になっていない場合でも、規制導入前のロビイングによって、適用除外を勝ち取ることができるかもしれない。その場合、単に「規制が導入されたら困る」と主張するのではなく、「自社製品への規制は、規制目的に照らしてむしろ逆効果になる」「当該国の経済にダメージを与える」などと主張し、その理由を具体的かつ合理的に説明することが肝要だ。こうした主張を展開するには、製品・サービスに通じた事業部との連携が欠かせない。

渉外部門は規制に対する受動的な対応だけでなく、新たな技術や製品の開発を見越して、補助金や税制優遇措置が新しく整備されるよう働きかけることにも取り組むべきだ。自社に有利な制度設計を積極的に提案し、政府との協力を得ることで、企業の競争力強化につながる。さらに、政府と連携して、サプライチェーンの強化や地政学・経済安保リスクの軽減に資する規制をつくり上げることで、企業全体のリスクマネジメントも強化できる。

世論を味方につけることも防衛策になる

地政学・経済安保リスクが企業活動に大きく影響を与える今、世論を正しく形成し、自社の立場を守ることが企業に求められている。もし世論を味方につけられなければ、政府や他国から不利な規制や政策を押し付けられるリスクが高まる。日本製鉄による米鉄鋼大手ＵＳスチールの買収計画が、大統領選イヤーの米国で政治問題化したことは記憶に新しい。世論形成も渉外部門が取り組む仕事の一つだ。

海外での影響力を高める方法の一つは、現地の業界団体に加入することだ。業界団体は個別企業よりも幅広い影響力を持ち、その国の政府や規制当局と円滑にコミュニケーションを図りやすい。業界全体の利益を代弁することで、単独で行動するよりも効率的に自社の利益を守れる。また、業界団体として取り組むことは、政府との交渉に限らず、政策決定プロセスに影響を与え、過度な規制の適用を回避する手段にもなる。実際、欧州自動車工業会（ACEA）は、EUに対して積極的に政策を提言している。特に、米中対立が激化する中、米国政府が新たな規制や制裁措置を導入する際には、米国の業界団体に対してその影響がどのように業界全体にとって不利に働くか、説得力ある形で伝える必要がある。

また、企業が世論を形成する際には、外国政府だけでなく、現地の企業やメディアとの対話も欠かせない。例えば、米中の板挟みになる可能性がある場合には、どちらか一方に偏った対応を取るのではなく、両国の政府やメディアに対してバランスのとれた関係を維持すべきだ。特に、中国に関連するビジネスを展開している企業にとっては、中国政府との対話が重要なリスク管理手段となる。中国市場におけるビジネスを守るためには、規制や制裁がもたらす影響を極力軽減させることが望ましいが、そのためには、現地のステークホルダーと協力し、良好な関係を築くことが不可欠だ。

政府やメディア、業界団体など多様なステークホルダーを巻き込み、戦略的な世論形成を図る必要がある。こうした取り組みこそが、不確実性の高い時代において自社の持続的成長を支える柱となる。

部門別対応策⑩ＩＴ

進化したサイバー攻撃は業務を完全に止める

サイバー攻撃はわずか数年の間に爆発的に増え、ＡＩ技術の進展によって攻撃手法も高度化している。他国と比べ、サイバーセキュリティー対策が脆弱な日本企業は狙われやすい状況にあり、ＩＴ部門の役割はこれまで以上に重要になっている。２０２４年6月、ＫＡＤＯＫＡＷＡの傘下企業のサーバーが大規模なサイバー攻撃（ランサムウエアなど）を受け、主力サービスのニコニコ動画が約2カ月間停止した。このほかにも、同様のサイバー攻撃が後を絶たない。サイバーセキュリティー対策については他の専門書に譲るが、本書では特に、地政学・経済安保リスクの観点からのサイバー攻撃に焦点を当てる。

まず、中小企業であっても大規模システム障害と無縁ではないことを認識してもらいたい。環境や人権、経済安保に起因する各種ルールの成立によって、部材のトレーサビリティーの確保や原産地の証明のための要求事項が拡大し、数多くの取引先企業が共通のプラットフォーム上でシステムを使用するケースが増えている。これらシステムを通じて、自社（中小企業）か

図表6・13　地政学・経済安保アクションリスト（IT）

IT	☑
地政学リスク起因のサイバー攻撃への対応	
国際紛争とサイバー攻撃に備えた情報収集と共有	□
サプライヤー・協力会社の脆弱性対策とサイバー保険の導入状況の把握	□
システム障害や情報漏洩の際の影響特定と事業継続計画（BCP）策定	□
経済安保に対応可能なIT機器の調達	
政府による規制リスト情報のモニタリング	□
調達ポリシーの「対象外ベンダー・製品リスト」更新と厳格な運用	□
「懸念国」出張時における国内使用のIT機器の携行や社内ネットワーク接続の禁止	□

出所　オウルズコンサルティンググループ作成

ら大事な得意先である大企業にマルウエアが侵入することもあり得る。そうした事態は何としても防ぐべきだ。企業の規模にかかわらず、セキュリティー対策は必須だ。外部の専門業者を活用してセキュリティー対策を強化することや、多額の損害賠償請求などに備えてサイバー保険に加入することなども検討すべきだろう。

　ロシアによるウクライナ侵攻や中東の紛争の影響で、物理的攻撃に加えてサイバー攻撃も急増している。ロシアからの攻撃対象は、ウクライナの支援国や協力国にも及ぶ。ロシアのハクティビスト（政治的・社会的目的のハッキング集団）は、ウクライナを支援する日本は自分たちの標的だと何度も宣言し、実際に自動車関連団体や大手ガス・石油企業、大手証券会社などのサイトURLを公開した。また、ハクティビスト側は「攻撃に成功したターゲット」として、日本の国会、政党、税関、大手通信企業、中央官庁などを挙げているが、真偽は不明だ。

　中東地域においては、日本がサイバー分野でイスラエルに協力しているとして、親パレスチナ、親ロシア、親イランを掲げるハッカー集団が、日本政府や企業をターゲットにする動きがある。大手インフラ企業や重要産業が狙われるケースが目立つが、システムの脆弱性が見つかったペットサロンなど、比較的小規模な事業者も攻撃対象になっている。紛争当事国でない民間企業であっても、自社が標的になるかもしれないことを認識し、早急に対策を講じなければならない。

こうした状況を踏まえ、IT部門が実務で取り組むべきポイントは、大きく分けて三つある。一つ目は、国際紛争やサイバー攻撃に備えた情報収集と共有だ。政治・社会情勢の変化をモニタリングし、関係部門や取引先と情報を共有する仕組みを整える。二つ目は、サプライヤーや協力会社のシステム脆弱性の状況や、サイバー保険などのリスク軽減策の導入状況の把握だ。自社だけでなく取引先の状況を確認し、必要に応じて支援の提供や連携を深める。三つ目は、システム障害や情報漏洩が発生した際の影響を精査し、事業継続計画（BCP）を策定することだ。万一のトラブルで業務が停止した場合に備え、迅速に復旧できる体制を整え、責任の分担を明確にしておく。

IT機器の選択を誤ると市場から締め出される

IT部門は、社内システムのサイバーセキュリティー対策に加えてIT機器やソフトウエアの調達先にも留意しなければならない。例えば、米国では、特定の中国企業5社（華為技術（ファーウェイ）、中興通訊（ZTE）、海能達通信（ハイテラ）、杭州海康威視数字技術（ハイクビジョン）、浙江大華技術（ダーファ））からIT機器やシステムを調達している場合、米国での政府調達に入札することができない。米国政府は、「rip and replace」（撤去と交換）プログラムを導入し、特定の中国製ネットワーク機器を使用している米国の事業者に対して、切り替えに必要な資金を支援している。

日本の経済安全保障推進法においても、特定社会基盤事業者は、担当大臣に所定の届け出をしなければならない。届け出には、当該事業者に対する特定重要設備の供給者のほか、それを構成する設備の供給者の情報が含まれる。特定社会基盤事業者は電気、ガス、石油、水道、鉄道、貨物自動車運送、外航貨物、航空、空港、電気通信、放送、郵便、金融、クレジットカード、一般港湾運送事業だ。それらに対する供給者が対象のため、影響はかなり広範囲に及ぶ。設備の製造場所が所在する国や地域の情報や、リスク管理措置についての情報も届け出の対象になっており、中国やロシアといった国名は、名指しをしていないものの念頭にあると考えられる（第5章参照）。

すでに説明したように、IT機器やソフトウエアの選択を誤れば、政府調達や重要インフラといった巨大市場から排除されかねない。IT機器はこれまで、備品や間接材として扱われ、導入に当たってはコスト面が優先されてきたが、今後は地政学リスクも含め、経済安保統括部門と連携した上で、コストだけでなく経済安保上のリスクも踏まえて選定すべきだ。また、IT部門は、IT機器やソフトウエアの調達先についても慎重に管理する必要がある。例えば、政府や業界団体が公表する規制リスト情報を常にモニタリングし、調達ポリシーで定める「対象外ベンダー・製品リスト（わかりやすく言うとブラックリスト）」を定期的にアップデートする。機器やシステムの購入時には、このリストに載っているベンダーや製品に該当しないことを必ず確認するルールを整備する。こうした対応こそが、地政学・経済安保リスクの時代において自社を守り、政府調達や重要インフラなど巨大市場でのビジネス機会を損なわないための鍵となる。

海外出張中は社内ネットワークから遮断する

中国では、当局のスパイ取り締まりの権限を明確化した改正反スパイ法が2023年7月に施行された。その細則では、中国に入国する個人や組織が所有するスマートフォンやパソコンなどのIT機器について「国家安全当局がメッセージや写真、動画を含むデータを検査することができる」旨が明記された。中国側は、「（国家安全に危害を加える）反スパイ活動に関連した個人と組織が対象であり、『一般入国者』ではない」と説明しているが、中国事情に詳しい関係者によると、企業からの出張者であっても、入国時にスマホやパソコンを押収されるケースが徐々に増えているという。

IT部門は、このような状況を踏まえ、中国やその他の懸念国に従業員が出張する際、パソコン、スマホはレンタル機器を持参し、個人使用と社用の機器は日本に置いていくことをルール化すべきだろう。そのため出張者には、出張ごとに誓約書に署名させるなど、ルールと運用の徹底が必要だ。

また、渡航した出張者が、日本やその他の海外拠点とつながっている社内ネットワークに接続できないようにする手立ても併せて講じたい。出張先の政府機関がネットワークを通じて情報を閲覧する可能性を排除するためだ。出張者に不便な環境を強いることにはなるが、情報漏洩のリスクを踏まえ、人事部門や事業部門とも連携した対策が必要だ。

部門別対応策⑪人事

「べからず集」徹底の業務ルールを整備せよ

従業員個人が受信したメールのURLを何気なくクリックしたことで大規模なシステム障害を引き起こし、顧客まで巻き込んでしまう。あるいは、情報収集に熱心なベテラン従業員が中国当局にスパイ行為とみなされて逮捕・拘束され、会社の幹部だけでなく日本政府まで巻き込

図表6・14　地政学・経済安保アクションリスト（人事）

人事	☑
地政学リスクから社員の安全と企業情報を守る業務ルールの整備	
「べからず集」（地政学・経済安保リスク禁止行動ガイド）の整備	☐
社内手続きなどのワークフローにおける地政学リスク対応のルール徹底	☐
採用と退職の際に技術漏洩を防止する人事制度の導入	
各ポジションがアクセス可能な情報を考慮した外国籍従業員の配属先検討	☐
IT部門と連携した退職者による情報漏洩への対策（アクセス管理の徹底）	☐
政府のセキュリティー・クリアランス制度に対応できる社内体制の構築	☐

出所　オウルズコンサルティンググループ作成

んだ対応が必要になる――。地政学・経済安保リスクによる企業の不利益は、こうした個人の行動が発端になることも少なくない。

だからこそ、人事部門は従業員一人ひとりの地政学・経済安保リスクへの意識を喚起する必要がある。研修を実施するのは当然だが、それだけでは十分ではない。ごく一部の真面目な従業員は学んだことを実践に移すかもしれないが、大多数は聞き流したり、すぐに忘れてしまったりするだろう。

地政学・経済安保リスクへの対応を個人レベルで浸透させるには、研修に加えて「べからず集」の周知徹底と業務ルールの整備が必須だ。

「べからず集」に盛り込むべき内容は、「面識のない相手からのメールを開封した際に、アドレスを確認せずURLへアクセスしない」「私用パソコンに顧客情報を転送しない」などの基本事項がある。近年では、「中国への出張や赴任の可能性がある従業員は、SNSで中国批判をしない」「中国滞在中に港湾や空港などを撮影しない」ことも重要だ。実際、中国政府は、中国を批判していた渡航者に対して出国禁止措置をとったり、港湾などの重要施設を観光目的で撮影したとしてもスパイ行為とみなしたりすることがあるという。

これらを研修で伝えるだけでなく、「やってもよいこと／やってはいけないこと」をリスト化して、服務規程などの業務ルールへ組み込む。業務ルールの内容は、所属する部門や、海外との取引の有無、出張先の地域などによってカスタマイズしてもよい。

さらに、地政学・経済安保リスク対応と人事評価をリンクさせることも検討すべきだ。例えば、「べからず集」への未対応者には「ゼロトレランス」（軽微な違反でも厳しく処分する仕組み）を適用し、人事評価を下げたり、違反の度合いによっては減給などの措置をとったりする。また、部下が未対応の場合、上司の評価にも反映される連帯責任の仕組みも、実効性を高めるうえで有効だ。

採用・退職手続きは情報管理の最後の砦

人事部門は、地政学・経済安保リスクに備える社内インテリジェンス機関の役割も担う。日本の外為法で定められた「みなし輸出」規定によると、日本国内にいながら特定国の影響下にある人へ重要技術を提供する行為が「輸出」とみなされる。特定国籍の従業員は、自国の法令によって日本国内の経済安保に関わる情報を自国政府に提供する義務を課されている場合もある。そのため当事者に悪意がなくても、企業にとっては重大な情報漏洩につながるおそれがある。外国籍の従業員を採用・配属する際は、こうしたリスクの有無を評価することが必須となる。ただし、国籍を理由に一律で採用を排除するのは、人権やダイバーシティの観点から見れば完全に逆行しており、当然ながら望ましくない。各職種が取り扱う情報の範囲などを踏まえ、リスクと多様性の両面を考慮して配属することが、人事部門に求められるインテリジェンスといえる。

また、退職や競合企業への転職に伴う重要技術の流出は、近年、増加傾向にある。職業選択の自由を尊重しつつも、社内のコア技術やノウハウを握る従業員が競合企業へ移ることはできる限り防ぎたい。転職理由が待遇面にあるならば、自社での処遇改善を検討することも必要だ。すでに退職が決まった従業員に対しては、ＩＴ部門と連携して情報漏洩対策を強化する。退職意思の表明後、システム上の行動を監視することも選択肢となる。

このほか、地政学リスクが顕在化した際も、人事部門が担う役割は大きい。紛争地からの退避支援だけでなく、自国法の定めにより軍事活動に協力する義務がある外国籍従業員への対応も検討する必要がある。サイバー攻撃のリスクが想定される場合は、ＩＴ部門と連携してセキュリティーを強化する。物理攻撃への対策としては、有事を理由に部門全体の在宅勤務を指示するといった方法も考えられる。

セキュリティー・クリアランス制度の導入に出遅れるな

日本でも新たに導入される経済安保分野のセキュリティー・クリアランス（適性評価）制度は、人事部門が「守り」だけでなく、市場拡大という「攻め」に関与できる数少ない分野だ。セキュリティー・クリアランスは、重要な情報にアクセスする必要がある政府職員や民間人に対して政府が適格性を確認し、資格を与える制度だ。これまでは資格保有者しか参加できなかった機微情報や最先端の技術を扱う国際的な共同研究開発、国際会議や国際入札に、資格を満たせば参加できるようになる。企業にとっては、ビジネス拡大のチャンスだ。

まず行政機関は、適合事業者として企業や組織を認定する。次に適合事業者に所属する対象の従業員に対して、本人の同意を得た上で適性評価を実施する。評価項目は次の7項目だ。①重要経済基盤毀損活動（スパイ活動、テロ活動など）との関係に関する事項（評価対象者の家族（配偶者、父母、子、兄弟姉妹、配偶者の父母および子）および同居人の氏名、生年月日、国籍および住所を含む）、②犯罪および懲戒の経歴に関する事項、③情報の取り扱いに係る非違の経歴に関する事項、④薬物の濫用および影響に関する事項、⑤精神疾患に関する事項、⑥飲酒についての節度に関する事項、⑦信用状態その他の経済的な状況に関する事項。かなり立ち入った評価項目であるため、プライバシーの侵害に当たるとの意見も根強く、制度の成立が遅れていた。

地政学・経済安保リスクの高まりを受けて世論も変化し、2024年5月、セキュリティー・クリアランス制度に関する法律である「重要経済安保情報の保護及び活用に関する法律」が成立した。

企業がこの制度を「攻め」に活用するためには、適性評価の資格保有者に処遇上のインセンティブを与える必要があるだろう。資格保有期間中は、機密保持が求められるため従業員個人の負荷が増える。そのため、インセンティブがなければ従業員が手を挙げることをためらう可能性がある。人事部門とIT部門が連携して、社内制度を整えておくことが重要だ。

また、適性評価の結果、資格保有に至らなかった従業員や、適性評価を拒否した従業員が不利な扱いを受けないことを担保しなければならない。2024年11月に公表された運用基準案では、適性評価の結果に基づいて解雇、減給、降格、不利益な配置変更をしてはならないことなどが示されている。

人事部門が平時から地政学・経済安保リスクへの備えを固めておくことで、ビジネスにおいて「攻め」と「守り」のいずれの対応力も高まるだろう。

地政学・経済安保が身につくコラム⑦

AIを活用した経済安保リスク解析ソリューションの活用

企業にとって、サプライチェーン上における地政学・経済安保リスクの可視化は喫緊の課題だ。だが、実際のところ、重層化したサプライチェーンの中にどういったリスクが潜むのかを正確に把握することはきわめて難しい。企業内の担当者から、「自社が持っている情報だけでは足りない上に、何をどう分析してよいかわからない」との悩みを聞くことも少なくない。

そうした実務上の悩みに答える存在として注目を集めているのが、AIなどの技術を用いたリスク分析ソリューションだ。国内外の様々なプレイヤーが近年この領域に参入し、地政学・経済安保リスクを可視化するためのツールを提供し始めている。国内で注目されているソリューションの一つが、FRONTEOが提供する「KIBIT Seizu Analysis（キビット セイズ アナリシス）」だ。同社が自社開発したAIエンジン「KIBIT」を用いて、企業のサプライチェーン上のネットワーク解析などをするシステムであり、「経済安全保障対策AIソリューション」をうたっている。

解析に用いているのは、企業の有価証券報告書や各種IR情報、プレスリリース、論文、出資情報などの様々なオープンソースから得られる情報群だ。膨大な情報をAIで解析することで、グローバルなサプライチェーンの可視化を図っている。

同ソリューションが提供する主要な機能は、①サプライチェーン解析、②株主支配ネットワーク解析、③研究者ネットワーク解析の三つだ。

「①サプライチェーン解析」の機能では、オープンソース情報に基づいて企業のサプライチェーンを可視化することで、自社のサプライチェーンの中に各種規制リスト（例えば、米国のエンティティー・リスト）の対象となる企業や組織が含まれている可能性などを確認できる。自社だけでなく競合他社や業界全体のサプライチェーンを解析すれば、実質的なチョークポイントとなっている企業や組織の把握にも役立てられる。

また、企業が経済安保上の課題に取り組む上では、「取引先企業がどういったエンティティー（国家・企業・個人）の支配下にあるのか」も重要な問いだ。「②株主支配ネットワーク解析」機能では、持ち株による直接支配だけでなく、間接的な支配力を定量化し、そのリスクを可視化する。各企業を間接的に実効支配できるエンティティーを明らかにした上で、その国籍や所在地、各種規制リストへの掲載の有無についても確認できる。

同ソリューションで特徴的なのが「③研究者ネットワーク解析」の機能だ。機微技術に関わる研究開発の際には、情報流出を防ぐために各研究者の持つバックグラウンドに注意を払わざるを得ない。この機能を用いれば、世界のどの研究機関で誰がどういった研究をしているのか、さらに研究者同士や研究機関同士のつながりはどうなっているのかなどを俯瞰《ふかん》できる。各研究者が規制リストに掲載されている組織とつながっている可能性があるかどうかも（各種オープンソースデータに基づく範囲で）確認できる。

日本企業の中でも、特に経済安保上の課題に積極的に取り組んでいる大手製造業を中心に、同ソリューションの導入が進んでいる。

サプライチェーンが複雑化かつ多層化していく中で、企業が自助努力だけでその全貌を把握することはもはや難しく、今後もこうしたソリューションの活用に踏み切る企業は増えるはずだ。もちろんオープンソースのＡＩ解析にすべてを任せておくわけにはいかず、非公開情報も含めて自社で調査を進め、把握に努めることは引き続き重要だ。

第7章

地政学・経済安保対応における経営者の心構え

ここまで、地政学リスクや経済安保に対応するための実践について詳述してきた。最後に説明するのは、その実践のために必要となる「経営者の役割」だ。

本書の冒頭で伝えたようにもはや地政学は、ビジネスパーソンにとって「教養」ではなく、「実践」のステージに入った。進化すべき「実践」は、事業部門の現場オペレーションだけではない。経営そのものの実践、そして経営者が持つべき心構えも、大きく変わらざるを得ない。ここでは、激動の地政学・経済安保リスクの中で、経営者そしてそれをサポートするチームが果たすべき四つの役割を解説する。

「ピンチはチャンス」とはよく言ったもので、この地政学・経済安保リスクの局面だからこそ果敢に断行できる経営改革がある。その成果を糧とした新たな成長力を得た企業こそ、今後の「勝ち組」と呼ばれるはずだ。

経営者の心構え①

「予見可能性」は自ら担保せよ

主要国での選挙、欧州や中東での紛争局面の変化、中国による資源確保の動き――こうした報道が出るたびに、次のような指示を飛ばしている経営陣も少なくないのではないか。「このニュースの、ウチへの影響をすぐに報告しろ！」

これを受けて経営企画や事業部門は、夜を徹して、または週末を返上して、大至急で調査分析の作業に取り掛かるかもしれない。もちろん、一刻を争う経営判断のためにその報告が本当に重要なのであれば、担当チームは万全を尽くして対応すべきだろう。

だが、このＶＵＣＡの時代における正しいインテリジェンス体制とは、このように世の中で報道される出来事に対して、その都度慌てて情報収集や影響分析に走ることではない。大事なのは、「そもそも自社のビジネスにとって、何が起きたら大騒ぎすべきなのか」を事前に可視化した「地政学リスクマップ」を社内に携えておくことだ。

自社や顧客のビジネスにとって「決して起きてほしくないこと」または「起きてほしいこと」を整理し、それが現実化するのは地政学・経済安保の国際動向がどうなった場合なのかを読み解いて、あらかじめマップの形で可視化して備えておく逆算の思考こそが求められている。企業における地政学インテリジェンスとは、学問としての地政学にただ造詣が深いことや、国際情勢の最新動向について広く情報収集していることだけでは成り立たないのだ。

飛び込んできた報道が、もしそのリスクマップに記載された範囲内の事案であれば、経営陣は状況把握を急ぐべきであり、担当チームは何をおいても即座に経営陣にその内容と想定される影響を報告すべきだ。だが、マップの外のこと、つまり社内で「これが起きたら大騒ぎすべき」とあらかじめ整理した中に含まれていない出来事であれば、経営陣や幹部は「すぐに影響を調べろ」と叫ぶ必要はない。担当チーム側も、たとえ幹部が大騒ぎしても「次の定例会までお待ちください」と冷静に返す胆力を持つ必要がある。

そうでなければ、今後新たな国際ルールの成立や各国首脳の攻撃的な発言などの報道が飛び込んでくるたびに、御社の分析担当や経営企画、秘書室は疲弊してしまうだろう。さらにはその影響を分析するために、事業部門や取引先の日々の業務オペレーションにまで負担をかけるような大掛かりな調査が五月雨式に走る事態にもなりかねない。経営陣は、自らの動揺や焦りが、事業に不要なコストをもたらすことを心に刻んでおくべきだ。

誤解だらけの「地政学リスクマップ」作成方法

私が代表を務めるオウルズコンサルティンググループでは、企業における「地政学リスクマップ」の作成支援に数多く携わっている。まさに地政学・経済安保リスク対策における、「有事で慌てないための、平時の備え」としての経営施策の最たる例だ。

時には、クライアントである事業会社の内部でこれまでに作成した分析表を見せていただき、それをもとにブラッシュアップしてほしいとの依頼を受けることもあるが、多くのケースではそもそもの分析の設計から修正する必要があり、イチから作成し直すことになる。

一体何が間違っているのか。経営判断としての実効性に乏しいリスクマップの最も典型的な

図表7・1　正しい「地政学リスクマップ」のつくり方

（サンプル）企業における「地政学リスクマップ」フォーマット例

事業名	#	回避すべき事業状況	左記の現実化につながる地政学動向		[本年度の重要地政学リスク]（実現した場合：経営へ即時報告）	担当部署
自動車部品	1	中国事業の主要顧客A社の中国撤退	A社主要製品Bの欧米への輸出難	☑	Bの中国から欧/米への関税率［25%］引き上げ	xx部 xx課
通信機器	2	米国で製造する製品Cの基幹部品Dの調達難	DのコンポーネントEの輸入困難化	☑	Eの主要調達元F社の米EARエンティティー・リスト掲載	xx部 xx課
xxxxx	3	xxxxxxxxxxxxxxx	xxxxxxxxxx		xxxxxxxxxxxxx xxxxxxxxxxxxx	xx部 xx課

鉄則　まず「事業」を主語に置く　→　その上で、対応する地政学リスクの予見可能性を担保する

出所　オウルズコンサルティンググループ作成

例は、分析の大分類（表形式であれば一番左側に記される切り口）が「米中関係」や「中東情勢」「サイバーリスク」などの国際情勢の「テーマ名」になっているケースだ。政府や研究機関、報道機関が作成するマップであれば、不特定多数の企業や消費者などへの影響を想定する必要があるため、このように「テーマ単位」での分析でも問題ないだろう。だが企業の「地政学リスクマップ」は、特定のビジネス（自社事業）への影響に特化して分析するものであり、思考の出発点がそもそも変わってくるのだ。

正しい「地政学リスクマップ」のつくり方をフォーマット例とともに示したのが図表7・1だ。

鉄則は一つだ。まず、他でもない「事業」を主語に置く必要がある。具体的には、該当するビジネス（事業部門、と置き換えてもよい）において、「決して起きてほしくないこと」すなわち「回避すべき事業状況」を記載するところからマップの作成作業が始ま

る。これは経営企画や経済安保統括部門などのインテリジェンス組織が自筆する必要はない。事業部門や地域統括会社などのビジネス最前線の組織が、協定や条約、規制などの通商・地政学用語を一切使わずに、ビジネス用語だけで描写することが望ましい。

単純化した例を挙げてみよう。実際のコンサルティングの中ではもう少し複雑な描写をするが、ここではわかりやすさを優先し、あえてシンプルな記述をする。

例えば、自動車部品を中国で生産している事業部門のビジネスにおいて、主要顧客である自動車メーカーA社への依存度が極めて高い場合、そもそもA社が地政学要因によって中国現地から撤退してしまうことが「回避すべき事業状況」の第一に挙げられる。

次に記載すべきは、そうした事態が現実化してしまう地政学動向とはどのようなものかの仮説だ。主要顧客A社が中国で生産している完成車が、中国国内向けだけでなく輸出が大きな割合を占めている場合、大市場である米国やEUへの輸出ができなくなれば、最初に挙げた「回避すべき事業状況」（正確には「起きてほしくない事業状況」）である「主要顧客A社の中国撤退」の可能性が高くなる（実際には、「中国から米国やEUへの輸出条件」と「A社の中国撤退」の因果関係は、A社の事業状況の詳細な見立てとともに仮説構築することになる）。

そして最後に記載すべきは、この1年間、何をウォッチしておくべきか。これを「本年度の重要地政学リスク」として一覧化する。この例では、主要顧客A社が中国から米国や欧州に輸出している主要車種B（例えばEV）に対する米国政府による高関税措置かもしれないし、EU

の反補助金相殺関税かもしれない。その他、例えば「各国におけるＥＶ優遇政策の廃止（による世界的なＥＶ市場の冷え込み）」なども、各国で検討されている具体的な政策名称とともにリスト上に追記され得る。

この欄に挙げられたリスクに関する報道が飛び込んできた場合、担当チームは何をおいても即座に、その内容と想定する影響を経営陣に報告すべきだ。なぜならこれらの地政学リスクが現実化すれば、マップの左端に事業部門が自ら記載した「最も起きてほしくない事業状況」が引き起こされてしまう可能性があるからだ。だが逆に、この欄の外の出来事であれば、経営陣は「この影響をすぐに分析しろ」と叫ぶ必要はない。もし焦った幹部が報告を求めたとしても、担当チームは冷静に「地政学リスクマップの欄外の件ですので、次の定例会までお待ちくださ い」と返すべきだろう。

「何が起きたら大騒ぎすべきか」をあらかじめマップにして可視化し、常日頃から備えておく。これが激動の地政学動向の中にあって、企業（ビジネス）が自ら予見可能性を担保するための方策だ。

経営者の心構え②

「サプライチェーンのコスト増」と「最終利益」を両立させよ

コンサルティングの現場において、企業による地政学リスク対応の真剣度を見定める一つのモノサシがある。それは、自社の重要サプライチェーンの一部について「コストアップも許容する」覚悟を経営が持っているかどうかだ。

昨今のグローバルな物価高を受けて、コストアップを避けたいのはどの会社も同じだ。それでも地政学・経済安保リスクへの対応に際しては、一足飛びに「開発生産拠点の移転」とまでいかなくとも、「サプライヤーの多様化」や「安全在庫水準の変更」など、サプライチェーンに冗長性を持たせることに伴う一定のコスト増を覚悟する必要がある。

そもそも地政学・経済安保リスクへの対応のみならず、脱炭素や自然資本への配慮、人権リスク対応など「持続可能で丁寧なサプライチェーン」を実現しようとすれば、その分、一定のコストアップが発生するのは必然だ。「リスクは減らしたい。社会課題を解決したい。でもコストは上げたくない」と駄々をこねていても仕方がない。

ではコストアップした分、利益を減らしてただ耐え忍べばよいのか。そうではない。重要サプライチェーンについては一定のコストアップを甘受しつつも、いかにして「事業全体のコスト」が増えることを避けられるかが、まさに経営手腕の見せどころだ。

製品・サービスのラインアップ削減が活路

「すでにもう十分カイゼン活動を重ねてきた」「調達多様化や在庫積み増しによるコストやキャッシュ減を吸収できるような余地は、もう現場では捻出できない」と頭を悩ませる経営陣には、今こそ「製品・サービスのラインアップ削減」の検討をお勧めしたい。

振り返ってみると、今日のように地政学・経済安保リスクへの対応が求められるよりも前から、多くの企業は「製品・サービスのラインアップを削減したいが、なかなか実現できない」という悩みを抱えていたはずだ。特に日本企業の多くは「競争戦略」という言葉に強く縛られてきた。他社に「差別化」されるのを嫌い、まずは「競合にあって、自社にはないもの」を埋めたくなってしまう。日々ライバルと競い合っている営業の現場からのそうした要望を真摯に聞いて事業を構築してきた結果として、膨れ上がってしまったのが現在の製品・サービスのラインアップだ。必然的に、様々な取引コストや管理コストも押し上げられてきた。

理にかなった方法で手間ひまをかけたライフスタイルを示す「丁寧な暮らし」への手引きが人気を博しているが、その中で「何かを増やしたら、その分、何かを捨てましょう」とよく語られるのと同様に、サステナビリティ推進や地政学・経済安保リスク対応のための「丁寧なサプライチェーン」の構築にも作法がある。その一つが、「調達コストが上がるなら、ラインアップを減らせ」という発想だ。逆説的に言えば、「地政学リスクへの対応」という大義名分は改革の絶好の機会だ。社内外で通用するこの機会を捉えて製品・サービスのラインアップ削減を含む事業ポートフォリオ整理に着手できないような企業は、こうした改革のきっかけを二度とつかめないだろう。

経営者の心構え③

社内の部門「序列」を再設定せよ

今日ほど地政学リスクが高まる前のいわゆる「平時」において、商品開発やマーケティングで大きな発言力を持っていたのは新商品・サービスを考案する「開発部門」やその具体化を担う「設計部門」、そして日々顧客の声を聞いている「営業・販売部門」だった。一方、調達部門に課せられたミッションは、品質評価をクリアした部材やサービスの「コストダウン」に限定されていることも多く、「設計通り」や「製販計画通り」に進めることを目的に活動する、主従で言えば「従」の位置付けとなるケースが多かったかもしれない。

だが、地政学・経済安保環境が激動する今、調達部門が本来持つもう一つのミッションである「安定調達」こそが、経営アジェンダそのものに昇華した。レアメタルや特定の半導体などが計画通りに調達できないだけで、事業は一瞬にして止まってしまう。調達部門こそが持つ「どこからどのようにして確実に調達するか」という知見は、まさに経営の根幹を支える戦略的な情報資源となったのだ。

例えば、特定のレアメタルへの依存を避けるための設計変更や、分散調達に伴うコストアップを見込んだ上での仕様変更や価格戦略の策定など、これまで「下流」とみなされていた調達部門が開発・設計・営業の各部門に要請することで、ビジネス全体の方向性を決定づける局面が増えていく可能性が高い。

企業内部で生じるこうした力学のシフトは、時に摩擦や抵抗を伴う。調達部門が「安定性重視のためにコスト高を容認すべきだ」と提案すれば、営業部門は「販売価格を上げざるを得ない」と懸念を示し、設計部門は「高価なリスクフリー資材よりも安価な材料を使いたい」と反論するかもしれない。

この社内力学の変化を加速させるには、経営者のコミットメントが必要不可欠だ。平時において事業をリードしてきた開発・設計・営業の各部門と同等以上に重要な「リスクマネジメントの主役」として調達部門を認識し、「調達を経営戦略の中核に据える」方針をトップが明確に示す必要がある。具体的には、調達戦略にたけた人材を経営の中枢に据えるなど、組織として調達部門のステータスを引き上げる施策を打ち出すことが求められる。もし、現状の調達部門に地政学・経済安保リスクへの対応を担える戦略人材がいないのであれば、外部から適材を招へいしたり、コンサルティングサービスを活用したりするなどの対策を急ぐべきだ。その上で、調達部門と開発・設計・マーケティングとの接点を強化し、調達サイドの意見が中期経営計画の骨格に直接反映される仕組みを整えることが、経営にとっての次の一手となる。

法務・リスク統括部門を「課題解決型」組織に進化させる

逆に、これまで社内で「権限がある」部門と位置付けられてきた法務やリスク統括部門には、経営として新たな役割を課す必要がある。地政学・経済安保リスクの回避だけを目指して「NOと言うだけ」の強権的な部門にならないよう、「課題解決型」組織への進化を求めていくことが必須だ。

例えば各国の制裁リスト掲載企業との取引停止など、経済安保に関わる強制法規の順守は当然ながら必須であり、コンプライアンス対応を確実に担保すべきであることは言うまでもない。しかしながら、単に「経済安保リスクがあるから事業を止める」という短絡的な思考に陥っていては、これからの国際情勢の中で高い価値を発揮できる法務・リスク統括部門にはなり得ない。それを伝えるメッセージを、あらためて経営から示すことが必要だ。これからの法務・リスク統括部門には、地政学・経済安保リスク対応を高度化しつつも、事業部門が追求する「調達の継続」や「コストダウン」「販路の拡大」をいかに実現するか、ともに知恵を絞る姿勢こそが求められる。

具体的には、契約内容の工夫や、次項で述べるような政府との連携など、これまでの枠にとらわれない新たな施策を提案できることが求められる。要するに、「事業を阻む存在」ではなく「事業を支える存在」としての役割が強く期待されるのだ。経営としては、これらの元来大きな権限を持ってきた部門に対して、事業部門への「サービス」「コンサルティング」の姿勢を要求する方針を打ち出すことから始めよう。

そこで連携が求められるのが経済安保統括部門だ。この部門は、通商動向や地政学の変化に伴うリスクのみならず、機会も含めてマネジメントする司令塔となる。法務やリスク統括部門が担う契約やガバナンスの「要件定義」を、事業部門と連携しつつ「攻め」と「守り」をバランスよく仕立てる調整役になることが求められるのだ。

■経営者の心構え④

政府を新たなビジネスパートナーに据えよ

本書の第1章で、経済安保対応は「政府への協力」ではなく、営業力や企業価値を高める経営施策だと伝えた。だが、いざ取引先との契約関係の変更を伴うような具体的施策に踏み切るとなれば、ビジネス現場はもちろん経営者自身も不安になることが多いだろう。

取引先が制裁リストに掲載されるなどの取引禁止対象に明確に該当する、あるいは自社のビジネスが各国の法令違反に当たるケースなら、法務部門や弁護士の判断に応じてリスク回避策を講じることに迷いはないはずだ。だが、多くのビジネス現場で、経済安保対応に関しては曖昧な線引きの中で判断せざるを得ないことが多い。

自社の技術や商品を「直接または間接的に中国企業に提供している」ビジネス自体は、多くの企業で日常茶飯事だ。だが、こんなケースを考えてみてほしい。

自社の持つある技術は、品質は高いがごく汎用的なものであるため、事業部門では特段これが経済安保リスクになるとは捉えず、これまで通りの取引を続けている。法務・コンプライアンス部門としても、貿易管理におけるリスト規制やキャッチオール規制に抵触する技術・商品ではないため、「クロ」ではないと判断している。だが、新設された経済安保部門から、「この技術は、軍事や衛星に使える可能性があるのではないか」と突如指摘が入った——。このような状況は、決して珍しくないだろう。兵器製造につながり得る、精密な工作機械「にも」適用できる「汎用的な」制御ソフトウエアでも、超硬金属の切削加工「にも」適用できる「汎用的な」コーティング技術でも、炭素繊維オートクレーブ製法「にも」適用できる「汎用的な」金型設計技術でも、経済安保上のリスクを慎重に考えれば「取引はやめておこう」という結論に至るかもしれない。これから始める新規の取引に慎重な判断を下すならまだしも、すでに製品やサービスを納品中の取引の継続可否についてはさらに悩ましい。本書で繰り返し述べてきたが、ビジネスを駆動する最も重要な規律は「契約」だ。近年になって注視されるようになった地政学リスクや新たな政策よりも、まずは両社間で交わした契約に基づいて現場は動く。そこへ「経済安保リスクがあるので、ここで取引を止める」と宣言するには、十分な根拠とそれを支える相談相手が欠かせない。

また、自社だけが率先して経済安保リスクに配慮したサプライチェーン構築を進めた結果、短期的に自社だけが経済的損失を被る事態は避けたいところだ。そもそも、自社だけが機微な技術や情報をきちんと管理していても、競合している同業他社が流出させてしまっては、そもその経済安保は成り立たない。とはいえ、ビジネスで競い合っている企業同士で「御社はどの技術をどのように管理していますか？」などと情報交換することも現実的とは言えない。

進化する「官民連携」における心得

そこで求められているのが、経済安保における「官民連携」だ。経済産業省が改訂を重ねながらまとめている「経済安全保障に関する産業・技術基盤強化アクションプラン」の中では、これまでの官民連携のあり方を超えて、官民の「戦略的対話」を実現することが目指されている。具体的には、政府が情報収集・分析したリスク評価の結果を（セキュリティー・クリアランス制度を活用しつつ）企業に共有し、業界団体だけでなくサプライチェーン全体での対話や、特定の技術・製品を持つ企業との対話を経て具体的なアクションにつなげるとしている。

官民連携の政策は、まさに地政学・経済安保リスクの様相に応じて今後も進化していくため、本書では詳述せず最新の情報を参照いただくこととして、ここでは「官民連携の心得」のみお伝えしよう。

まず前提として認識してほしいのは、「過度な自粛は、政府も望んでいない」という点だ。関連する政府資料の中でも、「我が国の産業界において、『適切なリスク管理』を超えた『過度な自粛』を行う傾向が見られる」という留意点が記載されており、海外企業と比べても日本企業で特にこの傾向が強いことは十分に認識されている。つまり、政府も「なんとなくリスクがありそうだから、その取引は企業にやめておいてもらおう」という安易な規制や指導に傾くことはないという原則に立ってよい。もしもこの原則に反して、民間ビジネスを軽視するような慎重論を振りかざす担当官が出てきたら、すぐに上位の役職者同士の対話にエスカレーションすべきだ。

企業から政府への相談の方法には工夫が必要だ。政府に対する「下手な相談」の典型が、「この取引には、経済安保上のリスクがあるでしょうか」という聞き方だ。政府の担当官がそう聞かれて「リスクはありません」と断言できるビジネス取引などないに決まっている。政府から「リスクはある」という回答を受けた上で、それだけをそのまま社内に持ち帰って「過度な自粛」につなげてしまっては、何のために官民連携があるのかわからない。技術移転に関する官民対話の政府資料には、「技術移転を止めることが目的ではなく、適切な技術管理を徹底することが目的」と明確に記載されている。政府に相談する際は、リスクを正しく把握した上で、経済安保を脅かさないようにするために「何をすればよいか」「どのような情報が必要か」などの具体的に必要なアクションを明らかにしよう。

最後に、政府側が認識しておくべき大事な「心得」もある。それは、官民の信頼関係を築く責務は、政府側にこそあるということだ。信頼関係とは、行政対応の一貫性や公平性の担保といった規範だけで形成されるものではない。民間ビジネスに対するリスペクトと、できる限りの当事者意識が必要だ。経済安保対応の結果として生じるビジネスリスクやコストを、「受益者負担」という便利な言葉によって個別の企業や産業に一方的に負わせて終わりにしてはならない。これは政策のあり方としても、企業との対話に臨む行政官個人としても、肝に銘じるべき姿勢だ。

■「民間企業による外交」がインテリジェンスのカギ

経済安保において、企業は政府に相談を持ちかけたり、お伺いを立てたりするだけの「困窮者」の位置付けではない。最後にあらためて強調したいのは、企業こそ経済安保を実現する最前線のプレーヤーだということだ。

外交における政府間対話では、多くの場面で「極力、相手国を刺激しないように」配慮した議題設定や言葉選びがなされる。特に、相手国政府が安全保障上の目的で講じた国内政策については、為政者の意思に対する疑念を邪推されないよう、外交の場で触れることにためらう場合が多い。典型的な例としては、中国で改正反スパイ法が施行された頃のことが挙げられる。日本政府は中国政府との外交の場で、「反スパイ法」という単語を自ら口にすることを極力避け、「様子見」する時期が続いた。

ところがだ。同じ時期に開かれた中国政府と日本の「企業」との官民対話の場では、なんと中国政府の方から「反スパイ法について企業から不安視されないよう、しっかり説明させてほしい」という声かけがあったという。中国としては、不動産セクターの不調など国内経済の低迷リスクが高まる中で、米国をはじめとする各国の制裁的な経済圧力で外国からの投資も減退しつつあり、日本からの投資はしっかり呼び込みたい。このため日本企業には、中国ビジネスへの過剰な不安を感じてほしくなかったのだ。各国政府のこうした「本音」を垣間見られるのが、まさに民間企業による外交の価値だ。もちろん、日本企業の派遣団が得た情報は、日本政府に伝達することができる。

同様に、日本政府や政府外郭団体が用いる「go.jp」ドメインのメールアドレスで問い合わせても得られないような機微な政策情報でも、企業の「.com」や「co.jp」アドレスからの問い合わせであれば、相手国の政府や商工会議所が意外なほど真摯に対応してくれることも少なくない。日本の地政学・経済安保リスクに関するインテリジェンスの全体像の中では、企業だけが触れられる個別ケースの「裏話」や相手国政府の「本音の反応」が大きな役割を果たすことを知ってほしい。もちろん、ビジネス上の機微なやりとりのすべてを赤裸々に自国政府や業界団体に共有することはできない。だからこそ、新たに日本政府が構築しようとしている官民の戦略的対話のあるべき姿について、企業からも積極的に示唆や要望を出すべきだ。

企業によるインテリジェンスが重要なのは、いわゆる「懸念国」に関してだけではない。同盟国である米国政府の本音に触れることも、極めて重要だ。外務省も経済産業省も農林水産省も、いつ米国から日本に強い要望が来るか緊張しながら過ごしている。

日本企業の米国政府との接点はまだまだ広げる余地が大きい。米国上院公文書局のデータによれば、米国での企業のロビイング支出実績を分析すると、日本の産業界では自動車業界だけが米国議会・政権に対して一定の存在感を発揮できている状態だ。ロビイングが盛んなエレクトロニクスやソフトウエアの業界（2023年データ）では、韓国サムスン電子がロビイング支出額6位にランクされている一方、日本企業での最上位パナソニックは57位となっており、支出額はサムスンの7分の1以下だ。続く半導体大手のキオクシアやその次のソニーは、さらにその半分程度の支出とされる。もちろん、議会に登録された活動とは別の民間外交も存在するはずだが、日本企業による外交やインテリジェンスには今後さらに大きな期待が寄せられることは間違いない。

地政学・経済安保リスクに関する自社のインテリジェンスこそが、重要な官民連携へとつながり、サプライチェーンをより安定させて経済安保に貢献し、世界の地政学リスクを少しでも回避することになるかもしれない。これからの企業経営者、そしてすべてのビジネスパーソンには、この視点をしっかりと持った上で、激動する国際情勢の荒波を巧みに乗りこなす知恵と行動力が求められている。

おわりに

２００７年の夏、私は経済産業省経済連携課の職員として日本とＡＳＥＡＮの経済連携交渉の最前線にいた。

当時の通商アジェンダはただ一つ、「どれだけ自由貿易を主導できるか」だった。今日の国際情勢からすれば遠い昔話のように思えるかもしれない。ＡＳＥＡＮを中心として日本、中国、韓国、オーストラリア、ニュージーランドそしてインドまでもが広い自由貿易圏を目指し、互いに関税撤廃を求め合った。フィリピン・マニラで交渉が大筋合意した夜、当時の上司である主席交渉官たちと、政府交渉団の詰め所（通称「ロジ室」）で交わした乾杯は忘れることができない。

あの日々は何だったのだろうか。米国と中国という最大の経済圏同士が相互に高関税措置を発動してすでに何年もたち、２０２５年に始まった第2期トランプ政権は、発足直後から矢継ぎ早に隣国のカナダやメキシコに関税25％を課す意向を示すなど、世界は大きく変わってしまった。

この間、十分に時間はあったはずなのに、日本企業はほとんど変わることができなかった。これが、米国系のコンサルティングファームなどでの経験を経て、現在、まさに地政学・経済安保リスク対応に強みを持つオウルズコンサルティンググループを経営する私の偽らざる感覚だ。

ビジネスにおいて地政学リスクや経済安保への対応が先送りされてきた背景の一つに、「正常性バイアス」がある。正常性バイアスとは、人間が危機的状況に直面しても「自分には関係ない」「これまで問題なかったのだから、これからも大丈夫だろう」と楽観的に考えてしまう心理的傾向のことだ。このバイアスが働くことで、変化の兆しが見えているにもかかわらず、企業は従来の慣行に固執し、リスク対応を後回しにする。

あえて言おう。「他社はもう対策しています」。良し悪しは別として、これが日本企業の経営陣を動かすために最も効く言葉である。ここでいう「他社」は、世間一般の平均的な会社という意味ではない。「御社のライバル企業」と捉えていただきたい。今後も勝ち残り、力強く成長する企業においては、すでに地政学は「教養」から「実践」に切り替わっている。

そして、地政学・経済安保リスク対応が企業の中で先送りされてきたもう一つの理由こそ、本書の筆をとった理由だ。それは「何をどのように準備したらいいのか、具体的な方法がわからない」ことだ。やり方がわかったときの日本企業の実行力、推進力は優れている。本書がその一助となれば無上の喜びだ。

本書の執筆に当たっては、多くの先達、有識者から大きな学びを得た。私の経済産業省勤務時代の上司である佐々木伸彦氏（日中経済協会理事長・元経済産業省経済産業審議官・ジェトロ理事長）や西山圭太氏（東京大学未来ビジョン研究センター客員教授・元経済産業省商務情報政策局長）には、退官後も国際情勢に対する多くの示唆をいただいている。また、地政学に関連する深い洞察を発信し続けている第一人者の船橋洋一氏には、年間を通してこの分野の官民議論の最前線に導いていただいた。現職の行政官を対象とした研修「外交アカデミー」において、私に毎年登壇の機会を与えてくださる政策研究大学院大学（GRIPS）の篠田邦彦教授にも、長年にわたりご指導を賜っている。これら有識者のほか、企業のサプライチェーンの実態や地政学・経済安保リスク対応の実践課題については、多くのクライアントとの意見交換が参考になっていることは言うまでもない。特に、三菱電機の執行役員で経済安全保障統括室長の伊藤隆氏には、いつも大きな示唆をいただいている。

そして私が最上の師と仰ぐのは、本書の共同執筆者であり、弊社シニアフェローの菅原淳一氏だ。前職（みずほリサーチ&テクノロジーズ）時代から通商・経済安保分野の調査研究で名が知られており、三顧の礼で弊社に迎え入れた専門家の中の専門家だ。日頃、私がメディアで発信している内容には、菅原氏の見解の受け売りが多く含まれていることを、ここで懺悔《ざんげ》しておく。

その他の本書の共同執筆者にも感謝の言葉が尽きない。福山章子氏は、私の経済産業省通商政策局時代からの同僚で、前職の大手コンサルティングの頃からわがチームのチーフ通商アナリストとして活躍している戦友だ。大久保明日奈氏は、内閣府や経済産業省における国際的な政策支援をリードしつつ、企業のサプライチェーンや調達ガバナンスの改革も主導しているトップコンサルタントである。矢守亜夕美氏は、経済安保の実践の一つである「ビジネスと人権」に関する国内随一の専門家として連日メディアに登場していることに加え、戦略コンサルティングファームでの長い経験から企業変革や組織マネジメントにたけている戦略家だ。この他にも石井麻梨氏を始めとする社内の専門家の執筆協力がなければ本書は完成しなかった。

これら多くの方々に加え、執筆に時間を割くことに理解を示してくれた家族、社員ほか多くの関係各位に心から感謝する。

羽生田　慶介（オウルズコンサルティンググループ代表）

著者

羽生田 慶介 はにゅうだ・けいすけ

オウルズコンサルティンググループ代表取締役CEO

経済産業省大臣官房臨時専門アドバイザー、内閣府 知的財産戦略本部 国際標準戦略部会委員、一般社団法人エシカル協会理事、特定非営利活動法人フェアトレード・ラベル・ジャパン理事、特定非営利活動法人ACE理事、一般社団法人グラミン日本顧問、多摩大学大学院ルール形成戦略研究所副所長・客員教授。経済産業省(通商政策局にてFTA交渉、ASEAN地域担当)、キヤノン(経営企画/M&A担当)、A.T. カーニー(戦略コンサルティング)、デロイトトーマツコンサルティング執行役員・パートナーを経て2020年にオウルズコンサルティンググループを設立。政府・ビジネス・NPO・NGOの全セクターにて社会課題解決を推進。豊富な経営コンサルティング経験と規制制度に関する深い理解を背景に官民のルール形成に注力している。政策研究大学院大学の外交アカデミー・プログラムなどで講師を務める。著書に『すべての企業人のための ビジネスと人権入門』『稼げるFTA大全』(ともに日経BP)、『最強のシナリオプランニング』(共著、東洋経済新報社)、『世界市場で勝つルールメイキング戦略』(共著、朝日新聞出版)がある。Forbes JAPAN「日本のルールメーカー30人」(2022年)選出。

執筆協力

菅原 淳一 すがわら・じゅんいち

オウルズコンサルティンググループ シニアフェロー

一般財団法人国際貿易投資研究所(ITI)客員研究員。経済協力開発機構(OECD)日本政府代表部専門調査員(貿易・投資・非加盟国協力担当)、みずほリサーチ&テクノロジーズ調査部主席研究員(プリンシパル)などを経て現職。通商政策や経済安全保障に関する政策分析に長年従事。WTO、APEC、TPP、RCEP、日米・米中通商関係、主要国の経済安全保障戦略などに関し、寄稿、講演、テレビ・ラジオ出演、研究機関研究会・経済団体委員会委員など多数。「これからの世界経済と日米経済関係に関する研究会」(外務省経済局長主催)委員(2008-09年)、青山学院大学WTO研究センター客員研究員(2006-14年)、亜細亜大学アジア研究所特別研究員(2022-24年)、東京商工会議所国際ビジネス環境委員会学識委員(2022年-)のほか、参議院国際経済・外交に関する調査会参考人(2015年)、参議院外交防衛委員会参考人(2021年)なども務める。著書に、『変質するグローバル化と世界経済秩序の行方』(共著、文眞堂)、『アジア太平洋の新通商秩序:TPPと東アジアの経済連携』(共著、勁草書房)などがある。

福山 章子　ふくやま・あやこ

オウルズコンサルティンググループ チーフ通商アナリスト

通関士有資格者。一般財団法人国際貿易投資研究所（ITI）客員研究員、米国研究会委員。経済産業省、デロイトトーマツコンサルティングを経て現職。経済産業省では、通商機構部、通商政策局アジア大洋州課などで通商交渉、技術協力など多岐にわたる通商・国際案件に従事。現職では、企業及び官公庁向けの通商・地政学リスク・経済安全保障対応支援プロジェクトに多数従事し、通商・地政学・国際動向関連の寄稿、講演、新聞へのコメント掲載多数。著書に『変質するグローバル化と世界経済秩序の行方』（共著、文眞堂）、『稼げる FTA大全』（共著、日経BP）がある。

大久保 明日奈　おおくぼ・あすな

オウルズコンサルティンググループ プリンシパル

一般社団法人エシカル協会理事。金融機関、デロイトトーマツコンサルティングなどを経て現職。企業のサステナビリティ戦略、サプライチェーンや調達ガバナンスの改革をテーマとするプロジェクトを多数リードするほか、内閣府や経済産業省における国際的な政策支援にも従事。労働・人権分野の国際規格「SA8000」基礎監査人コース修了。ISO30414（人的資本情報開示のガイドライン）リードコンサルタント／アセッサー。著書に『すべての企業人のためのビジネスと人権入門』（共著、日経BP）、『エシカル白書2022-2023』（共著、山川出版社）がある。

矢守 亜夕美　やもり・あゆみ

オウルズコンサルティンググループ プリンシパル

A.T. カーニー（戦略コンサルティング）、Google、スタートアップなどを経て現職。「ビジネスと人権」チームのリーダーを務め、多くの企業の人権・サステナビリティ対応を支援するほか、地政学・経済安全保障対応チームにも所属し、多岐にわたるプロジェクトに従事。主に人権・社会課題解決・サプライチェーンマネジメントなどの領域において、寄稿、講演、新聞・雑誌へのコメント掲載、テレビ出演など多数。「SA8000」基礎監査人コース修了。ISO30414 リードコンサルタント／アセッサー。著書に『すべての企業人のためのビジネスと人権入門』（共著、日経BP）がある。

企業紹介

オウルズコンサルティンググループ

https://www.owls-cg.com/

戦略コンサルティングの豊富な経験や政府機関、NPO・NGO とのネットワークなどを活かし、官民のルール形成や人権・サステナビリティ分野をはじめとする社会課題解決事業に注力するプロフェッショナル・ファーム。地政学・経済安全保障分野で深い知見を有し、企業の取り組みを支援している。

「教養」から実践で使える「戦略思考」へ

ビジネスと地政学・経済安全保障

2025年3月24日　第1版第1刷発行

著者	羽生田 慶介
発行者	中川ヒロミ
発行	株式会社日経BP
発売	株式会社日経BPマーケティング 〒105-8308 東京都港区虎ノ門4-3-12 https://bookplus.nikkei.com/

ブックデザイン	小口 翔平＋畑中 茜＋神田 つぐみ(tobufune)
DTP・制作	河野 真次
編集担当	沖本 健二
印刷・製本	中央精版印刷株式会社

ISBN 978-4-296-00217-7
Printed in Japan

本書籍に関するお問い合わせ、ご連絡は下記にて承ります。
https://nkbp.jp/booksQA